Catherine, Nostradamus et le Triangle noir

Du même auteur

Sud tragique, Guilde du Livre, 1969
Mourir pour Dacca, R. Laffont, 1972
Ma forêt au bord du grand fleuve, R. Laffont, 1976
Le Nouveau Tour du monde en 80 jours, R. Laffont, 1977
Médecin de l'aventure, R. Laffont, 1979
Ouvrez donc les yeux (avec H. Tazieff), R. Laffont, 1980
Guide du Mexique, Jeune Afrique, 1980
Les Histoires de l'Histoire I, Acropole, 1981
Les Histoires de l'Histoire II, Acropole, 1982
Mécano de Saint-Ex, Ramsay, 1984
Jacques Cartier, Acropole, 1984
La Carrière, M. Slatkine (Suisse), 1989
Le Monde est sur l'antenne, La Thièle (Suisse), 1993
Dominici innocent !, Le Rocher, 1993
La Juive du pape, Le Rocher, 1995
Carpentras, la profanation, Le Rocher, 1996
L'Aventure du théâtre populaire, Le Rocher, 1996
Lettre d'un Juif à un Israélien, Bartillat, 1997
Ces Messieurs de Berne, Stock, 1997
Clément V, Stock, 1998
Lorenzo, Plon, 1999
Le Château des papes I, *Les Intrigants*, Plon, 2000
Le Château des papes II, *Les Bâtisseurs*, Plon, 2000
Le Château des papes III, *Les Impétueux*, Plon, 2001
Le Transsibérien, Plon, 2001
Dominici innocent ! (réédition), Le Rocher, 2003
La Suisse, c'est foutu ?, Le Rocher, 2003
Les Impostures de l'Histoire, Le Rocher, 2004
Pétrarque, vagabond amoureux, Le Rocher, 2004
Les Nouvelles Impostures de l'Histoire, Le Rocher, 2005
Ces Belles en leur demeure, Le Rocher, 2005
Le Complot Pazzi, Le Rocher, 2006
Le Fléau de Dieu, Le Rocher, 2006
Les Bûchers de la foi, Le Rocher, 2007
Aux larmes, citoyens !, Le Rocher, 2007
Trains de rêve, Seven Sept, 2007
La Pelisse de zibeline, Pascal Galodé Éditeur, 2008
L'Émeraude du pape, Éditions Alphée Jean-Paul Bertrand, 2009
Le Secret de Mozart, Éditions Alphée Jean-Paul Bertrand, 2010

Claude Mossé

en collaboration avec
Nicole Pallanchard

CATHERINE, NOSTRADAMUS ET LE TRIANGLE NOIR

Roman

ALPHÉE

Pour toute information sur les nouveautés,
les ouvrages et les auteurs, consultez notre site :

www.editions-alphee.com

EAN : 978-2-7538-0635-1

À ceux qui depuis des millénaires
s'entretuent pour un dieu
dont on n'a aucune certitude qu'il existe.

C.M.

Mais dans tout le ciel bleu,
Le monde rit, indifférent,
Camarades de quelques heures,
La vie est un sourire errant,
Miracle d'aimer ce qui meurt.

Albert Camus

1

Don Benigno Renacce ne parlait pas. À Rome, on l'affirmait muet de naissance. Jamais personne, en effet, ne l'avait entendu prononcer une parole. Muet, mais assurément pas sourd. Il avait vu le jour dans la famille du célèbre Brunelleschi, en 1493. Un an après la mort de Laurent de Médicis. Alors que les armées françaises de Charles VIII s'avançaient vers Florence et que Jérôme Savonarole s'activait à chasser de la ville Pierre, fils et successeur de Laurent. Sa nourrice, que le Père supérieur avait à ses habits supposée d'excellente famille, l'avait confié pour son éducation aux moines du couvent San Pietro à Rome.

Benigno le muet n'ignorait pas qu'à Florence, Savonarole, saisi de fureur destructrice, avait ordonné qu'on brûlât tableaux et manuscrits, tout ce qui avait contribué à la réputation artistique des banquiers Médicis. Quelques Florentins rebelles avaient aussi été jetés sur le bûcher. Le peuple, terrorisé, s'était soulevé quand Pierre, dans l'espoir d'épargner à la ville une honte définitive en la cédant aux Français, avait fait don à l'envahisseur de Pise et de quelques autres places moins importantes. La rébellion avait été si violente que Savonarole avait à son tour péri dans les flammes du bûcher dressé place de la Seigneurie. Les Médicis avaient préféré la fuite à la mort, ce qui n'avait pas empêché Florence de perdre en quelques années gloire et prospérité.

Le pape espagnol Alexandre VI Borgia avait lui aussi décidé de conquérir Florence et de chasser les Français de Toscane. Soumettre Florence n'avait pas été tâche aisée, d'autant que le gonfalonier Soderini, responsable de la paix civile, avait, en échange de quelques coffres d'or et de bijoux, assuré le roi de France de sa fidélité, chacun des partis clamant la pureté de ses intentions.

Après la mort d'Alexandre, le pape Jules II avait confié la mission de reprendre Florence au cardinal Jean de Médicis, faible et très niais, autre fils du Magnifique et frère de Pierre. Tout cardinal qu'il fût, Jean, à la tête des armées pontificales auxquelles s'étaient joints quelques milliers d'hommes du roi du Naples, s'était montré un redoutable massacreur, multipliant les actes de barbare sauvagerie. Il y avait eu tant de morts et de femmes violentées qu'après avoir perdu la ville de Prato, les Florentins avaient vidé leurs bourses, payé au pape un tribut de cent mille florins et accepté de rappeler les Médicis. Jules, troisième fils de Laurent et frère du cardinal, avait, sans joie mais par sagesse diplomatique, consenti à s'installer à la Seigneurie, s'efforçant de rendre à Florence sa gloire engloutie. Il n'y était pas parvenu.

Le grand vainqueur avait été Jean de Médicis. Le pape Jules II ayant eu l'excellente idée de mourir en 1513, il y avait encore assez d'or dans les coffres florentins pour que les cardinaux, réunis en conclave à Rome, s'empressent d'élire Jean, âgé de trente-huit ans. Il avait pris le nom de Léon X et n'avait pas dissimulé qu'aux dames galantes il préférait les jeunes damoiseaux, plus précisément les moinillons.

Le muet Benigno Renacce avait su s'attirer les gracieusetés du pape. Ne présentait-il pas l'avantage de laisser croire qu'il n'écoutait pas les ragots dont les plus riches familles romaines faisaient leurs délices ? Il serait de surcroît un excellent espion, aussi silencieux sous la torture que dans la vie. À vingt-cinq ans, Benigno pouvait lui être non seulement agréable, mais aussi très utile, avait pensé le souverain pontife. Si les muets demeurent enfermés dans une éprouvante forme de solitude, ils suscitent volontiers la compassion.

Alors qu'il s'éveillait dans le lit du pape Léon, un matin de juillet 1518, Benigno avait reçu l'ordre de quitter Rome.

— Écoute, Benigno ! Demain, à pareille heure, je reprendrai le chemin de Florence, ta ville natale… Tu seras dans mon escorte, avait ajouté le pape, avec un sourire.

En bon Médicis, Léon X avait voulu assurer définitivement le pouvoir des siens sur Florence. Affaiblis par les guerres civiles entre guelfes et gibelins, incapables de retrouver joie et ardeur au travail après les années terribles imposées par Savonarole, lassés des corruptions de la République, les Florentins rêvaient d'un nouveau Laurent le Magnifique. Quels que fussent ses travers et ses vices, il avait contribué à la gloire de la cité dans toute la chrétienté, encourageant les négociants, soutenant plus encore les artistes toscans. Lorsque Léon X avait décidé, sans consulter les notables trop occupés à préserver ce qui leur restait d'autorité et surtout de fortune, d'offrir à son neveu Laurent II, arrière-petit-fils du Magnifique, le titre de duc d'Urbino, alors qu'il n'avait pas repris la ville tenue par les troupes de

François Ier, les Florentins avaient commencé à sortir de leur torpeur. Afin que Florence retrouve sa gloire égarée, les Médicis devaient revenir d'exil.

Pour satisfaire son ambition, le pape avait besoin d'un allié. Il hésitait : qui de François Ier ou de l'empereur Charles Quint l'aiderait à gouverner Florence sans abandonner Rome ? Après réflexion, le choix s'était fixé sur le roi de France : ses armées tenaient en effet plusieurs terres italiennes. Tâche d'autant plus aisée que le 11 janvier 1519, sans en aviser son entourage, Maximilien, empereur du Saint Empire germanique, était mort d'un arrêt subit du cœur. Que François Ier satisfît son rêve de se voir couronné empereur ne pouvait que plaire au pape. Encore devait-il, sans heurter d'autres princes chrétiens, surtout les Napolitains et les Espagnols, faire en sorte que son soutien au Français fût discret.

Afin d'obtenir ce qu'il souhaitait, il n'y avait pas meilleur ambassadeur que Benigno le muet. Quand bien même il ne parlait pas, il avait un caractère aimable et une surprenante force de conviction.

Léon X avait à cœur de réaliser le plan imaginé dès son départ de Rome. Considérant que l'issue des combats n'était jamais prévisible, il était bénéfique pour conclure une alliance durable d'organiser un bon mariage. Son idée : solliciter pour son neveu Laurent, duc d'Urbino, qui ne possédait pas la moindre parcelle du duché, une union avec une honnête fille de France. De préférence jeune, belle et surtout de bonne famille ; il faisait confiance à François Ier.

Benigno, qui avait partagé la litière pontificale entre Rome et Florence, avait eu grand-peine à se tenir sur un cheval dont il maîtrisait mal les fantaisies, s'attirant les moqueries des douze hommes de l'escorte.

Fier de la confiance du pape, en lequel il ne voyait qu'un tendre amant, Benigno tenait serrée dans son pourpoint la requête en mariage scellée par Léon X. Qu'on lui eût confié une mission importante le réjouissait ; il l'accomplirait avec sérieux.

Après sept jours de voyage par la Ligurie, Marseille et le Val de Rhône, le modeste cortège, épuisé, avait enfin atteint le château de Blois, sur les bords de la Loire. François Ier y résidait avec la Cour.

Émissaire du pape, Benigno avait été immédiatement reçu par le monarque dans ses appartements. Avec empressement. S'il n'avait pas été muet, il aurait déclaré qu'être accueilli à Blois avec un tel cérémonial l'emplissait de respectueuse joie.

Il aurait souhaité rencontrer Léonard de Vinci, l'artiste florentin hôte du roi de France, installé au Clos Lucé ; celui-ci ne quittait guère sa demeure. Aux frivolités de la Cour il préférait le calme de son logis ; il y travaillait avec l'unique compagnie des vaches meuglant dans les pacages alentour.

Benigno avait été émerveillé par l'élégance de Blois, cela le changeait de l'austérité des palais florentins. Si, à l'intérieur, les artistes toscans avaient réalisé des merveilles pour les plus riches familles, les extérieurs avec leurs épais murs crénelés ressemblaient plus à des forteresses qu'à de somptueuses résidences, vouées à de permanentes festivités. Dès son arrivée dans la cour, à peine avait-il sauté de sa monture qu'un serviteur, vêtu comme un grand seigneur, l'avait conduit dans une chambre tendue de soie jaune bordée de cordelières aux armes du roi. Dans cette vaste salle, un large lit à baldaquin, couvert de brocart, et deux grands coffres sculptés : l'un représentait la victoire de Charles VIII à Florence, l'autre une scène de tournoi avec cavaliers en armes, visière baissée, lance en arrêt. Sur un dressoir, étaient disposés des aiguières et des flambeaux d'argent aux armoiries de la famille Médicis. Les Français s'étaient plu à piller l'Italie, avait pensé Benigno. Un valet était venu le chercher pour le présenter au roi.

François, un homme de haute taille, fort bien vêtu, auprès duquel se tenait dans une cathèdre de bois recouverte de feuilles d'or Mme de Châteaubriant, sa maîtresse en titre, avait invité très courtoisement Benigno à s'asseoir face à lui, le dos tourné à une large cheminée dans laquelle rougeoyait en craquant un tronc d'arbre entier.

François Ier n'avait pas tardé à comprendre que le pape lui avait délégué un émissaire d'un genre particulier, incapable de prononcer une parole. Son visage n'en montrait aucune fâcherie. Il espérait toutefois ne pas être dupé par un muet qui ne le serait pas. Il avait assez l'expérience de la ruse pour demeurer méfiant.

Découvrant ligne après ligne le message de Léon X, le roi de France avait souri. Sa lecture achevée, il s'était adressé à Benigno. Fort aimablement.

— J'apprécie la requête du souverain pontif. Il y manque quelque chose… Croyez-vous qu'il me soutiendrait pour investir le royaume de Naples et en ceindre la Couronne ? Entre grands seigneurs il faut savoir s'accommoder de bons arrangements… Non par idéalisme, mais par réalisme.

François, avec un geste d'agacement, avait tendu à Benigno une feuille et une plume encrée, afin qu'il pût répondre. D'un trait ferme, Benigno avait écrit « Je le crois », puis rendu le feuillet au monarque qui avait de nouveau montré sa bonne humeur.

— En ce cas, j'ai une idée. Elle devrait satisfaire le Saint-Père… La personne est belle, jeune… seize ans aux prochaines cerises. Une descendante de mon illustre aïeul, Louis IX, auquel on a, peut-être par nécessité, un peu hâtivement accordé la sainteté, avait-il murmuré. Il est vrai que les religieux se sont toujours occupés d'affaires ne les concernant pas. De tout temps. Ils usent souvent d'une liberté qu'ils ne montrent heureusement pas aux fidèles ; ils en seraient effrayés.

Mme de Châteaubriant, désireuse de ne pas demeurer étrangère à cet étonnant dialogue avec un Italien adversaire des Français, s'était exclamée :

— Sire, s'il s'agit, comme je le crois, de Madeleine de La Tour d'Auvergne, le choix est admirable ! Milanais, Napolitains, Toscans souhaitent votre mort, vous leur offrez l'héritière d'une des plus puissantes familles féodales ! Je reconnais là votre générosité d'âme ! La magnanimité d'un seigneur qui recevra bientôt la couronne impériale ! Espérons que votre décision ne déplaira pas ; marier une fille de la haute noblesse à un Italien pourrait encourager les comploteurs.

Benigno, surpris qu'on ne songeât pas à consulter les parents de la demoiselle, s'était félicité d'être muet : une phrase maladroite aurait fâché le roi de France. Si l'entreprise réussissait, François faisait un superbe cadeau à la papauté.

— Je n'exige qu'une chose, avait déclaré le monarque… Que les noces soient célébrées en France, dans ma résidence d'Amboise. On y fait plus aisément la fête qu'ici, à Blois.

D'un mouvement de tête, Benigno avait accepté, convaincu que le pape se réjouirait d'un voyage lui permettant de festoyer sur les rives de la Loire. Loin des intrigues romaines.

Prévenant, François avait encore ajouté :

— Vous et votre escorte pourrez vous nourrir et loger ici aussi longtemps que vous le souhaiterez.

Benigno, satisfait de la tournure prise par son affaire, ne voulait pas se contenter de promesses. Les Grands oublient souvent, par volonté ou par insouciance, de tenir leurs engagements. Il se méfiait de tout et de tous. Parce que muet, on le croyait également sourd ; cela lui permettait d'être régulièrement informé de secrets qu'il ne dévoilait jamais, mais qui pouvaient lui être utiles.

Le roi, aimable, certain de ne pas avoir à entendre le babil habituel des courtisans, l'avait invité à partager son souper.

— J'ai demandé des œufs et prié qu'on n'épargnât ni le beurre ni le lard.

Benigno n'avait pas eu le loisir de remercier. Un personnage, harnaché comme un guerrier prêt à livrer bataille, avait pénétré brutalement dans la salle.

— Sire, avait-il lancé, essoufflé, sans se préoccuper de la présence du visiteur, les princes de Germanie ont choisi… Que la honte soit sur eux !… Pour la couronne impériale, ils vous ont préféré Charles d'Espagne, ce vaurien vaniteux que ses sujets appellent Charles Ier. Parce qu'il possède aussi les Flandres, il veut être Charles Quint !

Benigno avait été témoin d'un événement important ; il s'empresserait, dès son retour à Rome, de le rapporter au pape. Il l'avait remarqué : le roi de France avait conservé un calme impressionnant. Résigné à accepter une décision difficilement évitable, pas un trait de son visage n'avait frémi. L'Italie l'attirait plus que la Germanie. Quant aux Flandres, son armée était assez puissante pour les arracher à Charles Quint au jour de son choix. Il les asservirait comme il avait asservi Pavie.

— Le comte de Chambaz, avait-il dit à Benigno, est un homme de feu ; il faut lui pardonner ses éclats. Il a, chaque jour, une nouvelle occasion de crier vengeance… Soyez sans crainte, je réussis toujours à l'apaiser. Enfin, presque toujours… C'est un excellent défenseur des intérêts de la France.

Se tournant vers Chambaz, qui avait peine à dissimuler sa colère d'être humilié devant un étranger, sous le regard pervers de la favorite, le roi avait dit sans la moindre appréhension dans la voix :

— À notre illustre Saint-Père, nous accorderons la main de Madeleine de La Tour d'Auvergne pour son généreux neveu Laurent de Médicis. Vivre à Florence lui donnera le goût des arts, elle semble peu les goûter. Il n'y a pas meilleure place pour éduquer les esprits.

Une descendante de Louis IX mariée à un banquier florentin ! Pour Chambaz, c'en était trop ; il se vengerait. Il avait cru défaillir quand le roi avait ajouté :

— Je ne mets à cette union qu'une condition : le mariage aura lieu à Amboise. Sa Sainteté sera présente et les invités demeureront dix jours, peut-être davantage… Cela dépendra de leurs dispositions à supporter les fatigues des fêtes les plus somptueuses organisées depuis mon couronnement. On boira du vin !… On échangera des courtisanes !

Chambaz avait cru étouffer. Sans s'incliner devant le roi, il était sorti en hâte. Il n'avait qu'un souhait : rencontrer dès que possible, dans leur demeure de Bourges, les parents de Madeleine, celle qu'il se proposait d'épouser, parce qu'elle était belle et ne manquait pas de biens. Avant la nuit tombée, il aurait quitté Amboise. Il organiserait un scandale dont il saurait tirer profit.

Sitôt le muet sur le chemin du retour vers l'Italie, le roi s'était rendu en Auvergne à dix lieues de Clermont. Madeleine y résidait avec sa famille. Les accords avaient été moins aisés à conclure que François ne l'avait espéré. Les pourparlers auxquels la jeune fille avait participé silencieusement avaient duré trois jours. Sa sœur, la duchesse d'Albany, acquise aux idées nouvelles de la Réforme, avait mal supporté que le pape, sans consulter la famille, avec le seul accord du roi, eût choisi un mari pour Madeleine. Un Florentin de surcroît !

Après trois jours, François Ier, suffisamment échauffé, avait fait rédiger un contrat par le notaire l'accompagnant. Non seulement il ordonnait le mariage, mais fixait le montant de la dot et le partage des biens. Il avait présenté à la duchesse d'Albany, parce que ses parents n'avaient pas voulu se mêler d'une affaire dans laquelle il était partie prenante, un traité qu'il estimait avantageux pour Madeleine.

— La liberté contre ce traité !

Le souverain n'avait pas ajouté un mot. La duchesse avait vite compris que si elle refusait de marier sa sœur au Florentin, elle serait, sur ordre du roi, emprisonnée, peut-être même condamnée au bûcher. On connaissait son attrait pour les réformés. Elle avait signé sans discuter ; ce n'était que sagesse.

Le soir, Chambaz, caché dans une petite salle du château où il dormait et prenait ses repas, n'avait pu dissimuler sa colère.

— Je passe ici ma dernière nuit au service d'un roi qu'il faudrait éliminer… Dois-je vous dire qu'à partir de demain j'agirai pour que la bataille des réformés tourne à leur désavantage ? Je ne m'attendais pas à tant d'ingratitude. Je voulais Madeleine… Afin de ne pas déplaire au roi, vous l'offrez à un Italien, un ennemi de la France ! Vous devriez vous repentir… Moi, si j'ai des compagnons huguenots, c'est par amitié pour leur chef Coligny.

Sur le pourpoint de Chambaz, la duchesse d'Albany avait remarqué un triangle noir. Elle en avait été surprise. Afin de ne pas peiner ses parents et sa sœur, elle avait préféré se taire.

Le lendemain, Chambaz avait disparu.

Tout avec cet homme emporté devenait possible ; il était urgent d'aviser le roi qui chevauchait vers Amboise. La duchesse d'Albany avait quitté le jour même sa résidence d'Auvergne avec une escorte de plus de vingt hommes. Si François Ier tenait à ce mariage, il devrait surveiller Chambaz. Dangereux par son appartenance au Triangle noir. Il en portait l'insigne, sans jamais dévoiler de qui il le tenait.

François Ier avait écouté les propos agités de la duchesse. Sans trop y prendre garde, occupé qu'il était aux préparatifs du mariage.

Benigno, quant à lui, avait été convié aux épousailles de Madeleine et de Laurent. Des festivités comme il n'y en avait plus à Florence ni à Rome depuis la fin du pontificat d'Alexandre VI Borgia.

Tout s'était déroulé comme l'avaient souhaité Léon X et Laurent, duc d'Urbino, l'un et l'autre convaincus de faire une excellente affaire, de préserver leurs intérêts.

Chambaz, malgré ses incartades, avait lui aussi été invité ; la duchesse d'Albany rageait en silence.

Il avait aperçu le muet représentant avec quelques autres prélats le pape Léon X trop malade pour quitter Rome ; il s'était précipité vers lui.

Après lui avoir raconté dans quelles conditions difficiles le contrat de mariage avait été scellé, il avait ajouté, menaçant :

— Dites à votre maître le pape qu'il est plus important de posséder les trois évêchés de Lorraine : Metz, Toul et Verdun, que de festoyer à Florence et à Rome ! Depuis les Borgia, le Vatican n'est qu'un marché aux esclaves !

Puis il s'était perdu dans la foule des invités.

Benigno, troublé, n'avait rien compris aux paroles de ce courtisan déjà pris de colère lorsqu'il l'avait entrevu dans la salle du trône de Blois. Le tourment apaisé, le muet n'avait rien perdu de la fête, malgré l'absence de son cher pape Léon.

Le château d'Amboise, quoique plus spacieux que celui de Blois encore inachevé, n'avait pas de salle assez vaste pour contenir la foule des invités conviée par le roi sans consulter la Maison d'Auvergne. La cour du château avait été transformée en grotte enchantée dans laquelle dansaient garçons et filles des villages voisins, vêtus en pâtres de la Grèce antique ou en nymphes aux robes transparentes. Une immense tenture formait le toit, recouverte des plus belles tapisseries habituellement fixées aux murs du Louvre à Paris. Pendant dix jours, banquets et ballets ne s'étaient pas interrompus, sans que jamais personne ne songeât à accorder un peu de repos à ces enfants de laboureurs ; on leur avait néanmoins servi des mets et des vins identiques à ceux de la table royale.

Sous la tente, éclairée de milliers de chandelles, François avait placé le duc d'Urbino à son côté ; dans une salle à l'intérieur du château, encore à l'écart d'un époux qu'elle n'avait rencontré que deux semaines plus tôt, Madeleine, impatiente et joyeuse, était assise à la droite de la reine Claude.

Les festins avaient duré des heures et des heures. Des trompettes accueillaient l'arrivée en procession de dizaines de pièces de gibier et différentes nourritures inconnues de Benigno. Face à la reine Claude, un personnage dont on avait dit au religieux qu'il se nommait François Rabelais. Il parlait plus haut et plus fort que les autres convives. Qu'il dévorât les victuailles avec autant de férocité sans cesser de brailler et de boire avait surpris Benigno, ébloui.

Les fêtes s'étaient succédé dans un luxe de soieries, de fourrures et de précieuses pierreries. Le Florentin avait constaté que les Français étaient plus doués pour le plaisir que pour la guerre ; ce qui avait calmé l'inquiétude suscitée par les propos menaçants et obscurs de Chambaz.

Au soir du neuvième jour, Madeleine avait enfin été autorisée à rejoindre son époux. La reine Claude les avait accompagnés jusqu'à la chambre nuptiale. Le lendemain, les réjouissances avaient repris, plus joyeuses encore quand on avait annoncé que « tout s'était bien passé ».

En quittant Amboise pour Rome, Benigno était rassuré : les jeunes mariés montraient leur bonheur ; le pape serait satisfait. Il n'y avait qu'une ombre à cette joie générale, Benigno ne parvenait pas à la chasser de son esprit : Chambaz, dès le premier soir de la fête, avait disparu ; ce ne pouvait être un simple hasard. Curieux personnage qui se permettait, sans être annoncé, d'entrer dans la salle du trône ! Il ne pouvait être qu'un intime du roi ; son absence aux épousailles n'en était que plus bizarre.

Lorsqu'il était venu le provoquer, Chambaz portait sur son pourpoint un triangle noir. Hasard ou signe de connivence ? Avec qui ? Contre qui ? Avait-il l'intention de se rebeller contre le roi ? Ce si mystérieux Triangle noir, préparait-il un mauvais coup ?

Moins d'un an plus tard, Catarina Maria Romela naissait dans le vaste palais de la famille Médicis, Via Larga, à Florence. Son père Laurent, mourut de phtisie, il avait vingt-sept ans ; sa mère, Madeleine de La Tour d'Auvergne ne se releva pas de ses couches. Catherine vécut ses premiers jours dans son berceau, entre deux cercueils.

Les années succédaient aux années. François Ier, entre parties de chasse et conquêtes amoureuses, rêvait d'une France plus puissante que l'Empire germanique. Il n'avait pas abandonné son rêve italien, susceptible de renforcer son autorité. De son côté, le pape Clément VII, un Médicis, souhaitait une alliance avec la France. Au grand dam de l'empereur. Après un rendez-vous secret à Bologne avec le roi de France, le pontife s'était engagé à donner sa nièce Catarina en mariage à Henri d'Orléans, fils du roi. En hommage à son époux, Catarina, âgée de quatorze ans, s'appellerait désormais Catherine. Le pape était satisfait, il avait fait entrer une héritière de banquiers dans la famille la plus titrée de la chrétienté. Il n'avait jamais vu Henri d'Orléans, pas même un portrait du jeune homme ; les cardinaux français de Rome ne l'assuraient-ils pas robuste, mais de peu d'attraits ?

Le 12 octobre 1533, la galère pontificale faisait son entrée dans le port de Marseille. À son bord, la jeune promise, accompagnée de son fidèle serviteur Giovanni Bosso. Il ne l'avait jamais quittée.

Dans la foule acclamant le cortège, personne ne semblait prêter attention à quelques seigneurs portant sur leur pourpoint un triangle noir.

M DE
NOSTRE
DAME.

2

— Quitter la France ! Abandonner Chenonceau ! Impossible, Madame ! Oubliez cette délirante intention ! Les Florentins sont ingrats, le pape Pie IV un pontife cruel. Né à Milan, père de trois enfants, peu scrupuleux, il a imposé au grand-duc de Toscane le nom de l'illustre famille des Médicis parce que cela arrangeait ses affaires. Il persécute qui lui déplaît… Il ne vous épargnera pas… Il ne manque pas de gens en France, en Italie, n'ayant qu'un souhait : vous achever ! Les catholiques vous querellent, les protestants vous bravent. Ne montrez de faiblesse ni avec les uns ni avec les autres. Demeurez en France ! Votre défunt mari Henri II n'aurait pas supporté de vous voir offrir le royaume à tous ces intrigants qui, hélas, le convoitent.

Catherine, plus pâle qu'à l'accoutumée, serrée dans une des robes noires dont elle se vêtait chaque jour depuis la mort en un tournoi tragique de son cher Henri, écoutait attentivement les paroles de Giovanni Bosso. Sensible depuis son enfance florentine à la sagesse de ses jugements, elle avait confiance en lui. Il était un des rares fidèles qui l'avaient toujours protégée. Jeune serviteur au palais des Médicis, dans la via Larga de Florence, il veillait sur elle avec tendresse et parfois autorité depuis que, nouvellement née, elle était devenue orpheline. Pour Giovanni, qui avait toujours refusé le mariage, Catherine représentait un peu la fille qu'il n'avait pas eue. Il souffrait quand elle se révélait parfois capable de querelles inutiles pouvant faire croire qu'elle avait la tête fragile. Tout le contraire de son véritable tempérament. Il avait l'art de l'apaiser en toutes circonstances. Pour lui, elle ne manquait pas d'affection, presque d'amour.

Au jour de la naissance de Catherine, son père agonisait dans la chambre voisine. Dans toute la Toscane et à Rome, on avait douté des chances de survie de la légitime descendante de Laurent le Magnifique, le tyran frivole, défunté vingt ans plus tôt.

Contre toute attente, elle avait survécu. Les adversaires des Médicis n'avaient pas dissimulé leur déception. Certains, de crainte d'une vengeance, avaient eu la sagesse de fuir l'Italie.

La rumeur affirmait Giovanni Bosso fils naturel de Giovanni Pazzi, banquier rival des Médicis. Sans se soucier des menaces pesant sur lui, il s'était mis au service de la puissante famille adverse, malgré l'exil auquel elle avait dû se résigner. L'inclination des Médicis pour les arts surpassait celle de toutes les cours européennes. À Londres, Paris, Vienne, Lyon, Valladolid et chez les Maures, partout où l'on avait la pratique du négoce et des subtilités de la finance, les Médicis disposaient de comptoirs.

Depuis Cosme, un siècle plus tôt, les Médicis avaient toujours fait preuve d'habileté dans les affaires. Malheureusement, comme trop de riches Florentins, victimes de leur goût du faste et des plaisirs profanes, ils avaient été contraints de quitter la ville quand le dominicain fanatique Savonarole avait réussi à y imposer terreur et austérité pendant près d'une décennie. De retour sur les rives de l'Arno, les Médicis étaient de nouveau les financiers des cours européennes. Par nécessité d'abord, sans enthousiasme. Puis fascinés d'être devenus les créanciers des rois.

Seul au monde, Giovanni Bosso dormait sur les berges de l'Arno, à l'abri d'une arche du Ponte Vecchio. Il ne gardait de sa jeunesse que le souvenir des tumultes, des meurtres, des grondements du peuple contre le moine Savonarole dont il était difficile de savoir si, pour dominer Florence, il agissait par intolérance religieuse ou délirante passion du pouvoir. Giovanni n'avait pas fait d'études, il n'était pas sot. Il était convaincu, comme de nombreux Toscans réduits au silence tant ils vivaient dans la crainte, que le moine utilisait la religion pour mieux imposer sa despotique autorité. Le cas n'était pas isolé. Giovanni haïssait Savonarole, mais bouleversé par sa mort sur le bûcher, ignorant ce que serait sa vie, il était décidé à ne servir qu'une cause : la justice. Il se refuserait à commettre toute turpitude aussi futile fût elle. Portant grand intérêt à la peinture, pas assez fortuné pour fréquenter les ateliers des plus illustres maîtres, il avait su par de menus travaux retenir l'attention de Madeleine d'Auvergne Médicis qui ne se montrait jamais chiche en florins avec ceux qui la servaient. Des florins d'or frappés à Florence, malgré l'hostilité de l'empereur du Saint Empire, maître prétendument unique des monnaies de la chrétienté. Bâtard de mère inconnue, Giovanni voulait néanmoins se faire une place dans la société de son temps.

Pour Catherine, Giovanni aurait donné sa vie. Peu lui importait le moment, peu lui importait le lieu. Pour les avoir longuement observés, il était assez avisé de la position des astres : il prédisait avec certitude les événements heureux comme les plus terribles. Ainsi avait-il annoncé que le cardinal Jules, après l'avoir enlevée, confierait Catherine à sa tante Clarice Strozzi, sœur de Laurent le Magnifique. Chargé de veiller sur Catherine, étonné par sa vivacité d'esprit, sa curiosité, il l'avait prise en profonde affection. Depuis ce temps, il ne l'avait plus quittée, tenant son rôle de serviteur, mais incapable de feindre une fausse déférence ou de lui dissimuler son opinion sur toutes choses. Les plus simples, les plus mystérieuses.

Catherine, convaincue qu'il ne la duperait pas, pouvait compter sur lui. Elle écoutait ses conseils, sans toujours les suivre, ce qui attristait Giovanni, lucide et discret. Nul n'avait le don de Giovanni pour panser les blessures que le destin avait imposées à Catherine. Il l'avait suivie à Rome, puis en France, aussi douloureux que fussent ses regrets de s'éloigner de ses terres, attristé que son oncle Clément VII l'eût offerte à Henri, second fils de François Ier. Elle n'était âgée que de quatorze ans. Le pape voulait par cette union s'attirer les gracieusetés du roi de France, lequel, de son côté, avait besoin du soutien de Rome pour s'emparer du royaume de Naples. Une alliance politique devenue très vite pour Catherine mariage d'amour. Dès leur première rencontre à Marseille, elle s'était éprise. Henri lui préférait la belle Diane de Poitiers ; une rivale qui n'avait pas fait d'elle une épouse infidèle. Jamais ne lui était venue l'idée de prendre un amant.

À Giovanni, Catherine parlait sans défiance. Son cœur semblait battre au rythme du sien ; il l'aidait par son dévouement à supporter les épreuves lui étreignant l'âme. À quarante-cinq ans, elle avait déjà à maintes reprises couru le risque de perdre la vie. Sans que jamais une larme ne coulât de ses yeux. L'angoisse n'était pas dans sa nature. Elle savait mêler optimisme, ruse et courage.

Aussi lasse qu'irritée qu'à la Cour, jusqu'à la mort de son beau-père François Ier, on lui eût préféré Anne de Pisseleu, la favorite du roi, Catherine voulait quitter le Cher, revoir l'Arno. Anne ne manquait pas d'attraits, Catherine n'avait jamais compris que l'Espagnole Éléonore, seconde épouse du François après la mort de la reine Claude, se fût laissée humilier par une femme aussi arrogante. Elle en gardait un souvenir amer et refusait de rencontrer l'insolente, devenue duchesse d'Étampes par la grâce royale.

Giovanni insistait. Homme de haute taille, portant cheveux drus et barbe épaisse, il s'exprimait d'une voix forte. Selon la loi de son cœur. Un ton qu'il n'avait jamais utilisé jusqu'à ce jour d'automne 1563. Heureux que Catherine, régente, lui eût accordé le titre de chambellan de la Cour, il ne souhaitait que la servir. Parce qu'il avait toujours su rester à sa place, la veuve d'Henri II lui accordait le privilège rare de partager son intimité. Avec Giovanni elle n'avait pas honte d'avouer ce qui de plus en plus régulièrement l'inquiétait : de nombreux courtisans souhaitaient voir la roturière florentine confinée dans ses appartements du Louvre ou les châteaux des rives de Loire, et ne pas se mêler à l'agitation secouant la plupart des provinces du royaume. François II, qui avait succédé à son père Henri II, était mort avant même que d'avoir pu asseoir son autorité, et Charles IX était monté si jeune sur le trône que Catherine, redoutant le pire, acceptait d'être plus reine que le roi. Le Parlement lui avait accordé le titre de « gouvernante du royaume » jusqu'à la majorité du roi Charles IX. En protégeant son fils, elle plaçait la France sous sa tutelle. Cela ne pouvait que déplaire. Qu'on l'accablât de sarcasmes, qu'on la menaçât de meurtre, elle avait jusqu'alors tout surmonté dans l'attente de jours meilleurs. Cette fois, c'en était trop. La lassitude l'emportait sur la fierté.

Ceux qui ne l'aimaient guère se plaisaient à répéter qu'elle avait un caractère changeant et qu'elle était capable d'ordonner qu'on arrachât les yeux à celles et ceux qu'elle croyait être ses adversaires. On ne cessait de chercher à la briser, ce qui la contraignait, alors qu'elle n'en avait pas la volonté, à haïr ceux qu'elle aurait préféré aimer.

Elle avait, dès les premières querelles, ouvert les bras aux catholiques comme aux réformés pour éviter une guerre religieuse. En vain. Elle ne rêvait que de revoir les paysages de son enfance. Que les uns et les autres nouent et dénouent leurs intrigues, elle ne voulait plus s'en mêler.

— Écoutez-moi, supplia Giovanni avec force. Si vous franchissez les Alpes, le Triangle noir s'acharnera sur vous. Il ne vous lâchera pas. Il n'a qu'une cible : Vous !

Catherine sourit. Elle connaissait l'influence perfide du Triangle noir. Pensionnaire au couvent des Murates, où le pape Clément VII, un Médicis, enfant illégitime de Julien, avait ordonné qu'on enfermât l'unique héritière de la famille, elle s'était passionnée pour l'astrologie. Giovanni, alors qu'il n'était encore qu'un modeste serviteur, lui avait dit :

— Je ne suis pas savant ; à dormir sous le ciel, j'ai appris à lire dans les astres. Quand le temps était clair, incapable de demeurer indifférent aux événements à venir, je percevais non seulement les signes envoyés par la lune, mais l'influence des étoiles sur Florence. Avant même que d'être à votre service, j'avais vu l'éclat de votre destinée... Mais aussi, avait-il ajouté à voix basse, l'obligation qui doit être vôtre de demeurer prudente. En tous lieux. De jour comme de nuit. Souvent mon regard suivait les lignes d'un triangle, noircies par l'obscurité. Dès la première nuit, j'y ai vu un mauvais présage. Mon intuition, vous le savez, Madame, ne me trompe jamais... ou si rarement que j'en oublie vite les funestes effets.

Catherine, silencieuse, jeta un regard sur le Cher glissant sous les arches du château de Chenonceau. Par goût de la rébellion contre la rivale haïe, elle venait souvent dans une demeure où son défunt époux Henri rejoignait régulièrement Diane de Poitiers. Pour elle, il avait fait aménager cette aimable et paisible résidence. Femme cocufiée, Catherine détestait de plus en plus celle avec laquelle son époux avait partagé ses délassements amoureux. Elle avait besoin, dans ce château, de vivre en compagnie du fantôme de la Belle.

Dès son avènement, à la mort de son père François Ier, Henri avait abondamment puisé dans les coffres royaux pour offrir à Diane ce logis où il ne venait que rarement chasser. Elle y avait donné de joyeuses fêtes plus éblouissantes qu'à Anet dont elle était la châtelaine. Catherine n'avait eu qu'une consolation : Chenonceau ne ferait jamais partie du domaine royal. La favorite l'avait agrandi sur ses deniers personnels. Cela ne changeait pas grand-chose : pour Diane, le trésor royal était toujours à disposition.

Après la mort d'Henri à l'issue d'un tragique tournoi, Catherine, quoique accablée de chagrin, n'avait pas perdu de temps. Elle avait obtenu sans difficulté du parlement de Paris que Diane restituât non seulement Chenonceau, mais les joyaux de la Couronne dont elle était indûment dépositaire. Généreuse, elle l'avait autorisée à séjourner dans l'austère forteresse de Chaumont sur la Loire.

Catherine avait su transformer en gracieux castel ce qui n'avait été pendant trois siècles qu'un vieux moulin de pierre et de bois sur la berge paisible du Cher. À Chenonceau, la veuve d'Henri trouvait un repos propice à la méditation. Dans cette demeure de plaisance jetée sur la rivière, Catherine vivait à l'écart des bruits d'émeutes agitant le royaume. Sans souci d'apparat. Laboureurs, bûcherons, vignerons aimaient à en franchir le seuil, ils trouvaient toujours une barrique à vider. Dans un royaume troublé, Catherine avait l'art d'apporter aux petites gens réconfort et sérénité.

Catherine y accourait dès les premiers bourgeons aux branches des hêtres. Giovanni Bosso tentait de l'en dissuader, mais elle voulait dans chaque couloir, chaque galerie, se heurter au spectre de son mari, mort trop jeune dans l'exaltation d'un tournoi fatal. Pourquoi son orgueil l'avait-il poussé à rompre une lance avec Montgomery ? Souffrant de son veuvage précoce, elle s'imposait une pénitence inutile. Une forme de revanche sur Diane de Poitiers ; elle avait trop longtemps tu son amertume pour laisser échapper un élégant logis ardemment désiré. Plus par vengeance que par attrait.

À Chenonceau, Catherine se sentait loin des sanglantes horreurs, des ignobles sacrilèges, des bains de sang dont les papes dans son adolescence romaine se rendaient coupables. Sur les rives du Cher, elle osait s'interroger :

pouvait-elle faire le serment d'avoir conservé sa foi de bonne catholique ? Son cher Nostradamus ne tenait-il pas dans sa vie plus de place que Dieu ? Le prophète provençal et son fidèle Giovanni Bosso se partageaient sa confiance. Trop de courtisans l'intimidaient et l'inquiétaient, elle en était venue à souhaiter leur mort.

Catherine, n'entendant plus les meuglements des troupeaux, ni le pépiement des oiseaux cachés dans les arbres du vaste domaine, détourna son regard des pacages environnants. La rivière, indifférente aux rumeurs du temps, coulait sous le pont enfin achevé. Catherine avait abandonné sans regrets Chaumont sur la Loire, espérant trouver la paix à Chenonceau ; il n'en était rien. Chaque aube était pour elle sinistre. Elle se voulait équitable, elle était souvent injuste.

— Je suis lasse de la politique, lâcha-t-elle à Giovanni. Autour de moi, je ne vois que rébellions et intrigues. Il n'y a plus en France d'ordre établi. Tout s'est achevé le 30 juin 1559. Quatre ans déjà et je ne peux me faire à l'idée d'avoir perdu Henri. *Lacrimal hinc, hinc dolor*[1]... Plus qu'une devise cette pensée demeurera dans mon âme jusqu'à mon dernier souffle. Henri était beau, doux... Une perte pour moi irréparable. Diane a eu beaucoup de chance de l'avoir pour amant, avoua-t-elle dans un soupir. Aurais-je dû l'admettre ? J'en doute.

Fixant Giovanni du regard, elle poursuivit :

— Crois-moi, aucun sentiment n'est plus sincère que cette affliction. Henri a toujours préféré le lit de Diane

1. « De là viennent mes larmes et ma douleur... »

au mien. Je ne le lui ai jamais reproché, je n'ai jamais cherché à l'en arracher. Pourquoi ? Je ne saurais l'expliquer. Je vénérais mon époux autant que je l'admirais. J'ai été fidèle… Jusqu'à la fin… Lui, non. Il était le roi, je respectais sa liberté. A-t-il deviné un instant que j'aie pu être jalouse ?… Aujourd'hui, j'entends me réveiller. À Florence, je pourrai sans crainte profiter du temps qu'il me reste à vivre. Le chemin de l'Italie est le seul sur lequel je souhaite m'engager. En France rien de bon ne peut plus m'arriver. Dans ce royaume, j'ai déjà subi tant de blessures… tant de peines ! On me condamne plus qu'on me loue.

Le chagrin de Catherine, Giovanni le partageait, sans toujours comprendre certains de ses comportements. Nul ne se risquait à l'interroger sur ses volontés, lui n'hésitait pas. Malgré la tristesse visible de l'Italienne, il poserait encore la question à laquelle il n'avait jamais obtenu de réponse.

— Que rien n'apaise votre désespérance après la mort brutale d'Henri, je le comprends, mais pourquoi avoir aussitôt ordonné la destruction de l'hôtel des Tournelles [1] ? Vos ennemis affirment que vous rêvez d'incendier les chaumières de la rue Saint-Antoine… Pourquoi accabler tant de Parisiens peu fortunés ? Incapables de comprendre que, par chagrin, vous les priviez de logis… Votre ressentiment pourrait les inciter à la révolte. Le feu allumé sera difficile à éteindre…

Catherine, assise sur un tabouret, devant une fenêtre face au Cher, tournait le dos à Giovanni. Afin de lui dissimuler ses larmes. Pour la première fois, elle souhai-

1. Construit à l'emplacement de l'actuelle place des Vosges, dans le quartier du Marais.

tait lui parler des ravages ayant dressé contre elle de puissants seigneurs.

— Oui, j'ai fait mettre bas les Tournelles. Non seulement je ne voulais plus y habiter, mais je ne supportais plus la vue des lieux où Henri avait souffert. Si Montgomery revient un jour d'Angleterre, je donnerai l'ordre qu'il soit écartelé. Sans jugement. Pour prix d'avoir brisé sa lance dans le crâne du roi… Je n'ai jamais cru à un accident, c'était un meurtre !… Pour plaire à Marie Stuart… ou à sa cousine Élisabeth qui a préféré rompre avec Rome. En Angleterre, en Écosse, on déteste la France… On se réjouirait que les chrétiens se déchirent, qu'il n'y ait pour le peuple que misères et massacres.

Giovanni s'efforça de calmer la régente.

— Votre chagrin comme votre courroux sont légitimes. Mais souvenez-vous… Le combat était régulier.

— Je l'ai supplié d'arrêter. Il a refusé… Ma colère n'aurait rien changé.

— Cela est vrai ! répliqua Giovanni. J'étais présent lorsque Henri a ordonné à Gabriel de Montgomery de se mesurer à lui.

Sur un ton sec, la colère prenant le pas sur l'affliction, Catherine lança :

— Ce n'était pas pour moi, mais pour Diane que le roi voulait courir ! Il en est mort… On me l'a tué volontairement, acheva Catherine en se parlant à elle-même, les yeux fixés sur les eaux du Cher. Montgomery est huguenot, je ne l'oublierai jamais. Que les nobles qui encouragent la Réforme s'inquiètent de mon ressentiment ! Ils sont libres de leurs pensées, j'ai le devoir de les combattre. Sans relâche, si je ne rentre pas en

Italie… La douleur m'égare, ajouta-t-elle comme dans un repentir. À chacun sa foi, à condition que la paix soit assurée.

Giovanni n'était pas convaincu que ce fût là une sage décision. Il s'inclina, puis sortit. Sans ajouter un mot, le cœur chagriné.

La porte refermée, il se dirigea vers l'escalier descendant à la salle des gardes. Dans le long couloir au-dessus du Cher, deux hommes semblant sortir de nulle part, pourpoint et culotte rouges, l'épée hors du fourreau, le serrèrent par surprise. Le plus jeune, le visage glabre sous une chevelure rousse, la respiration bruyante, contraignit Giovanni à remonter jusqu'à l'étage.

— Écoute bien ceci, lâcha-t-il méchamment. Il est interdit à l'Italienne de quitter ce château. Inutile d'appeler, de crier, de résister ! Un geste de trop et tu es mort !… Où est la Florentine ? Si elle veut tenir son rang, elle devra nous obéir. Sinon…

Il n'ajouta rien ; la menace était claire. Pour protéger Catherine, Giovanni était décidé à ne pas céder à la violence. Le plus âgé des deux hommes avait un visage sinistre, la bouche tordue comme celle d'un chien qui veut mordre.

Ayant réussi à se placer devant la porte, Giovanni dit d'une voix ferme :

— Qui êtes-vous ? Que voulez-vous ?

— Au nom de mon maître, nous devons nous saisir de la Médicis. Elle est ici… Ici, dans cette salle… Là où tu es, Catherine est. Elle ne peut pas se passer de toi… Pas plus que de son cher Nostradamus. Le mage lui a-t-il annoncé sa fin prochaine ? gronda le roux… Qu'il observe les astres, cela le convaincra !

— Nostradamus est un méchant homme, renchérit l'autre. Qu'il exerce son pouvoir sur Catherine, s'il le souhaite, cela ne durera pas ; il ne survivra pas à la rébellion du peuple. Il découvrira les pratiques de la torture. À s'obstiner à prévoir l'avenir, il court un danger mortel. Tu peux lui répéter : nous ne l'épargnerons pas. Comme Catherine l'Italienne, il périra… Notre maître l'exige.

L'Italien était décidé à ne pas se laisser intimider, dût-il avoir le corps transpercé.

— Votre maître ? Quel maître ?… Un huguenot ou un catholique ?

Le gaillard à la trogne de chien consentit à répondre.

— Notre maître n'est ni huguenot ni de l'Église romaine, seulement de la race des seigneurs n'acceptant pas qu'une femme, une étrangère sans aucun titre de noblesse, gouverne le royaume… Ouvre cette porte avant que je ne te perce le ventre avec mon épée !

— La reine Catherine n'est pas dans ce logis, dit Giovanni d'une voix assurée. Je suis ici pour préparer sa venue. Inutile de forcer cette porte, vous seriez déçus… Osez entrer ici, vous pénétrerez dans l'enfer. Éloignez-vous ! Pour le salut de votre âme !

— Prétexte !… Mensonge !… hurla l'homme à la tête de molosse. Arrière ! Écarte-toi si tu veux ce soir profiter du coucher du soleil !

Calme, Giovanni répondit :

— La reine est absente. J'en fais le serment.

Puis il cria :

— Alarme ! Alarme !

Avec un espoir : Catherine, entendant son cri, fuirait par le couloir caché derrière une tapisserie ; elle l'avait fait percer à la tête de son lit pour le cas où les événements exigeraient un départ précipité.

Le roux arracha Giovanni de la porte devant laquelle il se tenait et lui appliqua la main sur les lèvres. Giovanni lui mordit furieusement un doigt. L'homme se recula avec un cri de douleur et frappa le crâne de Giovanni du plat de son épée. Giovanni s'écroula, égaré dans un autre monde.

Les deux hommes passèrent sur son corps et pénétrèrent dans la chambre. Les rideaux du lit étaient clos, ils les arrachèrent. Ensemble, ils ne purent retenir un cri. Personne ! De surcroît, tout était noir : noires les tapisseries tendues sur les murs, noir le bois du plafond, noires les tentures du lit, noirs les quelques meubles, noirs le pot à eau et l'écuelle pour la toilette. Un tombeau plus qu'une salle pour le sommeil. Les avait-on trompés ? Celui qui les avait envoyés à Chenonceau pour tuer Catherine ne voulait-il pas qu'ils devinssent eux-mêmes prisonniers d'une femme qui méprisait ses adversaires, ne leur montrait jamais de pitié ?

Ignorant le corps sans vie de Giovanni, ils descendirent en hâte jusqu'à la cour du château, sautèrent sur leur monture et s'enfuirent au galop.

L'action avait été rapidement menée ; aucun des serviteurs du château n'avait pris conscience qu'à Chenonceau la régente Catherine de Médicis aurait, sans le courage de Giovanni Bosso, perdu la vie. Le fantôme diabolique de Diane de Poitiers habitait-il toujours les lieux ? On pouvait le craindre.

Lorsque Catherine, certaine que ses agresseurs avaient fui, sortit du couloir secret, elle vit avec satisfaction que Giovanni, remis de ses émotions, n'était atteint d'aucune blessure sérieuse. Pas la moindre trace de sang. Un bain d'eau de laurier apaiserait vite sa souffrance.

Avant de songer à se soigner, Giovanni fit un récit aussi exact que possible de l'attaque dont il avait été victime. La douleur des coups de lame le troublait encore. Il l'oublia, s'attachant surtout à faire comprendre à Catherine qu'elle avait échappé à un meurtre. Difficile de savoir à quel maître ils obéissaient. Les habits rouge et jaune ne portaient la marque d'aucune famille importante. Une certitude : les conspirations menées contre la personne de Catherine se poursuivaient. Pourquoi le Triangle noir – il ne pouvait s'agir que de lui – avait-il pris le risque d'une aussi périlleuse expédition ? Ce genre d'assaut n'était pas dans ses habitudes. Des menaces certes, mais jamais d'agression. Allait-il, après tant d'années, se découvrir et passer à l'action ? Comment abattre un adversaire inconnu, sans montrer trop de violence inutile ?

Après avoir congédié Giovanni, Catherine demeura longtemps debout à regarder la nuit s'étendre sur la campagne. Un chien dans le lointain aboya au passage d'un laboureur rentrant chez lui, son labeur achevé. Pauvre, mais certainement plus heureux que moi, pensa-t-elle.

Elle alluma une chandelle, ne pouvant s'empêcher de murmurer :

— Je régnerai… Je régnerai… Les sourires de tous ces fourbes n'y changeront rien. Si je reste en France, j'exigerai tous les pouvoirs. Mon titre de régente ne me les accorde pas, je m'en emparerai. Avant d'être le souverain, Charles est d'abord mon fils ; il m'obéira. Mes ennemis ne sont que des aventuriers. Je les réduirai au silence... Un mystère demeure : le Triangle noir ! Depuis mon enfance, il me poursuit. Qui se cache derrière ce signe diabolique ? Je n'ai jamais reçu une confidence de quiconque. Cela est très singulier. Trop singulier... Qui aura le courage de le dénoncer ?

Un serviteur frappa à la porte, entra comme chaque soir avec une aiguière d'or emplie d'eau fraîche et pure. Après avoir rempli un gobelet finement ciselé sans prononcer un mot, il se retira.

Catherine s'allongea sur le lit. Les mains crispées, elle sortit de sa robe un petit sachet ; elle le conservait toujours sur elle depuis la mort d'Henri. Devait-elle commettre un geste de désespoir avec le poison préparé par Ruggieri ? Provoquait-il une fin instantanée ? L'astrologue italien l'affirmait.

Qu'elle mêlât la poudre à l'eau du gobelet, ne serait-elle bientôt plus qu'un cadavre ? Encore jeune, devait-elle devenir brutalement froide ? La fin cruelle d'un époux, suivie de celle de son fils François, n'était-ce pas suffisant ? Peut-être n'y avait-il de réelle liberté pour les humains qu'après leur mort, songea-t-elle. Oui, mais supporterait-elle les inévitables douleurs de l'agonie ?

Anne de Pisseleu, Mme d'Étampes, serait si heureuse d'apprendre sa fin que Catherine, après avoir hésité, replaça le sachet sur sa poitrine, avec une envie : s'endormir. Prisonnière de sombres pensées, elle n'y parvint pas.

Avait-elle vraiment envie de revoir Florence ? Les Guise assuraient lui apporter leur soutien si, régente, elle obtenait des pouvoirs identiques à ceux d'une reine légitime. Elle s'interrogeait, nullement assurée de leur loyauté. Sans oser se l'avouer, elle redoutait cette puissante famille, capable de s'allier avec qui accroîtrait ses biens et augmenterait l'étendue de ses terres. Plus que d'autres les Guise seraient difficiles à contrôler. Elle aurait le courage de les défier. Qu'ils fussent catholiques comme elle lui importait peu.

Catherine voulait finir ses jours en Toscane ; son ultime hésitation venait de son affection non pour la Cour, mais pour les Français. Les courtisans l'appelaient publiquement « la marchande florentine » ; les petites gens, quand ils l'apercevaient, l'acclamaient par son nom italien : Catarina. À leur manière, une marque d'affection. L'héritière des banquiers n'avait pas besoin d'explications. Par ses saluts enthousiastes et joyeux, le peuple réclamait son aide. Un soutien qu'elle ne pouvait pas lui refuser.

Catherine ne l'ignorait pas : dans certaines provinces, les paysans abandonnaient leurs terres aux seigneurs, les récoltes ne suffisaient plus à payer des taxes toujours plus lourdes. Pour la petite noblesse, impossible d'engager des hommes d'armes pour défendre ses fiefs ; le royaume passait aux mains de brigands, meurtriers si on ne satisfaisait pas à leurs exigences. Sur les chemins, on découvrait chaque jour de modestes colporteurs couchés dans leur sang. Un mal effroyable semblait avoir atteint la France depuis la mort d'Henri II. Lui avait su éviter les épreuves de la guerre et de la famine ; cela ne semblait plus réalisable. Comment organiser la riposte ? Pourquoi avoir accepté – ce n'était pas sa volonté – quand François II l'avait supplié, dès son avènement, d'accepter le titre de régente ? Elle aurait dû refuser… Médicis dans le sang, elle éprouvait autant d'attrait à exercer le pouvoir qu'à satisfaire les humbles.

Catherine, à Chenonceau, recevait chaque matin les chevaucheurs porteurs des dépêches du Louvre. Dans les courriers, elle trouvait régulièrement le nom de Diane. Que le clergé l'eût souvent condamnée pour sa mauvaise conduite ne souciait guère la maîtresse du roi défunt, Diane entendait tenir encore un rôle dans les affaires publiques. Femme sans vertu, se déclarant néanmoins catholique par goût des intrigues plus que par foi sincère, elle se voulait défenderesse du parti romain, tout en accueillant chez elle le poète Clément Marot qui vantait dans ses écrits les mérites de la Réforme. Diane avait fini par se convaincre qu'elle accomplissait une mission divine. Plus haineuse que charitable, elle voulait laisser une trace dans l'histoire des luttes religieuses. Elle se serait engagée au côté du Diable si cela l'avait servie.

Catherine ne passait pas une heure sans songer à Henri. Elle gardait un souvenir précis de son époux en compagnie de son amante, assistant en riant au supplice de quatre protestants devant l'hôtel des Tournelles. Quel que fût l'objet de ses pensées, Catherine ne parvenait pas à séparer Diane d'Henri. La terrible fin d'un mari qu'elle n'avait jamais cessé d'aimer habitait son esprit. Le repentir la taraudait de ne pas avoir écouté les propos de son astrologue apothicaire Nostradamus. Il lui avait déjà révélé tant de choses exactes ! Pourquoi ne pas l'avoir entendu ? Henri ne serait peut-être pas mort. Pour Nostradamus, Catherine éprouvait plus que de l'estime, presque de l'amour.

Impossible d'oublier les paroles du juif provençal converti. En 1542 déjà, dix-sept ans avant le drame, elle l'avait reçu à Chaumont. Sans hésiter, il lui avait déclaré :

— Votre mari le Dauphin parviendra certainement au trône, mais tout dans les étoiles m'assure que son règne finira en même temps que sa vie, dans un combat singulier dont il sera le héros. Par fierté plus que par ambition.

Nostradamus ne s'était guère avancé. L'aîné des enfants de François Ier devait, selon la règle française, succéder à son père, et chaque semaine des duels à mort opposaient partout où ils séjournaient les nobles les plus titrés. Les seigneurs du Louvre s'amusaient de la maladresse d'Henri dans ces tournois auxquels il se contraignait par son rang à participer. Il n'y avait rien d'extraordinaire à ce qu'il pérît au cours de l'un d'eux ; sa condition ne le protégeait pas de ses nombreux ennemis.

Jamais Catherine n'oublierait ce 30 juin 1559. Sa mémoire était habitée par chaque instant de cette effroyable journée ; elle augmentait le poids de sa douleur.

Sur Paris, le début de l'été était pesant. Devant les Tournelles, une tribune avait été dressée. Henri n'avait d'yeux que pour Diane assise au côté de François, le fils aîné du roi, un adolescent chétif de seulement quinze ans. Sur l'échafaud, derrière eux, Catherine, livide de colère, se tenait silencieuse.

Quand Henri avait déclaré vouloir s'opposer à Gabriel de Montgomery, afin d'offrir sa victoire à sa favorite, Catherine avait aussitôt songé aux funestes prédictions de Nostradamus. Elle avait voulu s'opposer à ce dernier duel, Henri était épuisé par un précédent combat gagné sous une chaleur écrasante. Le roi ne l'avait pas écoutée. Catherine avait usé du peu de pouvoir qui était sien pour tenter d'interdire ce combat de trop, fût-ce au prix d'un scandale public. Son appel s'était perdu dans le vacarme d'allégresse des assistants. Henri, après avoir souri à Diane, avait abaissé son casque.

Dès le début de l'affrontement, un cri s'était levé dans la foule. Catherine, effondrée, avait hurlé de désespoir. Bien inutilement.

Ayant repris connaissance, elle avait vu Henri, le visage couvert de sang, encore lié à sa monture. Libéré par deux gardes, il avait été transporté agonisant à l'intérieur des Tournelles. Catherine avait fait appeler l'illustre Ambroise Paré, afin qu'il tentât de sauver le roi qui avait le crâne défoncé ; la lance était entrée par l'œil droit. Paré habitait au Louvre, il avait accouru avant qu'une heure fût passée. Le docteur Brengier, chargé de veiller à la régularité des combats, avait murmuré, après avoir constaté l'horreur de la blessure :

— Je crains qu'il ne vive pas…

Malgré la gravité de son état, Henri, allongé sur le sol de la salle des gardes, avait eu la force de se redresser.

— Tant que je ne suis pas mort, je reste le roi. C'est un accident… Montgomery n'a commis aucune faute…

Courage admirable d'un agonisant dont Catherine mettait en doute les paroles généreuses.

Au deuxième jour de ses terribles souffrances, Henri avait fait mander un scribe ; il lui avait dicté une lettre à l'intention du pape Pie IV, qu'il avait signée d'une main rougie par le sang : le roi avait supplié le souverain pontife de lutter contre l'hérésie des réformés. Avait-il encore assez de lucidité pour comprendre qu'en les condamnant, il désavouait aussi Montgomery, un huguenot auquel il avait accordé son pardon ?

Une autre décision avait surpris Catherine : aux portes de la mort, Henri avait eu assez de volonté pour demander qu'on célébrât sans tarder les épousailles de sa sœur Marguerite avec le duc de Savoie. Ainsi avait été accompli en toute hâte, sans aucune solennité, le 10 juillet, dans l'église Saint-Paul, de la rue Saint-Antoine, proche des Tournelles. Lamentable cérémonie. Les courtisans en pleurs, sincères ou feintes, étaient accourus du Louvre à une demi-lieue. Catherine, recluse dans sa douleur, n'y avait pas assisté.

Quelques heures auparavant, Henri avait quitté dans d'atroces souffrances le monde des vivants. Malgré les soins vigilants d'Ambroise Paré autorisé, pour tenter de le sauver, à pratiquer sur quatre condamnés de la Bastille la même blessure, aussi grave. Mortelle.

Dès l'annonce de la fin d'Henri, Diane, prudente, avait rejoint Anet. À son insolente et altière rivale, Catherine avait interdit l'accès de la chambre du roi. La dernière image que Diane devait garder de son amant : celle d'un homme couvert de sang, que des valets avaient porté à l'intérieur des Tournelles.

Catherine, qui ne cessait de pleurer, avait remarqué que sur les tapisseries recouvrant le catafalque d'Henri, emporté vers le cimetière royal de Saint-Denis, un inconnu avait déposé un triangle de bois noir, orné à chaque coin d'une boule gravée d'un « C », le chiffre de Catherine. En toutes circonstances, le Triangle noir voulait montrer sa puissance. Une menace qui s'ajoutait à son chagrin. Hélas, il n'aurait servi à rien de lutter contre une force aussi mystérieuse, toujours présente aux moments les plus importants de sa vie.

Quelle que fût sa peine, Catherine était décidée à tenir un royaume que François, trop jeune successeur d'Henri, ne pouvait gouverner : il avait déjà des devoirs, pas encore de droits.

À quarante et un ans, Catherine avait la volonté d'offrir à la France, sa seconde patrie, un destin glorieux. La tâche était ardue. Outre les difficultés nées de l'hérésie réformée qui prenait de l'ampleur, elle était inquiète de ce Triangle noir dont elle ignorait tout. Qui la menaçait ? De quoi la menaçait-on ? Quels étaient les appétits réels de ceux qui se réclamaient de ce signe ?

Sans les cris d'alarme de Giovanni Bosso, elle aurait sans doute succombé sous les coups d'une épée meurtrière, tenue par un ennemi assez téméraire pour la braver dans sa calme résidence de Chenonceau. Elle avait pris sa décision : si elle quittait la France pour rentrer en Italie, elle ne partirait qu'après avoir percé le mystère du Triangle noir. Elle y était résolue… Elle ne renoncerait pas. Elle avait assez d'expérience pour se libérer enfin d'un très angoissant fardeau.

Que le Triangle noir fût une coalition de ses ennemis, qu'ils appartinssent ou non à sa famille, qu'ils se nomment Montmorency, Bourbon, Châtillon ou qu'ils lui fussent inconnus, ils paieraient de leur sang le prix de leur crime. Catherine voyait dans le Triangle noir une humiliation. Mener un combat contre des adversaires inconnus l'exaltait.

Catherine, vêtue de son habituelle robe noire sur laquelle elle ne portait jamais un bijou, passa sa main sur son front, ouvrit la porte de sa chambre et sortit. Elle semblait égarée. Aux valets trop discrets pour poser la moindre question à une reine qui errait dans les couloirs, les yeux hagards, elle adressa un léger sourire. Pour cacher sa colère.

Sur le tapis d'une salle, elle aperçut, très visible, un triangle noir. Surprise plus qu'effrayée, elle devait se montrer très précautionneuse. Elle abattrait ceux qui cherchaient à la perdre, aussi redoutables fussent-ils. Gens du pape ou de l'empereur, ils n'échapperaient pas à sa vengeance. Elle ne les connaissait pas, elle les haïssait.

Le Triangle noir demeurait présent en France, comme en Italie. Ceux qui depuis son enfance disposaient sous ses pas ce signe évoquant les armoiries des Médicis ne laissaient derrière eux aucune trace. Pourquoi n'en avoir jamais parlé à Ruggieri ou Nostradamus, les astrologues qui avaient toute sa confiance ? Probablement, pensa-t-elle, par crainte d'être contrainte d'écouter ce qu'elle ne voulait pas entendre.

Nourrie depuis son adolescence des textes de Machiavel, pas un jour ne se passait sans qu'elle lût quelques lignes du *Prince*, ouvrage qu'elle n'abandonnait jamais. Avec le Toscan elle avait appris à persévérer dans le bien aussi longtemps que cela s'avérait nécessaire, mais à s'en détourner si les circonstances l'exigeaient. Pour anéantir le Triangle noir, dont le pouvoir lui semblait plus fort que le sien, tous les moyens seraient justes et bons. Cette puissance l'effrayait autant qu'elle la fascinait. Elle se réveillait chaque matin avec le sentiment d'avancer difficilement sur une mer agitée, à la merci d'une vague plus forte que les autres qui l'engloutirait, sans espoir de survie.

Épuisée, Catherine s'assit sur un banc de velours, sous une fenêtre d'une des galeries édifiées sur le pont reliant les rives du Cher. Elle éprouvait l'ardent besoin d'entrouvrir les portes de son passé avant de franchir le seuil de l'avenir.

La première fois qu'elle avait vu un triangle noir, c'était trente ans plus tôt, au cours de l'été 1530. Enfant, elle n'y avait pas pris garde ; aujourd'hui, elle découvrait l'importance dans sa vie d'une apparition qui l'avait longtemps laissée indifférente. Pendant toutes ses années italiennes, à Florence, à Rome, elle n'avait jamais imaginé que des inconnus s'acharneraient à la poursuivre en tous lieux, en toutes circonstances. Aujourd'hui, ces souvenirs la tourmentaient sans cesse.

Une nuit, par une chaleur accablante, alors qu'elle était enfermée dans le couvent des Murates, isolé dans une forêt d'ifs de la campagne florentine, les pensionnaires, une vingtaine de filles de bonnes familles toscanes, avaient été réveillées par de violents coups frappés contre la lourde porte du couvent. Et des hurlements.

— Vive la République !... Ouvrez ! Au nom de la République ! avaient crié les assaillants.

Mère Antonia, la supérieure, avait dû se résoudre à lever les verrous. Entourés de plus de trente hommes cuirassés, trois sénateurs florentins, tous jeunes, avaient fait irruption. Catherine n'avait gardé que le souvenir de Sylvestre Aldobrandini, celui qui avait présenté à la supérieure l'ordre écrit de lui remettre la fillette. Sans doute avait-on déjà l'intention de la capturer, peut-être de la tuer, de crainte qu'une Médicis reprît le pouvoir à Florence. Courageuse, les moniales avaient obtenu qu'on la laissât en paix jusqu'au matin.

Sitôt partis, Catherine avait réclamé un habit ecclésiastique. Oserait-on arracher une nonne du couvent dans lequel elle avait fait le choix de se retirer ?

À l'aube, les sénateurs étaient de retour. Difficile, avait reconnu, Aldobrandini, de tuer une jeune religieuse, fût-elle une Médicis. Après une âpre et longue discussion, il avait été décidé de l'emprisonner dans Florence. On l'avait escortée par les rues les plus sombres vers un autre couvent, celui de Santa Lucia, Via San Gallo. Enfermée, mais vivante ! Cela avait été pour Catherine une première victoire contre ceux qui souhaitaient avec sa mort mettre un terme à l'autorité de la famille Médicis sur la Toscane. En 1530, son principal ennemi était son cousin, le cruel Clément VII. Le pape faisait le siège de Florence pour que la ville devînt propriété pontificale ; la cité avait capitulé à la fin du mois d'août. Dans les accords, le pape avait exigé que Catherine lui fût livrée et emmenée à Rome. Giovanni Bosso, le vigilant serviteur de Catherine, que le pape avait rencontré dans le palais de la Via Larga, aurait la charge de l'escorter entre Florence et Rome. Le souverain pontife le savait très lié à la fillette, il considérait cette faveur comme une preuve d'aimable compassion pour sa prisonnière.

La veille de son départ pour Rome, alors que Catherine, ignorante de son avenir, s'apprêtait à quitter sans regret Florence, le sénateur Aldobrandini l'avait visitée Via San Gallo, désireux de lui avouer qu'il déplorait d'avoir été désigné pour l'arracher au monastère des Murates, mais refuser aurait signifié pour lui un arrêt de mort. Il avait ajouté en la serrant entre ses bras :

— Prenez garde au Triangle noir ! Ses maîtres ne sont ni doux, ni affectueux. Ils vous poursuivront longtemps… En tous lieux… Sans fureur, mais avec détermination. Il vous appartient de les vaincre… Je ne peux, hélas, vous en dire davantage… Sachez seulement que le Triangle noir n'appartient pas au sacré.

Étranges paroles ! Elle aurait voulu les oublier. En vain.

À présent, il lui paraissait indispensable d'échapper au Triangle noir. Vivant, Aldobrandini lui aurait apporté quelques précieux renseignements ; hélas, il était mort. Le Triangle noir la poursuivait. Elle n'avait jamais cru au hasard. Comme le lui répétait Nostradamus, tout dans le destin des peuples est déjà fixé.

Quand, à Rome, un tendre sentiment était né entre elle, âgée de douze ans, et son cousin Hippolyte, l'enfant chéri des Romains, qui lui en avait vingt-deux, elle avait trouvé, accroché à la porte de sa chambre, au Vatican, un triangle de bois noir et trois boules. Elle avait cru à une taquinerie d'Hippolyte. Tout à la liberté de sa vie à Rome, elle n'avait pas établi de lien avec les propos du sénateur Aldobrandini. Sans doute aurait-elle dû réagir. Elle avait douté que ce fût utile, elle le regrettait.

Avant qu'elle ne perdît la raison et peut-être la vie, elle devait découvrir celui ou ceux qui depuis son enfance s'abritaient derrière le Triangle noir. Pour quels motifs ? Cette sinistre confrérie avait-elle fait d'autres victimes ? En France, en Italie, la situation durait depuis plus de trois décennies, elle ne pouvait se prolonger. Longtemps ignoré, le danger devenait inquiétant. S'ils détenaient un peu de pouvoir, ceux qui la poursuivaient ne l'épargneraient pas.

Catherine rentra dans ses appartements, décidée à débusquer et poursuivre le Triangle noir. L'ignorance dans laquelle elle se trouvait agitait de plus en plus son esprit. À quoi lui servirait son amitié avec les Guise dont elle ne doutait pas du loyalisme envers la royauté et l'Église de Rome ? Pourquoi entretenir secrètement des intelligences avec les huguenots ? Afin de leur montrer que, pour avoir adoré son mari, elle n'approuvait pas pour autant les persécutions qu'il avait ordonnées ? Y avait-il un lien entre les uns et les autres ? Devait-elle négliger le rôle du nouveau pape Pie IV ? Les Anglais et les Écossais cherchaient-ils un trône vacant en France et les richesses nécessaires à leurs coûteuses conquêtes en Italie ? Rien, absolument rien ne permettait à Catherine de trouver un début de réponse. Le danger demeurait aussi présent qu'invisible. Devait-elle se taire ? Se montrer tyrannique ?

Catherine n'avait guère apprécié les flatteries des courtisans lui vantant les mérites de François II. N'étant pas aveugle, elle savait que le successeur d'Henri II, de santé précaire depuis sa naissance, était laid et ne pouvait respirer que la bouche ouverte. Irritable et colérique, il se heurtait régulièrement contre les murs, parce qu'il ne parvenait pas à donner un fils à Marie Stuart qu'il aimait avec passion. François serait incapable de tenir secrète une recherche sur ceux qui s'acharnaient contre Catherine, accompagnant toujours leurs menaces, jusqu'à présent sans suites, d'un sinistre triangle noir. Catherine avait cherché quelqu'un qui l'informerait, quelqu'un qui mettrait un nom sur le Triangle noir. Elle avait songé à Marie Stuart, sa belle-fille, dont elle mesurait l'ambition. Pourquoi l'Écossaise serait-elle liée au Triangle noir ? Elle n'était pas née quand, à Florence, Catherine avait vu le signe funeste pour la première fois. Quand avait-il été créé contre les Médicis ? Que de questions assiégeaient l'esprit de Catherine !

Convaincue d'avoir trouvé la solution de sagesse, elle fit appeler Giovanni Bosso.

— Je vais te confier une mission importante... Discrétion absolue !... Avec une escorte de dix cavaliers honnêtes et vaillants, tu vas sans tarder te rendre à Salon en Provence.

Inutile d'ajouter quoi que ce fût. Bosso l'avait compris, il devait revenir avec la seule personne dont Catherine ne doutait ni du dévouement ni de l'immense savoir : Nostradamus.

Pour s'engager contre le Triangle noir, elle éprouvait, selon son habitude, le besoin de consulter le médecin provençal avant de passer à l'action. Il avait prévu la mort brutale d'Henri et elle n'en avait pas tenu compte, alors qu'elle n'ignorait rien de l'importance de la position des astres dans la vie des hommes. Personne n'en doutait : il n'y avait pas meilleur astrologue que Nostradamus.

Sans autre explication, Giovanni comprit le désir de celle qu'il servait. Dès le lendemain, il chevaucherait vers la Provence. Catherine pouvait compter sur lui.

Sur le chemin de Provence, Giovanni Bosso fit halte dans Avignon. Il s'interrogeait lui aussi : qui se cachait derrière le Triangle noir ? Ange gardien ou démon exterminateur ? Il s'en entretiendrait avec Nostradamus ; il avait confiance en lui.

Avignon, propriété du Vatican, lui rappelait sa jeunesse. La ville avait conservé dans ses ruelles étroites ce qui restait des mystères et des fastes du temps où les papes avaient fait de cette terre d'exil une nouvelle Rome. Avec ses jardins, ses cyprès, ses lauriers roses. Derrière les murs des livrées où vivaient les cardinaux, on s'était souvent déchiré entre clans opposés.

Faisant fi de la fatigue du voyage, il avait un moment oublié que, depuis plus de quatre décennies, c'était une femme, une régente presque reine, qu'il servait jour et nuit. On la vilipendait dans le royaume parce que née des amours d'une Française et d'un Florentin riche mais sans titre de noblesse ; elle avait néanmoins su préserver son autorité. Cela devait continuer.

M DE
NOSTRE
DAME

3

— La mort sera presque douce… Certes, Catherine est aussi autoritaire et vigoureuse que du temps de sa jeunesse, mais elle devrait apprendre à espionner ses adversaires. Si elle veut dévorer le loup, qu'elle se méfie ! Il lui fera croire qu'il est un agneau.

Giovanni n'avait pas encore prononcé une parole, Nostradamus d'une voix monotone lui annonçait sans émotion la fin cruelle et peut-être proche de Catherine de Médicis.

Le visage ceint d'une barbe épaisse, Michel de Nostradamus gardait, à soixante ans, une exceptionnelle vaillance de langage. Celui que tous, en Provence et à la Cour, appelaient « le prophète » vivait dans une maison sombre à l'intérieur des remparts de la ville de Salon, propriété royale pas très éloignée d'Aix et de Marseille. Il s'y était installé seize ans plus tôt avec son épouse Reynière, originaire de Saint-Rémy, une bourgade proche. Elle lui avait donné neuf enfants.

Fixé au mur, face à la longue table de travail où s'accumulaient grimoires de médecine et d'astrologie, un manuscrit plissé et jauni par les années, daté du 23 octobre 1529. Nostradamus l'avait regardé de longues minutes avant d'énoncer ce qu'il savait des secrets du monde. Le léger tremblement d'une unique chandelle donnait à son visage un aspect satanique, il épouvanta Giovanni qui détourna son regard.

Bosso eut tout le loisir de lire le texte rédigé en latin : « Moi, Michel de Nostradamus, de la maison de Provence, de la ville de Saint-Rémy, du diocèse d'Avignon, suis venu étudier à l'université de Montpellier, dont je jure d'observer les statuts, droits et privilèges présents et à venir. J'ai payé les droits d'inscription et je choisis Antoine Romier comme maître d'études. » En langue française, la signature occupait toute une ligne. Ainsi il ne mentait pas quand il s'affirmait médecin.

Giovanni avait déjà aperçu le prophète. Une seule fois, en 1555, lors d'un séjour de la Cour à Amboise. Il ne l'avait jamais oublié. À l'expression de sa voix, à l'austérité de sa figure, il avait ressenti une impression de malaise. Ne souhaitant pas ouvrir une controverse avec Catherine, la fâcher, Giovanni s'était gardé de lui faire part de ses doutes quand à son honnêteté. Catherine préférait Nostradamus au Florentin Ruggieri ; Giovanni avait respecté sa crédulité, sans pour autant l'approuver. Nostradamus était peut-être un bon médecin, pas nécessairement un savant astrologue. La rumeur l'affirmait capable de mensonges et d'actes immoraux. Sans doute jalousait-on son pouvoir de lire dans le ciel l'avenir des humains. Certains inquisiteurs n'hésitaient pas à l'accuser de sorcellerie.

Les propos de Nostradamus lui avaient paru extravagants, il en avait eu le front baigné de sueur. Plusieurs nuits de suite il avait vu en songe la silhouette du vieux savant aux pensées obscures.

Avant même que la reine eût prononcé un mot, le Provençal, effectuant maintes courbettes, lui avait déclaré d'une voix frémissante et exaltée :

— Mes yeux sont proches de votre splendeur solaire. Cela n'empêchera pas le vieux lion de périr sous les coups du lion jeune, avait-il poursuivi, se tournant vers le roi Henri II, présent... Les astres désignent votre époux ; je ne peux, hélas, rien y changer. Se révolter contre la position des étoiles dans le ciel serait se rebeller contre Dieu. Prenez-en conscience ! N'offensez jamais notre puissant Créateur !

Quatre années avaient passé. Catherine avait oublié le message de Nostradamus. Elle ne s'en était souvenue qu'à la mort d'Henri. À l'instant où avaient jailli les cris d'horreur de la foule, quand Gabriel de Montgomery avait enfoncé sa lance, volontairement elle n'en doutait pas, dans le crâne du roi. Dix jours plus tard, Henri II avait cessé de vivre. Catherine demeurait convaincue que Montgomery était un meurtrier au service d'Élisabeth d'Angleterre, la reine qui avait trahi Rome. Aux yeux des Médicis, elle n'en était pas grandie. À Genève, où Calvin imposait sa loi, on avait fait la fête à l'annonce de la fin de ce souverain hostile à la Réforme.

Giovanni avait encore en mémoire les paroles du mage de Salon : pour lui, il ne s'agissait que d'une triste coïncidence. Ronsard, afin d'aider Catherine à sortir de sa funeste mélancolie, avait vanté dans un poème les mérites de ce juif converti qui affirmait lire dans le ciel l'avenir des hommes. Qu'un savant tel Ronsard pût porter crédit aux délires d'un astrologue provençal, c'était ne croire ni en Dieu ni en la raison humaine.

Giovanni n'y pouvait rien ; la prédiction de la mort brutale d'Henri avait profondément secoué l'esprit de Catherine. Si pour Ruggieri l'astrologie donnait accès à l'ordre caché du monde, Nostradamus persistait à affirmer que, par inspiration divine, on pouvait percer les mystères de la destinée. Nul, depuis la Pythie grecque et ses oracles, n'avait su sans erreur prévoir les événements du futur. Ceux qui écoutaient le mage avaient de bonnes raisons de désespérer. S'agissant de la reine de France, c'était plus grave : de telles prédictions pouvaient nuire à l'avenir du royaume. Le bonheur d'un peuple naît souvent dans les chaînes. Si la régente souhaitait la paix dans les provinces, elle refusait, pour y parvenir, d'enchaîner ses sujets, nobles ou de la roture.

Depuis la mort d'Henri II, Catherine de Médicis, plus soumise au prophète qu'auparavant, ne s'engageait jamais dans une action d'importance sans le consulter. Elle l'avait remarqué : il ne s'intéressait qu'aux princes et aux puissants ; étrangement, il négligeait les petites gens. Elle en était certaine : mieux que les Condé ou les Guise, il serait, pour sa gloire, un excellent conseiller. Il n'y avait que sur le mystérieux Triangle noir qu'il refusait de s'exprimer, ce qui la contrariait.

La reine avait espéré, mais en vain, que Nostradamus, dont la renommée ne faisait que grandir, l'aiderait à comprendre pourquoi depuis son enfance elle était régulièrement confrontée au Triangle noir. Elle en redoutait le sombre et imprévisible pouvoir. Elle n'aurait l'esprit en repos qu'après l'avoir découvert et anéanti. Elle ignorait, hélas, combien de personnes s'en réclamaient.

Giovanni, fidèle entre les fidèles, n'avait pas eu le courage de refuser la mission à Salon. Catherine savait qu'il serait le plus loyal des ambassadeurs. Pour elle, l'avis de Nostradamus était plus important que celui de son conseiller, le chancelier Michel de l'Hospital.

Giovanni avait effectué le voyage sans enthousiasme. Il ne serait pas dupe de ce qu'il entendrait. Il n'en doutait pas, il reviendrait à Chenonceau sans réponse à la question de Catherine.

Inquiète, ne cessant de penser au Triangle noir, elle passait de plus en plus fréquemment d'une envie de meurtre à un douloureux épuisement. Elle n'avait qu'un désir : quitter la France pour l'Italie. Son fils aîné, le malingre François II, âgé de seize ans, incapable de gouverner, avait suivi Henri dans la tombe. Elle n'était pas certaine que son deuxième fils Charles IX, quatorze ans, une silhouette de vieillard, pût mettre un terme à la lutte de plus en plus violente entre catholiques et réformés. Des réformés qui, lors d'un rassemblement dans le petit bourg d'Hugues, près de Tours, avaient décidé de s'appeler désormais « huguenots ». À la couronne de France ils vouaient une solide inimitié. Toute réconciliation paraissait impossible.

À Salon, Nostradamus, ignorant la présence de Giovanni Bosso, avait sous la chandelle repris ses écritures. Par respect pour Catherine, maugréant contre elle, Giovanni résolut de persévérer.

— Maître, vous êtes plus savant que moi… Ce que vous faites est toujours bien fait… La reine a besoin de votre science. Rendez-lui l'espoir…

Nostradamus consentit à relever la tête et posa sa plume.

— Sachez que j'apprécie la reine… Je suis disposé à l'aider… Vous, son émissaire, vous êtes-vous interrogé ? Pourquoi le Seigneur, qui soutient ceux qui s'acharnent contre les bêtes sauvages, devrait-il s'intéresser aux hommes en lutte, toujours plus pervers et impies ? N'auraient-ils d'autre préoccupation que de donner la mort ? Ils ne se révoltent qu'afin de prouver qu'ils existent. Aux actions de grâce, ils préfèrent le tumulte des intrigues et le vacarme des armes.

Giovanni dissimulait mal son agacement.

— Que ce soit pour vous une bonne nouvelle, je veux l'ignorer ; ma mission n'a qu'un objet : vous prier de vous rendre sans tarder à Chenonceau. La reine le souhaite, elle pourrait l'exiger… Comprenez qu'elle veuille éviter des massacres dans le royaume ! Un savant aussi entreprenant et hardi que vous peut l'y aider… Vous seul apaiserez ses ressentiments… Que cela me paraisse étrange importe peu. Je suis loyal, je n'ai pas à la contrarier. Le problème est, j'en conviens, délicat. Sans vos conseils, elle ne le résoudra jamais.

Giovanni se garda d'être plus précis.

Le prophète consentit enfin à prêter quelque attention à son visiteur. Il se saisit de sa plume, l'agita entre ses doigts. Enfin il parla, plus avec son cœur qu'avec son esprit. Avec des mots simples, aisés à comprendre.

— Je n'ignore pas les querelles agitant la France. La reine doit savoir que personne ne peut la protéger des audaces du Triangle noir… Toute résistance serait inutile. Le Triangle noir ne l'épargnera pas ; larmes et sanglots n'y changeront rien… Ses disciples ne redoutent pas les galères françaises… Peut-être viennent-ils d'un autre monde, inconnu de la plupart d'entre nous…

Giovanni tressaillit, un pli d'amertume barra son front : Nostradamus connaissait donc l'existence du Triangle noir. Cela suscita dans son esprit incompréhension et angoisse. De quel monde parlait le prophète ? Le mystère demeurait.

Nostradamus, lui, semblait plongé dans de lointains souvenirs.

— J'ai parfois, dit-il dans un souffle, coupé au plus court à travers une vallée, grîmpé au faite de montagnes couvertes de neige… Si vous aviez parcouru mon premier recueil de *Centuries*, publié à Lyon chez Macé Bonhomme, il y a huit ans, vous sauriez qu'il m'a suffi de cent quatrains pour prévoir l'avenir du monde jusqu'en 3797. Au-delà, les astres sont silencieux… La reine n'a pas besoin de me consulter, qu'elle me lise ! Elle découvrira les calamités qui l'attendent. Je vais vous attrister, mais ne l'oubliez jamais : cette femme que vous protégez est capable, sous ses airs de douceur, de terrifiantes cruautés… Elle sera détruite avant d'arriver au but, ajouta-t-il d'une voix sinistre… Je suis, hélas, contraint de vous inviter à quitter ma demeure. Sans plus tarder. Je vous salue…

Il se leva et ajouta :

— J'ignore la fatigue, les caprices des despotes, la haine de ceux qui ne se résignent pas à accepter l'importance de mes ouvrages. Au prochain millénaire, on comprendra à quel point le langage des astres m'est familier. Pardonnez-moi de ne pas vous retenir, je dois m'occuper sans plus tarder d'une brute, un homme de la

Cour qui me menace de mort, si je ne réponds pas à une missive qu'il m'a envoyée de Fontainebleau ; la petite cité que le roi Charles IX va bientôt rejoindre avec la reine mère. Il y a là un château récemment achevé où il loge de plus en plus fréquemment. Il préfère, semble-t-il, la Seine à la Loire. Croyez mon avertissement ! Charles règnera sans pitié… Je le vois… Je le sais… Catherine ne parviendra pas à contenir son ardeur… Nous serons peut-être les derniers moments du christianisme…

Nostradamus éclata d'un rire long, étrange, avant de reprendre l'expression dure qu'il avait pendant l'entretien.

Devant la porte un cheval attendait sans hennir. Contrarié, Giovanni Bosso sauta en selle. Vaincu par le prophète, il redoutait la colère de Catherine et s'interrogeait : qui était l'auteur de la missive à Nostradamus ? Quel pouvait en être le contenu ? Si le prophète, qui ne parlait que par énigmes, avait évoqué ce mystérieux personnage, il n'avait certainement pas agi par hasard. Pourquoi ? Giovanni n'y voyait que l'ombre silencieuse du Triangle noir.

Giovanni ressentait une terrible humiliation. Il avait su se contenir, évitant de chercher au mage une mauvaise querelle ; ses propos agitaient son esprit d'une angoisse qu'il ne dominait pas.

À peine eut-il franchi les remparts de Salon en direction d'Avignon, qu'un homme au visage glabre, une quarantaine d'années environ, vint à chevaucher à son côté.

Il le remarqua immédiatement : sur le jaune de son pourpoint était piqué… un triangle noir. À sa vue, Giovanni Bosso, effrayé, fronça les sourcils. Sans détourner le regard, il poursuivit son chemin dans une foule de chariots emplis de fruits et légumes les plus divers, décidé à faire halte en Avignon. Sur un ton insolent, l'inconnu apostropha Giovanni.

— J'aimerais vous parler, monsieur.

— Pas moi, monsieur ! s'écria Giovanni à la fois inquiet et exaspéré.

Le cavalier le regarda un instant avec un sourire méprisant, força le pas de sa monture, s'arrêta devant une hôtellerie et, sans se retourner, y pénétra calmement, après avoir attaché son cheval à un anneau.

L'aubergiste reconnut sans mal un habitué. Un seigneur qui n'avait pas l'accent des gens du Sud. Il s'avança vers lui et s'inclina bien bas. Avec plus d'humilité que de courtoisie hôtelière.

— Soyez le bienvenu, monsieur de Chambaz… Prenez place… Comme d'habitude, votre mets préféré ? De l'agneau tendre, farci de romarin, arrosé d'huile d'olive et de vin de Provence ? Cela vous convient ?

Chambaz acquiesça d'un geste du menton. Il s'assit à une table dans un coin sombre, à l'écart de la demi-douzaine de ruffians qui parlaient haut et buvaient plus que de raison.

Chambaz fit un signe à l'aubergiste qui s'empressa de le servir. Chambaz le retint.

— Dis-moi… la dame avec laquelle tu m'as vu hier ne serait-elle pas revenue ? Je la sais dans le voisinage… N'aurait-elle pas logé chez toi ?

— Non, monsieur, répliqua sans rougir le tavernier. Je l'aurais reconnue… La bonne société fréquente rarement mon auberge. Le vin de mes barriques n'est pourtant pas empoisonné !

Chambaz décela une hésitation chez l'homme au tablier sale. Il lui parla d'un ton plus sec.

— Je te l'ai déjà dit : je suis au service de la reine. Ne trahis pas la vérité, j'aime assez peu les mensonges… Suffisants pour te faire apprécier la paille des prisons d'Aix… Un tavernier n'est pas nécessairement sot.

Parlant plus fort, afin d'être entendu des buveurs, retroussant sa moustache, Chambaz sortit son épée de son fourreau, la posa sur la table et en caressa la lame.

— C'est bien… C'est bien… Je te crois honnête. Cela me mettrait de fort méchante humeur s'il en allait autrement… Tu ne souhaites pas mourir…

— De grâce, monsieur, croyez-moi ! Je ne suis pas un traître… Un modeste aubergiste qui a pour chalands les bergers et les négociants de La Crau. J'ai l'honneur de vous l'assurer : les intrigues ne sont pas dans mes habitudes.

Soudain, du haut de l'escalier, à l'étage des chambres, une femme, les coudes posés sur la rambarde de l'étroite galerie, hurla.

— Roumanille ! Sauve-toi ! Je fais mon affaire de cet impétueux personnage.

Chambaz reconnut celle qui criait ; il sauta de son banc avec une telle force qu'un pichet de vin se répandit sur la table avec une odeur aigre. Il se tourna vers l'aubergiste qui se mit à trembler d'effroi quand il se saisit de son épée et la pointa vers lui.

Dans la salle, un chat miaula.

— Tu m'as odieusement trompé… Sais-tu ce qu'il va t'en coûter ?

Chambaz tenait la lame brillante de son épée sous le nez de l'aubergiste.

Alors que Chambaz levait la tête vers la femme, Roumanille ouvrit la porte, en franchit d'un saut le seuil et la referma derrière lui. Sans se retourner, il courut, de plus en plus essoufflé, sur le chemin de Salon.

Incapable de dominer sa colère, Chambaz lança vers la femme un regard de courroux, chargé de menaces.

— Avez-vous conscience, madame de Hautefeuille, de l'acte abominable que vous venez de commettre ? Combien d'écus avez-vous donné à cet infâme aubergiste pour qu'il taise votre présence ici ? Avez-vous pensé un instant que cette félonie pouvait lui coûter la vie ?… Hier soir je vous croyais une alliée, aujourd'hui vous n'êtes plus qu'une adversaire. Perverse et dangereuse. Le moment venu, je saurai m'en souvenir ! Je vous imaginais insignifiante depuis la mort de votre royal amant, je vous découvre toujours dangereuse.

L'un après l'autre, silencieusement, craignant d'être mêlés à une affaire ne les concernant pas, les buveurs avaient ouvert la porte et quitté l'auberge.

À l'intérieur, face à face, il n'y avait plus que Chambaz tenant son épée et Mme de Hautefeuille, la cinquantaine fort séduisante, assise à une table. Elle avait descendu les marches de l'escalier de bois avec élégance ; malgré sa colère, Chambaz l'avait remarqué.

— Rangez cette épée, dit-elle en souriant. Vous disposiez d'autres armes, monsieur, quand vous avez naguère entrepris de me séduire. N'ayez aucune crainte, il n'est pas dans mes intentions de mettre le royaume en péril. Si vous me croyez encore puissante à la Cour, pourquoi m'avoir imposé les fatigues d'un long voyage et cette rencontre en un lieu si éloigné de ma résidence de Loire ? Le climat y est plus doux que près du Rhône. J'aurais pu refuser… Vous auriez aimé que Condé fût exécuté ; il n'en a rien été… C'est un homme prudent… Un modèle pour vous ! ajouta-t-elle sur un ton mystérieux. On peut soutenir la Réforme et ne pas ignorer ce qui se passe à la Cour. La reine n'a jamais douté que Condé fût un hérétique, mais un hérétique loyal. Et puissamment armé ! Elle ne le châtiera jamais.

Chambaz, calmé, écoutait, étonné qu'une femme, fût-elle Mme d'Étampes, si longtemps favorite royale, eût pu lui causer tant de frayeur. Il ne l'ignorait pas, la présence de Michel de Nostradamus à Salon depuis plus de vingt ans n'était pas étrangère au fait que l'ancienne maîtresse du défunt François Ier ait accepté de venir, sous le faux nom de Mme de Hautefeuille, jusque dans cette auberge, à l'écart de la ville. Chambaz n'agissait jamais au hasard. Lorsqu'il s'engageait, il s'efforçait d'en prévoir les conséquences, même les plus douloureuses. Il avait laissé échappé Giovanni Bosso, il le retrouverait aux pieds de la reine Catherine. Rien ne pressait. Quand il le voudrait, il saurait rompre les liens entre Giovanni et la Florentine.

Lorsqu'il avait choisi Salon pour un entretien secret avec Mme d'Étampes, il savait quelle force exerçait sur elle, comme sur la reine, le mage provençal. Des prélats autant que des seigneurs avides de pouvoir fréquentaient régulièrement Salon. Chambaz gardait du prophète un souvenir précis. Un de ceux que seule la mort efface.

Alors que François II agonisait dans d'horribles souffrances, causées par un abcès au cerveau qui ne pouvait s'écouler ni par les oreilles ni par le nez, malgré les soins d'Ambroise Paré, Catherine avait renoncé à partir chasser en Touraine ; elle était revenue en hâte à Chaumont, pour être proche du malade. Comme en toute circonstance extraordinaire, elle y avait, dans l'espoir de sauver le roi, convoqué Nostradamus.

Nostradamus répondait volontiers aux appels de Catherine, à la condition que ses conseils ne suscitent aucune polémique et qu'ils s'accompagnent d'écus d'or et de diamants ; il en fixait lui-même la quantité et la qualité. Les largesses des princes qu'il servait devaient participer à sa prospérité.

À Chaumont, Nostradamus avait observé les astres du haut d'une tour du château. Il n'était pas seul, bien qu'il n'appréciât guère la présence d'autres astrologues. Catherine, parce qu'il en allait de la vie de son fils, avait voulu un conseil des prophètes : il y avait, outre le Français Ogier Ferrier, l'Italien Simeoni qui en France se faisait appeler, personne ne savait pour quelle obscure raison, Luc de Gaurie. Le pape Pie IV le tenait en grande estime, il l'avait désigné astrologue officiel du Vatican et lui avait accordé le titre d'évêque pour un évêché qui n'existait pas.

Chambaz, à la mort de François II, passait encore pour un des courtisans dont la reine mère aimait à s'entourer. Né dans le village de Ferney, propriété des Savoyards, à moins d'une lieue de Genève, dans une famille de modestes nobliaux du pays de Gex, Chambaz rapportait plus ou moins justement les développements religieux et politiques d'une cité où Calvin et ses proches régnaient en tyrans impitoyables.

Chambaz n'en avait jamais soufflé mot à la reine, il vouait à Nostradamus une haine tenace. De son influence à Chaumont, il avait conservé un souvenir horrible. Il hésitait toutefois à le tuer, pour le cas où Nostradamus entretiendrait réellement des liens avec le Ciel. Sa crainte tempérait son désir de vengeance.

Dès son arrivée, Nostradamus avait réuni, dans une salle sans ouverture sur l'extérieur, les intimes du mourant. Mme d'Étampes était présente. Nostradamus avait, avec un fil de lin, tracé dans l'obscurité un cercle au centre duquel Catherine se tenait droite. À chacun des angles de la salle, le prophète avait placé une statuette portée avec lui dans ses malles, sur laquelle était inscrit le nom de Dieu en caractères hébraïques. Ce qui n'avait surpris personne, tous savaient Nostradamus, juif converti, familier de la Cabale. Dans la nuit, on n'entendait que la respiration de la douzaine de femmes et d'hommes conviés à cet insolite rituel. Nostradamus avait psalmodié. Il avait déclaré que le visage de François agonisant lui était apparu, torturé, puis celui de Charles, lumineux.

Une semaine plus tard, après un an et quatre mois de règne, François II, fils de François Ier, avait défunté. Non parce que Nostradamus l'avait prédit, mais parce que la maladie ne l'avait jamais quitté. Son frère Charles avait aussitôt été proclamé roi, il n'avait que treize ans… La période était troublée.

Dès l'annonce de la mort de François II, Mme d'Étampes et Chambaz avaient, dans le carrosse de celui-ci, rejoint pour le souper une agréable auberge des rives de Loire, à quelques lieues de Chaumont.

Mme d'Étampes n'avait pas décliné l'invitation. S'il le souhaitait, elle ne se refuserait pas à lui. Ce seigneur, auquel on prêtait à la Cour un caractère colérique et violent, avait conservé, la cinquantaine venue, l'art de séduire. Il en usait. Ses propos exprimaient souvent la volonté de Catherine.

Un serviteur leur avait apporté deux gobelets de vin de Champagne. Dans celui de Mme d'Étampes, Chambaz avait laissé glisser une bague ornée de diamants, qu'il avait retirée de sa main. Mme d'Étampes, en rougissant, l'avait acceptée.

Lors du souper, ni l'un ni l'autre, après s'être distraits de quelques ragots de Cour, n'avaient éprouvé l'envie de s'exprimer sur Nostradamus.

Prétextant pour ne pas reprendre la route la fatigue de ses chevaux, Chambaz avait, dans l'auberge, honoré avec ardeur l'ancienne favorite royale. Ce n'était pas de la passion, tout au plus un agréable divertissement. Il avait acquis cette nuit-là la certitude de tenir, plus qu'une amante, une alliée. Elle saurait se montrer dévouée à sa cause.

Mme d'Étampes savait Chambaz bavard. Afin de s'assurer de son silence, elle se résignerait à le servir, même si, le connaissant bien, elle le pensait capable d'interventions brutales et tapageuses à la Cour. En se donnant à lui, elle ne pouvait ignorer qu'il aurait désormais sur elle une emprise complète.

Ce qui devait arriver était survenu. Lorsqu'en 1563, quelques années plus tard, il l'avait sollicitée pour « certaines choses délicates et secrètes », elle n'avait pas refusé. Exprimant seulement le désir de loger chez la comtesse des Baux, à deux lieues de Salon. Chambaz ne s'en était pas offensé : les cheveux de Mme d'Étampes avaient grisonné, son visage était trop poudré ; ses préoccupations étaient ailleurs. Rendez-vous avait été pris dans une auberge proche de la ville pour s'entretenir avec elle d'événements importants auxquels elle pourrait s'associer. Elle avait deviné que Nostradamus, par sa puissance réelle ou feinte, serait mêlé aux intrigues pour lesquelles Chambaz avait besoin de ses services.

Que Mme d'Étampes ne se soit pas rendue chez la comtesse des Baux, mais eût passé la nuit dans l'auberge de Roumanille, d'où tout luxe était absent, laissait Chambaz pantois et inquiet. Pourquoi ne pas avoir accepté l'hospitalité de son amie ? S'était-il montré, lors du souper de la veille, trop bavard, livrant involontairement des secrets pouvant le compromettre ? Il ne souriait plus. Devait-il abandonner ? Il s'y était refusé. Momentanément.

Après avoir hâtivement salué Mme d'Étampes, il était sorti de l'auberge. L'esprit angoissé, il avait chevauché au galop vers Avignon. Quel était le jeu de la duchesse ? La maîtresse de François Ier avait-elle toujours les faveurs de Catherine ? Lui et ses amis devraient songer sérieusement à se protéger. La réunion urgente d'un conseil secret à Paris s'imposait. Toute faiblesse envers les protestants pouvait devenir rapidement un danger. Nostradamus s'affirmait maître de l'avenir, il n'était pas évident qu'il le fût du présent. Sans fracas, il était habile de l'utiliser.

4

Giovanni Bosso, de retour à Chenonceau, humble et penaud, rapporta à Catherine les très modestes résultats de son voyage. En deux mois, quel changement ! Il l'avait quittée la mine sombre, il la retrouvait presque frivole. La cause de ce bouleversement, il croyait la connaître.

Marchant dans les ruelles d'Avignon, il avait entendu les bruits, senti les odeurs de sa jeunesse romaine. Dans cette ville, il avait appris que Marie Stuart, la jeune veuve de François II avait quitté la France, après un bref séjour chez le duc de Lorraine, pour rejoindre la pluvieuse Écosse, regrettant sans doute la douceur des pays de Loire autant que les plaisirs de la Cour. Giovanni avait la certitude que Marie n'avait pas fui le royaume, mais que Catherine l'y avait poussée. N'avait-elle pas organisé, avec Élisabeth d'Angleterre, son mariage avec le malingre François, son cousin ? Un an après les épousailles, l'Écossaise était encore vierge. De quoi susciter la colère de Catherine, furieuse et inquiète de cette absence d'héritier pour le trône de France. Une rage que rien ne semblait pouvoir apaiser. Peut-être n'en avait-elle pas conscience : derrière la gracieuse Marie, Catherine apercevait toujours l'ombre de Diane de Poitiers.

Diane, l'éternelle rivale, ne se décidait pas à mourir. Exilée en son château d'Anet, elle refusait de vieillir paisiblement. Elle aurait pu se contenter de sa fortune ;

ayant trop longtemps joui de la confiance et de l'estime d'un roi assoiffé de pouvoir, elle souffrait de ne pas être davantage mêlée aux affaires du royaume. Si Catherine soutenait le parti catholique, Diane aiderait les protestants à se délivrer du joug de l'Église romaine.

Avec l'aide des Guise, catholiques enflammés, mais proches de la Cour, elle avait multiplié les requêtes auprès de François II pour qu'il ne se montrât pas plus rigoureux qu'Henri avec les réformés. Catherine n'y pouvait rien changer : partout dans le royaume le clergé imposait la chasse aux huguenots. Diane avait invité le jeune roi François à établir la paix religieuse, elle n'avait pas été entendue. On torturait, on pendait, on brûlait les hérétiques. Qu'importe que l'orage grondât dans les provinces, il n'y avait qu'une vérité : celle du Christ roi.

Excédés de ne pouvoir pratiquer librement leur religion, les huguenots avaient décidé, sous les ordres du roturier genevois La Renaudie, d'enlever François II lors d'un séjour à Amboise, afin de l'arracher à l'influence des Guise. L'attaque était prévue pour le 10 mars 1560. Tout était prêt. Un juriste huguenot, Pierre des Avenelles, avait révélé à Chambaz, qu'il croyait proche des réformés, les préparatifs du complot. Pris de panique, craignant pour sa vie, celui-ci en avait prudemment avisé la régente dont il avait su, malgré sa brutalité naturelle, conserver la confiance. Catherine ne s'était pas effrayée ; elle se croyait assez habile pour gagner la partie.

— Si des ennemis du roi ont des intentions belliqueuses, qu'ils viennent ! avait-elle lancé, en serrant les poings. Nous saurons les recevoir !

Chambaz, pour lequel toute trahison était justifiée si elle permettait d'éviter les geôles du Châtelet ou le bûcher, avait reçu la charge de défendre Amboise.

Mener la riposte contre les assaillants, c'était avouer son soutien au parti catholique, alors qu'on l'imaginait proche des protestants. Difficile pour lui de trouver la bonne solution, mais aucune insulte ne l'atteignait.

La Renaudie n'avait pu s'approcher du château, un archer de Chambaz l'avait abattu dans la forêt. Une centaine de conjurés étaient parvenus à s'enfuir. Vingt-sept avaient été arrêtés, soumis à la question dans les souterrains d'Amboise ; plusieurs d'entre eux, écrasés de souffrances, n'avaient pas résisté au supplice des coins, ils avaient avoué avoir pour chefs le prince de Condé et le comte de Chambaz.

Chambaz complice ? Catherine s'était refusée à le croire mêlé à cette odieuse intrigue. Serait-il plus habile et rusé qu'elle ? Elle ne voulait pas y songer.

— Attendons d'avoir des preuves, avait-elle dit à François.

Chétif mais impulsif, François, malgré les conseils de sa mère, s'était précipité dans le salon où pérorait Condé. D'une voix inhabituellement forte, se tournant vers les uns puis les autres, il s'était écrié :

— Il y a ici des gens qui me courtisent et me trahissent. Un jour, s'il plaît à Dieu, je leur en ferai repentir ! Je me montrerai impitoyable !

Pris d'un accès de rage subit, François avait donné un violent coup de poing sur la table.

Le prince de Condé, félon par nature, désireux d'assurer le roi de sa loyauté, avait montré du doigt un groupe d'hommes traversant la cour.

— Il faut tous les pendre, Sire !

François s'était laissé convaincre, inconscient d'aggraver la ruine du royaume. Dès le lendemain, les exécutions avaient commencé. Les conjurés, réels ou imaginaires, avaient été décapités à la hache, puis pendus sur la façade du château.

Cela n'avait pas été du goût de Catherine. Ayant besoin du soutien de son fils, elle n'avait rien dit. Seule la délicate Marie Stuart avait murmuré à son époux :

— L'effroyable odeur qui envahit toute la demeure m'incite à quitter Amboise. Mon regard ne peut pas se détacher de ces cadavres déchirés et puants parmi lesquels sans doute beaucoup d'innocents... Mon sang est glacé à l'idée que c'est vous, mon roi, qui avez donné l'ordre d'un aussi horrible massacre. Je ne resterai pas ici un jour de plus. Les excès renforcent les fidélités entre criminels. Votre destin sera lié à vos meurtres. Il serait plus sage de chercher l'apaisement. Ne confondez pas fermeté et oppression !

Marie Stuart, confidente de « la Poitiers », avait parlé sous l'influence néfaste de la rivale. Ses propos, rapportés à la régente, avaient vite fait leur chemin. Catherine haïssait désormais l'une et l'autre. Marie Stuart était en une matinée devenue indigne de la cour de France. Catherine aurait pu empoisonner sa bru, elle avait habilement fait un autre choix : susciter mille ragots contraignant Marie à quitter la France sans tarder. La conciliation n'était pas dans son tempérament.

Dans Avignon, Giovanni Bosso avait ainsi appris le départ en exil de Marie Stuart. À la fois inquiet et réjoui, il voulait croire que Catherine n'avait pas commis l'irréparable.

Quant à Chambaz, ayant réussi à fuir, il s'était caché pour quelque temps en un lieu secret, à l'abri de toute indiscrétion, à l'écart des calomnies dont à la Cour on se divertissait. Cela lui pesait, il s'abstenait néanmoins de paraître publiquement.

De retour à Chenonceau, Giovanni dissimulait mal son étonnement. Que le départ de Marie Stuart eût satisfait la reine, il le comprenait. Le mystère du Triangle noir n'en était pas pour autant résolu. Nostradamus, sincèrement ou non, n'avait pas dévoilé ce que sans doute il avait deviné ; il avait seulement admis en avoir connaissance. Pour Giovanni, Marie Stuart ne pouvait être mêlée au Triangle noir. S'il en avait la possibilité, il s'en assurerait…

Brantôme, le chroniqueur courtisan, avait relaté ce qu'il avait appelé « la conjuration d'Amboise », sans que cela eût suscité l'indignation de la reine. Giovanni avait la conviction que les conspirateurs, décidés à enlever et probablement tuer le jeune roi François, étaient, eux, liés au mystérieux Triangle noir. Marie Stuart en avait-elle eu connaissance ? Il songeait plutôt à des gens rassemblés par Calvin. De Genève, importante cité bancaire, ils voulaient abattre les puissants Médicis. Jamais Catherine n'y avait fait allusion tant cela lui paraissait inimaginable. De quel rêve insensé se nourrissaient celles et ceux rassemblés sous le signe du Triangle noir ?

Éprouvé par son échec auprès de Nostradamus, Giovanni redoutait la colère de Catherine. Or, elle l'avait très bien accueilli. Le temps d'un voyage en Provence, la reine triste s'était transformée en souveraine enjouée. Giovanni jugea audacieux de lui en faire la remarque.

À son départ, elle disposait de vingt dames d'honneur ; plus de quatre-vingts à son retour à Chenonceau. Aimables jouvencelles apparemment peu farouches. Malgré le silence auquel il aurait dû se tenir, Giovanni interrogea Catherine sur ce qu'elle appelait dans son langage toujours vert son « escadron de charme ».

— Tu n'as rien compris, cher Giovanni. Ces gracieuses effrontées, plus coquettes et bavardes les unes que les autres, sont les meilleurs espions dont je puisse m'entourer. Il n'y a pas plus efficace pour tout apprendre de la vie politique que le lit dans lequel elles attirent mes ennemis ; leur envoûtement d'une nuit est souvent cause de leur perte.

Giovanni hocha la tête, incrédule.

— Comprends-moi, poursuivit-elle. Ces donzelles vont me permettre de disposer d'une arme secrète extrêmement puissante… Comme le dit Ronsard, il faut savoir mener les hommes par « le bout du chalumeau ». J'apprendrai ce qu'il y a dans la tête des ministres, des ambassadeurs, de tous nos adversaires… Si seulement quelques délices amoureuses permettaient de découvrir enfin qui se dissimule derrière le Triangle noir ! Des hommes assez téméraires pour en piquer le signe sur leur pourpoint ! Ils croient avoir raison de moi ? Ils sont dans l'erreur.

Giovanni demeurait peu convaincu par les manières de la reine. Ce que Nostradamus n'avait pas dévoilé, il doutait que le parfum des jupons aidât à le découvrir. Encore que le prophète en sût peut-être plus qu'il ne voulait le dire.

Un matin, vêtue de la robe noire qu'elle ne quittait plus depuis la mort d'Henri, Catherine avait invité Giovanni à une promenade sur les rives du Cher. Après quelques pas sur un tapis de feuilles mortes, elle posa brutalement la question qui depuis quelques jours occupait son esprit.

— Connais-tu Louise de La Béraudière, la fille du seigneur de Sourches et de l'Isle Rouet ?

Giovanni ne put contenir un long rire ; il s'en excusa aussitôt.

— Pardonnez-moi, Madame, mais qui à la Cour n'a pas entendu parler de Louise ? Que son nom soit prononcé, les yeux de vos courtisans deviennent dans l'instant plus brillants. J'avoue que moi-même, je ne rechignerais pas avec elle à une aimable besogne…

Giovanni n'acheva pas. Catherine qui avait compris sourit.

— Cher Giovanni, comme d'autres, tu n'es pas insensible à ses yeux chauds, à sa poitrine ferme, à l'élégance de sa croupe… C'est très normal. Tout ce que j'aurais aimé être et ne serai jamais, parce que la beauté naturelle facilite le gouvernement des hommes, ajouta Catherine avec un accent de chagrine jalousie… Il est plus utile de savoir se déshabiller que d'égrener un chapelet ; Diane n'en a jamais douté, cela a fait sa fortune.

Une larme coula sur sa joue. Ne pouvant demeurer plus longtemps silencieuse, elle expliqua à son honnête confident comment elle utiliserait les charmes de Louise.

— J'ai besoin de savoir qui a tué François de Guise. Je ne peux croire à la trahison de Condé, un homme que je n'ai peut-être pas apprécié à sa juste valeur, mais dont j'ai exigé la grâce après le complot d'Amboise. On ne m'obligera pas à gouverner dans la haine. J'ai écouté Michel de L'Hospital ; il m'a conseillé d'accorder aux huguenots la reconnaissance de leur religion. J'ai signé l'an passé l'Édit de Tolérance… Était-ce raisonnable ? À me montrer conciliante, n'ai-je pas pris le risque de paraître faible ? Le fracas des armes m'effraie. Je ferai tout pour l'éviter. Huguenots et catholiques doivent apprendre à vivre ensemble. Je m'y emploierai aussi longtemps que je vivrai…

Catherine de Médicis semblait avoir oublié la présence de Giovanni Bosso ; elle se parlait à elle-même. Si les réformés pouvaient désormais pratiquer librement leur religion, elle avait obtenu, sans que nul ne songeât à la contredire, que prêches, prières et réunions ne fussent autorisés qu'hors les remparts des villes. Alors que s'achevaient les travaux du concile de Trente et que le pape Pie IV montrait d'excellentes dispositions envers la France, il aurait été inutile de susciter des provocations. Que le Parlement de Paris eût refusé d'enregistrer l'édit, rien de surprenant ! Tous les juges étaient des catholiques plus soucieux de leur salut que de paix dans le royaume. Catherine avait su les contraindre à sceller le texte, c'était pour elle une victoire à laquelle elle s'était montrée publiquement très attachée. À Giovanni elle osait faire part de ses doutes.

— Ne suis-je pas victime de mon obstination ? Est-il souhaitable que dans ce pays on se batte inutilement pour la défense d'un dieu que les uns et les autres observent d'un œil différent sans l'avoir jamais vu ? Je peux condamner la religion nouvelle sans vouloir la mort de ceux qui la choisissent. Le sang qui coule m'a toujours fait horreur. Je n'ai jamais oublié le visage ensanglanté de mon époux aimé quand la lance de Montgomery lui a pénétré le crâne.

Giovanni approuva d'un signe de tête, ajoutant :

— Ce n'est pas en effet la mission des théologiens que de prétendre se mêler du gouvernement… mais, se permit-il de murmurer, ne craignez-vous pas que catholiques et huguenots vous reprochent, à vous, héritière d'une riche famille florentine, de pratiquer une foi éloignée de la doctrine romaine, celle des philosophes grecs ? Vous lisez souvent Machiavel, n'est-ce pas ?

— Mais aussi saint Augustin ! répliqua sèchement Catherine.

Elle ne pouvait pas l'avouer, même à Giovanni qui l'avait accompagnée de Florence à Rome et de Rome à Paris : elle n'était plus certaine de défendre avec autorité les catholiques qui, contre Calvin et Luther, agitaient les fureurs de l'enfer.

En marchant à pas lents le long du Cher, elle retrouvait le souvenir de son très aimé beau-père François Ier, qui n'avait pas de mots assez forts pour se féliciter d'avoir accueilli dans sa résidence du Clos Lucé le Florentin Léonard de Vinci ; il avait su l'arracher au duc de Milan. Peut-être même le peintre avait-il songé à Catherine lorsqu'il avait peint une femme au sourire mystérieux, simplement appelée *Gioconda*…

Et les autres artistes florentins invités par Henri dans la douce contrée de France ! C'était moins la finesse de la construction qu'elle appréciait à Chenonceau que le plaisir de se laisser bercer, de son lit, par les eaux calmes du Cher glissant entre les arches du pont. Parfois, elle chevauchait seule dans les forêts alentour, avec pour compagnons les cerfs et les chevreuils. Des randonnées qui la divertissaient sans effacer les douleurs de son âme : désireuse de sauver la paix du royaume, elle commençait à désespérer d'y parvenir un jour.

Depuis plus d'une heure, Catherine et Giovanni suivaient la rive, écartant ici et là des taillis, poussant du pied une branche de hêtre ou de chêne. Catherine oubliait ses déceptions, les calamités dont souffraient ses sujets. Giovanni, lui, ne savait même plus quel jour il vivait. Il ne comprenait pas pourquoi la reine avait décrété que l'année 1563 ne débuterait pas, selon la tradition, à Pâques, pour fêter à la fois l'an neuf et la résurrection du Christ, mais le 1er janvier. Cela n'avait pour lui aucune signification historique ; la décision avait déplu au clergé et pouvait troubler durablement l'esprit de populations déjà secouées par leurs querelles religieuses.

Tout à sa rêverie, Catherine n'avait plus dit un mot de la belle Louise de La Béraudière. Sur le chemin du retour, alors qu'on entendait, quoi qu'il fît jour, le hululement d'une chouette, Giovanni ne put résister plus longtemps.

— Qu'attendez-vous, Madame, de la fougueuse Louise ? J'aimerais le savoir… Si vous ne souhaitez pas répondre, je n'insisterai pas.

— Ce que je veux ?… Qu'elle devienne l'amante de Nostradamus, répondit calmement Catherine. Cela peut être utile. Lorsqu'elle quittera son lit, elle en saura plus que nous sur le Triangle noir. Je crois Louise assez cajoleuse pour obtenir de Nostradamus ce qu'il t'a refusé. Un refus qui, à mes yeux, ne doit rien au hasard. Il m'a appris l'art de ruser, il doit redouter que j'en use sans discernement.

— Vous accordez trop de confiance à un prophète juif dont on ignore s'il est réellement converti ! s'écria Giovanni, aussi effaré qu'humilié qu'on le remplaçât par une femme.

Giovanni en était persuadé, Louise n'obtiendrait rien de plus que lui ; Nostradamus était trop habile pour se confier à une courtisane.

— Je mets qui je veux dans le lit de qui me plaît !... Louise est belle et ce n'est pas une femme comme les autres, répliqua Catherine avec un rire cruel.

Catherine entendait utiliser Louise de La Béraudière pour assurer la paix religieuse dans le royaume. Quand Charles IX, le successeur de son frère François II aurait atteint l'âge de la majorité, il gouvernerait seul. Catherine le savait peu vaillant, mais plus lucide que le défunt François. Elle souhaitait qu'il se préoccupât uniquement de la prospérité de la France, heureusement épargnée par les conflits agitant la plupart des cours européennes. Louise coucherait avec n'importe quel homme choisi par la reine, à la condition qu'il fût de bonne naissance. Le désir amoureux servirait les intérêts du royaume.

Catherine hésitait : trois puissantes familles la haïssait ; plus parce qu'elle était italienne que parce qu'elle s'efforçait de rétablir la paix entre les différentes religions du royaume. Elle voulait à tout prix que les Guise, les Montmorency s'allient avec elle ; et surtout les Bourbon qui se proclamaient en tous lieux héritiers de Louis IX, ce qui n'était pas faux, mais elle ne les imaginait pas en possession de la couronne de France.

Avant le départ de Marie Stuart, les Guise, avertis, avaient prudemment montré moins d'orgueil, évitant l'accusation d'être plus royalistes que le roi. N'ignorant pas que la reine le détestait, le connétable de Montmorency vivait provisoirement retiré dans son château de Chantilly ; il ne sortirait de son domaine que le jour où Charles IX règnerait seul. Obtenir le calme des Bourbon s'annonçait moins aisé. Leur chef, Antoine, roi de Navarre, marié à Jeanne d'Albret, s'élevait dans toute l'Occitanie contre les décisions de Catherine, plus reine que régente. Il en avait la certitude : jamais il ne servirait une roturière florentine, alors que les siens pouvaient prétendre au trône de France.

Comment obtenir le ralliement du bouillant Antoine ? Favorable aux idées de Calvin, il pouvait rallumer les feux de la guerre religieuse. Selon son habitude, quand elle devait prendre de graves décisions, Catherine avait envoyé à Salon un chevaucheur porteur d'une missive pour Nostradamus. Elle lui demandait conseil : comment gagner la confiance du Navarrais ? Le prophète s'était ainsi prononcé : « Quel que soit le plan que vous imaginerez, la France court vers de graves périls ». Ce n'était pas là des propos d'une intéressante nouveauté. Ils n'enchantèrent guère Catherine.

Elle attendait plus de clarté chez son astrologue. Elle n'avait pas besoin de lui pour savoir que la paix du royaume n'était pas acquise, elle en avait conscience. Les paroles désespérantes du mage l'avaient mise dans une colère si vive que la sagesse imposait aux serviteurs comme aux courtisans de ne pas la froisser. Il y avait des geôles vides dans le royaume. Rares étaient ceux qui avaient envie d'y séjourner, avec les rats pour compagnons.

Catherine, satisfaite de son stratagème, avait retrouvé sa bonne humeur. L'accord avec Antoine de Navarre passerait par Louise et Nostradamus. Elle y avait déjà songé : Louise quitterait donc Chenonceau le jour même pour Salon de Provence.

Catherine était encore vêtue de sa robe de nuit quand Louise, qu'elle avait fait appeler, se présenta.

Louise, à peine relevée de sa révérence, écouta silencieusement les ordres de la régente.

— Que tes serviteurs aient achevé tes malles avec tes plus agréables atours avant une heure. J'organiserai moi-même les relais… Tu n'es ni laide ni sotte, je vais te confier une importante et lointaine mission… Sois sans crainte, tu n'auras rien à regretter… Si tu agis avec discrétion…

Tremblante, Louise, qui se savait redevable à Catherine de sa position à la Cour, demanda, les yeux mi-clos :

— Où dois-je me rendre ? À quel seigneur, Votre Majesté, souhaite-t-elle m'offrir ? Quel qu'il soit j'obéirai. Quel que soit son âge, je l'épuiserai… Dans quel but ? Je connais votre grande indulgence, votre générosité envers ceux qui se sont repentis sincèrement de vous avoir trahie… Vous régnez, Madame, sur la France, mais aussi sur l'usage que je dois faire de mon cul.

Catherine ne put s'empêcher de sourire. Elle avait volontairement attendu pour lui annoncer que c'était en Provence qu'elle devrait se rendre, dans une confortable litière, déjà commandée.

— Tu vas séduire un des maîtres du monde… Le très puissant Nostradamus ! Lui seul peut lire dans les étoiles comment un monarque doit agir pour bien gouverner son peuple. Les propos de Nostradamus m'ont toujours été précieux... Parfois, je n'ai pas eu la sagesse d'écouter ses prédictions. Ce fut pour moi cause de grands désespoirs.

La fin cruelle d'Henri II ne quittait jamais son esprit.

Louise, avec une étonnante naïveté, s'exclama :

— Nostradamus ! Ma reine est sévère avec moi... Elle m'envoie dans le lit du diable ! Ses prévisions font peser la terreur sur tous ceux qui en ont connaissance. Voilà une étrange mission. Afin de ne pas vous déplaire, je m'y résignerai. Pour vous, j'accepte de me sacrifier.

— Tais-toi ! Tu te présenteras à l'illustre prophète, parce que je te l'ordonne, dans ta robe la plus légère. Il appréciera tes charmes. Ensuite, sans plus tarder, tu passeras à l'attaque.

— À l'attaque ?...

Stupéfaite, Louise regarda la reine.

— Oui, à l'attaque ! Je veux que dès la première nuit Nostradamus découvre de quelles agaceries amoureuses tu es capable. L'éblouissement des corps ne relève d'aucune prophétie. Enthousiasme-le, fais en sorte qu'avant l'aube il te confesse le destin d'Antoine de Navarre ! Par l'ardeur de tes caresses, tu obtiendras cette prédiction. Naïvement, efforce-toi de le questionner sur le Triangle noir ! Attention ! Ne t'attarde pas à Salon ! Si tu te montres trop superbe dans tes déchaînements de passion, même feinte, il tentera de te garder auprès de lui. Reviens vite ! Avec une réponse... mais sans bâtard. Tu tiens entre tes mains l'avenir de la France... Va ! Que Dieu te bénisse, te protège ! Je compte sur toi... Ne l'oublie jamais : toute trahison s'achève au gibet ou sur le bûcher. Hommes ou femmes, les félons paient le prix de leurs tromperies, ajouta-t-elle dans un cruel rictus.

Louise en frissonna de peur.

L'entretien était achevé ; rien à ajouter. Après la révérence, Louise courut vers ses appartements. Essoufflée, elle se saisit d'une plume, d'un feuillet de papier et écrivit à Chambaz d'une main tremblante : « Sois sans souci. Conciliante, j'ai accepté de me rendre chez Nostradamus, afin d'y connaître l'avenir d'Antoine de Navarre et de le questionner sur le Triangle noir. Dès mon retour, tu sauras ce que j'aurai appris. Cela devrait t'éviter une mauvaise surprise. » Avant de signer, Louise ajouta : « Ne te montre pas hostile. Nostradamus sera un moment maître de mon corps, tu demeureras mon doux seigneur, maître de mon cœur. »

La lettre scellée serait avant la mi-journée sous les yeux de Chambaz. Louise en était fort éprise, affligée de le savoir éloigné d'elle, dans une retraite secrète ; elle en connaissait l'accès, mais n'osait pas s'y rendre malgré sa flamme, de crainte d'être espionnée.

Selon les exigences de Catherine, à l'heure dite, la litière de Louise s'engagea vers le sud sur de mauvais chemins. Elle obéissait à la reine, acceptait de se dévouer par amour pour Chambaz. Encore devait-elle réussir. Avec Nostradamus, elle se préparait à des moments difficiles. Dès son retour, elle n'omettrait rien dans le récit qu'elle ferait à Chambaz. Il jugerait ce qu'il conviendrait de raconter à la reine.

Après une semaine de voyage, escortée par huit chevaliers portant blason royal, sans qu'aucun roulier n'eût agressé son équipage, Louise atteignit Salon. Tous s'installèrent à l'auberge de l'Olivier, à l'écart de la ville. Louise voulait y prendre quelque repos avant de paraître devant Nostradamus ; un de ses compagnons aviserait le mage de la venue d'une dame d'honneur de la reine. En signe d'amitié, le messager serait porteur d'un coffret empli de pierres précieuses.

L'aubergiste, la tête remuée par la beauté de Louise, exprima en maintes courbettes sa fierté de la loger chez lui.

Quand elle sortit de sa chambre, elle descendit dans la salle et souhaita partager avec les hommes de son escorte un pichet de vin et quelques tranches de pain frottées d'ail. Elle interrogea sans crainte Roumanille : connaissait-il l'illustre Nostradamus ? Assis face à la jeune femme, très flatté, il put jouir du bonheur d'avouer qu'il fréquentait régulièrement le plus admiré, mais aussi le plus redouté des habitants de Salon ; sur lui couraient de délirantes rumeurs. Qui pourraient le perdre s'il n'y prenait garde.

Dans un coin sombre de la salle, un homme avalait une soupe de courge. Craignant que le tavernier ému ne trahît sa présence, il songea à sortir sans se faire remarquer. Impossible ! Ses yeux ne quittaient pas l'aimable visage de Louise. La ressemblance avec une dame d'honneur de la reine était trop surprenante pour qu'il s'agît de quelqu'un d'autre. Rapidement, il acquit la certitude d'avoir déjà aperçu la jolie donzelle dans une galerie d'Amboise… À moins que ce ne fût à Chenonceau. Sur ce point, sa mémoire le trahissait. Si la jeune femme, légèrement vêtue malgré la fraîcheur matinale, était celle à laquelle il pensait, sa présence à Salon ne pouvait s'expliquer que par une visite à Nostradamus. Probablement sur ordre de Catherine… Cela contrariait ses projets. Devant se montrer à la fois discret et vigilant, il tendit l'oreille. D'évidence l'aimable personne souhaitait rencontrer le prophète. À écouter Roumanille, il se persuada aisément qu'elle ne l'avait jamais vu et ne connaissait que peu de choses de lui.

Le plus naturellement possible, avec toutefois un brin de vanité dans la voix, Roumanille raconta ce qu'il savait sur l'astrologue de Catherine. Les légendes des petites gens, celles des nobles étaient si nombreuses et si souvent imaginaires que Louise se réjouissait d'apprendre de la bouche d'un habitant de Salon qui était réellement le mage. Le louait-on ? Le craignait-on ? Voyait-on en lui un prophète ou un imposteur ? Elle allait enfin découvrir le génial prophète dans le lit duquel, si tout se passait comme prévu, elle devrait se glisser pour l'étourdir.

Roumanille parlait tel un docte professeur à une élève ignorante. Il lui apprit que Nostradamus n'était pas le nom de naissance du prophète. Il reconnaissait, malgré les persécutions de l'Inquisition, être descendant d'une famille de « juifs du pape » chassés du royaume de France par Philippe le Bel, au début du XIVe siècle. Ces juifs auraient trouvé asile, affirma sans certitude l'aubergiste, dans le Comtat Venaissin à Carpentras, puis à Cavaillon et enfin Avignon. Clément V, originaire d'Aquitaine, le premier des pontifes avignonnais, les aurait accueillis dans des « carrières », des rues closes où on leur évitait toute humiliation ; en revanche, ils devaient porter un bonnet jaune quand ils quittaient leur logis.

Louise s'agitait ; elle voulait en savoir plus. Bousculant de ses paroles vives le malheureux aubergiste transformé en historien, elle l'interrogea.

— Comment un juif peut-il avoir acquis une telle renommée dans le royaume ?… Avec eux, il faut se montrer distant. Tous des hérétiques hostiles au roi ! Ils ne cherchent qu'à créer la discorde entre les partis chrétiens…

— Attendez ! Attendez ! Vous parlez comme les inquisiteurs !… Nombre de juifs provençaux ont été initiés par la Cabale à l'astrologie et à la médecine, deux sciences dont leurs ancêtres orientaux avaient une excellente pratique. En Italie, en France, ils ont contre la peste obtenu d'étonnantes guérisons. Pour recevoir leurs soins, les papes ont montré l'exemple.

Louise, commençant à comprendre, insista.

— Si Nostradamus est juif, comment peut-il être français ?

Dans son recoin, l'inconnu curieux ne perdait pas une parole de Roumanille. Il savait que l'aubergiste connaissait presque tout de la vie du prophète ; il en parlait sans la moindre confusion, c'était rassurant.

Reprenant son souffle, Roumanille poursuivit. Son récit semblait fasciner la jeune et belle courtisane.

— Comme d'autres juifs, Nostradamus voulait devenir médecin. Mais à Montpellier, où l'enseignement était le meilleur de tout le royaume, on n'acceptait que les chrétiens. Il n'hésita pas, il se convertit. Ce devait être en 1529 ou 1530… À Montpellier, il choisit pour nom de baptême Nostradamus, un nom latin auquel nous autres Provençaux ne comprenons rien ; nous l'appelons Michel de Notre Dame. Un médecin capable de guérir tous les maux et de prévoir dans les astres les calamités, qu'il s'agisse de la peste ou de la guerre !… Si réputé que François Ier décida qu'il serait sujet français et astrologue de la Cour.

Roumanille s'arrêta, il but d'un trait un gobelet de vin. Louise était éblouie ; elle l'écoutait avec ravissement. Une précision la surprit.

— Comment avez-vous gardé le souvenir que cela s'est passé en 1530 ? Trente-trois ans ! Si loin dans le temps ! Quelle excellente mémoire !... Continuez, je vous prie, vous ne m'en avez pas assez dit... Tout cela est si incroyable !

Après avoir beaucoup ri, Roumanille y consentit volontiers.

— Pour notre glorieux prophète, cette maison est un peu la sienne. Il sort rarement de son logis, mais il n'est pas si grognon qu'on l'assure. Ici, dans cette auberge, nous avons fêté joyeusement la naissance et le baptême de chacun de ses neuf enfants. Neuf enfants, vous entendez ! À sept d'entre eux, il a su conserver la santé... D'interminables festivités ! Avec des compagnons aussi illustres et joyeux que lui. L'un d'entre eux, qui se prétendait tout à la fois médecin, abbé et poète, ne manquait jamais une occasion ; il ne boudait pas son plaisir devant ma bonne chère et le vin de nos vignes. Un nommé François Rabelais... Les deux hommes assuraient avoir fréquenté ensemble l'université de Montpellier. Je n'en sais pas plus, mais j'envie leur science. Si je n'étais pas, par obligation, devenu aubergiste, je crois que j'aurais aimé apprendre la médecine... La médecine ou la poésie.

Louise regarda fixement Roumanille ; il avait les yeux emplis de larmes. L'aubergiste, le visage soudain sombre, devait avoir un secret de jeunesse ; elle entendait le respecter. L'interroger plus avant eût été indélicat.

— C'est un passionnant métier que celui d'aubergiste, reprit-elle, émue, s'efforçant de lui rendre le sourire. Il y a toujours auprès de vous des gens nouveaux. Aucun des ragots de la ville ne vous échappe. Il est plus aisé d'étudier les comportements des hommes autour d'un pichet de vin que de puiser dans les livres.

Roumanille, ravi d'accueillir aimablement une jolie dame de la Cour, sut apprécier ses paroles.

Louise eut le sentiment que l'aubergiste avait encore quelque chose à ajouter.

— Ne craignez rien, lui dit-elle. Je vous suis reconnaissante de m'avoir montré tant d'égards, sans me demander le but de ma visite ; ce qui pourtant aurait été compréhensible. Cela facilitera ma tâche. Il est vrai que la reine ne sait pas se priver des conseils de Nostradamus. Je pense qu'elle a plus foi en lui qu'en Dieu. Les érudits de belle renommée ne manquent pas à la Cour, elle affirme qu'il n'y a que Nostradamus pour être aussi savant dans la philosophie, l'astrologie et la médecine… Comprenez donc ma hâte et ma curiosité d'être reçue par un homme aussi réputé à Chenonceau et à Amboise… Amboise, un château que je n'aime guère. Intrigues… meurtres… tout y est possible. On y entend plus d'oraisons funèbres que de chants gaillards.

Des mots qu'elle regretta sitôt prononcés ; elle n'avait pas eu la force de les retenir.

Roumanille sursauta.

— Non, madame ! Jamais Nostradamus ne s'éloignera de Salon ! Même pour celle qui sans en avoir le titre règne aujourd'hui sur la France ! Catherine la Florentine le sait bien ! L'un et l'autre en sont convenus. J'en réponds sur mon honneur… Sur ma vie !

Il y avait quelque chose d'étrange dans l'ardeur de Roumanille à défendre ainsi Nostradamus qu'il semblait très bien connaître. En parlant, il s'agitait de plus en plus, comme s'il avait la charge de protéger le mage.

Louise se souvint alors qu'au relais d'Avignon, à l'intérieur des remparts, un des cavaliers de son escorte lui avait précisé qu'à Salon il n'y avait pas meilleur logis que l'auberge de l'Olivier tenue par Roumanille. À l'écouter, elle s'interrogeait : l'homme était-il aussi honnête qu'il voulait le montrer ? À connaître si bien Nostradamus, ne récitait-il pas une leçon qu'on lui aurait imposée ? Devait-elle redouter une intrigue dont elle serait victime ? En lui suggérant une halte dans cette auberge ne l'avait-on pas trompée ?

Il ne pouvait s'agir d'une ruse de huguenots ; coquine mais avisée, elle se taisait toujours sur sa religion, afin de ne déplaire ni à ses amants ni à la reine. Secrètement, au fond de son âme, elle appréciait les huguenots, ils accordaient aux femmes une liberté que l'Église de Rome leur refusait. Chambaz était calviniste ; l'aimait-elle seulement parce qu'il partageait sa foi ou parce qu'il avait fière allure et qu'il savait avec douceur, quand il la désirait, baiser le bas de sa robe, afin de l'inviter silencieusement à se retirer ?

Inquiet de la pâleur du visage de Louise, Roumanille s'efforça de la rassurer.

— Pardonnez mes propos ! Si Nostradamus quittait Salon, ne serait-ce que quelques jours, la mort ne tarderait pas à s'abattre sur la ville. Par sa connaissance des planètes, il nous protège de toutes les calamités. À le garder avec nous, nous n'obéissons qu'à notre envie de vivre.

Courtoise et curieuse, Louise répondit :

— Ne soyez pas contrarié, vous n'avez rien à craindre. Gardez-le à Salon ! Si cela se révélait nécessaire, la régente Catherine et le petit roi Charles viendraient eux-mêmes à Salon… Je saurais les convaincre.

Apparemment apaisé, Roumanille raconta que partout on réclamait le médecin prophète. À trop voyager, il pouvait mourir.

— Ainsi, ajouta-t-il, quand la peste menaça la cité, c'est ici, dans mon auberge, qu'il a expérimenté un remède miraculeux : de la sciure de chêne, des iris de Florence, des girofles, des roseaux aromatiques, de l'aloès, le tout réduit en poudre, mélangé avec des roses pilées. Chacun a pris cette nouvelle médecine, la peste a épargné Salon ; elle a ravagé la Provence ! Alors, comprenez-le, nous le voulons près de nous…

Louise répondit avec douceur :

— La régente est notre véritable reine. Elle n'a qu'un souhait : le bonheur du peuple. Je lui transmettrai votre message. Elle est patiente, mais montre aussi son autorité… Je sais de quoi je parle… Ne l'agacez pas trop…

Louise sourit, posa un baiser sur le front suant de Roumanille et sortit, s'efforçant de dissimuler son inquiétude.

Dès qu'elle se fut retirée dans une chambre modestement meublée, Roumanille se signa. L'homme dissimulé dans l'ombre se précipita vers lui, le prit dans ses bras en murmurant :

— J'ai eu peur pour nous… Tu as parlé comme il convenait. Sois loué ! Nous savons maintenant que la menace se précise… Il faut agir. Vite !… Je crains pour la vie de l'Amiral.

Inutile de prononcer son nom, Roumanille avait deviné : il s'agissait de Coligny. Le chef du parti protestant, jalousé par Condé qui lui aussi avait quitté le pape pour Calvin.

Dès l'aube, après avoir en vain cherché le sommeil toute la nuit, Louise rejoignit les huit chevaliers de son escorte, ils avaient pris du repos et avaient soupé dans la grange à foin proche de l'auberge. Elle pénétra en litière dans Salon.

MDE
NOSTRE
DAME

5

Catherine, de retour à Amboise avec le jeune Charles IX, dissimulait mal son inquiétude. Malgré une intelligence héritée de son grand-père Laurent le Magnifique, la Médicis ne parvenait pas à résoudre les difficultés qui s'amoncelaient. Entre réformés et catholiques, un fossé sanglant se creusait sans qu'elle entrevît de solutions pour le combler. Son chancelier Michel de L'Hospital parcourait les campagnes et les villes, incitant chacun par d'éloquentes harangues à réclamer plus de tolérance entre les religions. Les gens du peuple écoutaient. Les conflits de théologie n'étaient pour eux qu'une misère s'ajoutant aux autres. Ils ne se sentaient pas concernés par une guerre déchirant les puissantes familles de France. Ce n'était qu'une affaire de riches seigneurs sur lesquels ils n'avaient aucun pouvoir. Ceux qui considéraient que la régente gouvernait le royaume avec bienveillance, en attendant la majorité du roi Charles, ce qui selon eux ne changerait guère leur vie de chaque jour, n'étaient pas plus écoutés que ceux d'un avis contraire. On s'épouvantait plus du manque de farine que de la forme qu'il convenait de donner à la loi divine.

La rumeur l'affirmait sans preuve dans toutes les provinces : les prisons étaient emplies d'innocents. Partout des rixes éclataient entre partisans de l'une et l'autre religion. Pour de nombreux sujets fidèles au roi, cela semblait aussi inutile qu'étrange.

Au cours de ses voyages, le chancelier Michel de L'Hospital l'avait constaté : même s'ils suppliaient le Ciel de leur venir en aide, les pauvres se préoccupaient moins de questions religieuses que du contenu de leurs écuelles ; plus pressés de se nourrir que de savoir qui des huguenots ou des catholiques étaient les meilleurs serviteurs de Dieu.

Catherine en était convaincue : la paix dans le royaume reviendrait avec la disparition des disettes, plus sûrement qu'avec des querelles dont les plus doués des théologiens ne comprenaient pas la nécessité. Michel de L'Hospital, de retour d'un séjour à Paris, d'où jaillissaient habituellement les émeutes qui gagnaient ensuite les provinces, se montrait plus angoissé.

Reçu par Catherine dès son arrivée à Amboise, il entendait ne rien lui dissimuler des événements ; elle paraissait, mais il ne l'aurait pas juré, ne rien savoir des émeutes.

— Il n'y a autour de vous, Madame, que des courtisans. Ils vous haïssent, vous craignent, préfèrent se taire plutôt que de vous écraser sous de mauvaises nouvelles, avait-il dit sans redouter la colère de la régente. Comment pouvez-vous ignorer ce qui s'est passé à Paris ? Avec la respectueuse familiarité que j'entretiens avec vous, je dois vous inciter à surveiller ceux qui vous flattent, afin de plus aisément vous trahir.

— Croyez-vous vraiment qu'on me cache tout ce qui pourrait me déplaire ? Je déteste la duplicité, répliqua Catherine, irritée. Je compte sur vous pour m'informer… Honnêtement… si possible.

Le chancelier l'avait remarqué : Catherine ne parlait jamais au hasard ; en précisant « honnêtement…

si possible », elle montrait qu'elle n'avait pas plus confiance en lui qu'en d'autres personnages importants.

Michel de L'Hospital le regrettait : celle qui tenait le royaume n'avait d'oreilles que pour Nostradamus. Lui seul détenait la vérité ; avant quiconque il savait quel chemin l'Histoire emprunterait. Personne d'autre que le prophète provençal ne savait lui dicter sa conduite. Elle était libre de ses choix, il en ressentait à la fois tristesse et inquiétude. Ce qui ne l'empêcha pas, quelle que pût être la colère royale, de raconter avec fermeté qu'à Paris les passions s'exacerbaient. Le pire était à craindre. Il n'était que temps d'œuvrer pour la paix dans le royaume.

— Les réformés, Madame, éprouvent le sentiment d'avoir plus que les catholiques votre protection. Gardez-vous de soutenir un parti plutôt que l'autre. Les Guise sont puissants, les Condé influents.

Catherine eut un haussement d'épaules. Michel de L'Hospital feignit de ne pas l'avoir vu. Il poursuivit.

— Vous a-t-on rapporté que devant l'église Saint-Merry, à moins d'une lieue du Louvre, les huguenots se sont massés en grand nombre?

— Non !… Agressifs ? interrogea vivement Catherine, fâchée qu'on l'eût tenue à l'écart de ce tumulte.

— Particulièrement agressifs ! reprit le chancelier sur un ton modéré, avec l'espoir d'être enfin entendu. Ils chantaient et hurlaient si fort que dans le vacarme le prêtre a renoncé à dire la messe.

Catherine, de son soulier à boucle de diamants, frappa rageusement le sol de la vaste salle du trône. Elle aurait voulu l'oublier, mais n'y parvenait pas : avait-elle eu raison, bouleversée par la mort de François II, de gracier Condé, le chef des protestants ? Condamné à être pendu, après le funeste complot qui avait semé la mort dans le château d'Amboise, il avait donc eu la vie sauve. Toute violence l'attristait ; devait-elle, contre sa volonté, s'y résoudre ? Chacune de ses décisions forgeait son destin. Pour la guider elle ne faisait confiance qu'à Nostradamus. Hélas, son astrologue ne voulait plus quitter Salon.

— Condé était-il dans les rangs des trublions ?

D'un geste, Michel de L'Hospital, qui avait de l'estime pour Condé, montra qu'absent des lieux il ne pouvait rien assurer. En revanche, il s'empressa de saluer avec enthousiasme la très intelligente initiative du curé de Saint-Merry.

— Aleval, un religieux courageux, a fait sonner les cloches à toute volée, contraignant au silence les assaillants.

Catherine pressa le chancelier de plus en plus vivement.

— Alors ?... Ils ont pris la fuite ?

— Hélas, non ! reprit Michel de L'Hospital en soupirant. Pour rétablir l'ordre, Aleval a fait appeler le guet. Quelle erreur que de recourir aux sergents d'ordre ! Cela ne fait qu'attiser la furie des agresseurs. C'est malheureusement ce qui est advenu. Les gens d'armes ont arrêté tout le monde, y compris le valeureux ecclésiastique.

Il se tut. Il eût été vain d'ajouter une parole.

Catherine posa néanmoins une question, brève, sèche.

— Catholiques, protestants... tous au Châtelet ?

— Non ! Libérés par décision du parlement de Paris. Fort heureusement... Il n'empêche que...

— Achevez, monsieur ! Je vous en prie... Je vous l'ordonne !

Michel de L'Hospital n'avait qu'une hâte : se retirer. Il estimait Catherine, mais doutait qu'elle pût trouver une sage solution.

Alors qu'il se disposait à franchir le seuil, il se retourna et, à voix basse, regardant fixement la reine, il ajouta :

— Paris est une ville très catholique… À soutenir encore longtemps les réformés, à ne jamais adresser de semonce à La Roche-sur-Yon, prince de Bourbon, cousin du roi de Navarre et de Condé, gouverneur de Paris, lié aux protestants, vous courez un risque : le peuple qui fréquente les églises voit dans votre comportement une provocation. Vous pourriez en être victime. Et puis…

— Et puis ? monsieur le chancelier. Soyez sincère, ne me dissimulez rien ! Ce n'est pas une exigence, mais un ordre… Me fais-je bien comprendre ?

— Tout à fait, Majesté. Apprenez alors que les plus fidèles de vos serviteurs regrettent l'influence que Nostradamus a sur vous…

Il prit un temps avant de dire encore :

— Ceux du Triangle noir s'appliqueront à vous le faire savoir. Sans tarder.

Le chancelier surprit sur le visage de Catherine une étrange expression de frayeur.

Michel de L'Hospital, sorti, n'entendit pas Catherine pousser un cri rauque n'ayant rien de féminin ; il ne la vit pas cracher de colère sur un tapis devant le trône. Elle guettait le retour de Louise ; impatiente, elle commençait à s'inquiéter de la lenteur du voyage. Que la donzelle se fît trousser, elle le lui avait demandé. Louise ne s'était certainement pas montrée passive, mais le temps pressait. Que conseillait le prophète quant à la conduite à tenir avec Navarre ? Que savait-il du Triangle noir ? L'attente devenait insoutenable.

Afin de se remettre d'une émotion difficilement maîtrisée, Catherine descendit jusqu'aux cuisines du château. Devant des maîtres de table stupéfaits, elle ingurgita plus de gibier et de fruits que Rabelais lui-même lorsqu'il était son hôte. Elle ne se goinfrait pas par plaisir, mais parce que l'astrologue de Salon lui avait enseigné que, pour se désembuer l'esprit, il n'y avait rien de plus efficace que la gloutonnerie. Que son comportement fût jugé sévèrement par ses gens de service, elle n'en avait que faire. Qu'elle fût la risée des centaines de courtisans la suivant dans ses différentes résidences, cela la laissait indifférente. Elle disposait d'une arme que nul ne s'avisait de contester : le pouvoir. Avant de régner seul, son fils Charles devrait se montrer patient. Il était encore trop jeune pour s'intéresser aux affaires du royaume. À décider seule, elle ressentait quelque solitude, mais elle possédait le tempérament volontaire qui avait fait la fortune des Médicis.

C'est déconcertée qu'elle se présenta, le soir, au bal organisé pour le retour de la Cour à Amboise. Elle n'y brilla ni par sa robe noire ni par son voile noir, bien qu'elle exigeât qu'en toutes circonstances on perpétuât la somptuosité imposée par son beau-père François Ier. Le luxe des habits, l'opulence des équipages, l'éclat des festivités musicales, l'abondance des repas interminables et le cérémonial des chasses étaient dans sa manière de régner sans être légitimement reine. Dans une période difficile, il aurait été sot de se priver d'un faste jalousé par les Cours de la chrétienté. Toutes les perversités étaient permises ; les moins enragés à la débauche n'étaient pas les ecclésiastiques. Gardiens de la religion, ils se préoccupaient peu des règles de morale. Selon eux, Dieu n'avait qu'un désir : sauver les hommes. Commettre quelques péchés ne pouvait donc pas contrarier la volonté divine.

Dans la foule, Catherine remarqua la présence d'un hôte qu'elle n'avait pas convié : le calviniste Théodore de Bèze. Charles IX semblait l'écouter avec attention ; il était nécessaire d'interrompre l'entretien dans la minute. À la fâcherie succéda la stupéfaction, quand elle aperçut le poète Clément Marot, huguenot, mais loyal. Il s'approcha du roi et lui remit un ouvrage relié de cuir de Tolède. Sur la couverture, l'imprimeur avait dessiné un triangle noir. Le doute n'était plus permis, Catherine était poursuivie par une cabale à laquelle elle devait absolument mettre un terme.

Jamais elle n'avait connu un tel dépit, une telle rage. Elle parvint néanmoins à se maîtriser. Qu'elle découvrît la signification de ce signe mystérieux, sa vengeance serait terrible. Qu'on ne compte pas sur un geste de pitié ! Les têtes, fussent-elles dans les familles les plus titrées, elle les ferait tomber. Les coupables seraient châtiés. Plus cruellement que Poltrot de Méré, le meurtrier de François de Guise, supplicié en place de Grève.

Pour le condamner, Catherine avait obtenu l'accord du roi. Le châtiment devait être exemplaire. Florentine rusée, elle avait ordonné qu'on fît croire au meurtrier, un huguenot, que s'il avouait avoir agi seul, il serait libéré et autorisé à rejoindre Coligny. On l'avait dupé ; du fond de son cachot, il n'avait pas entendu les hurlements délirants de la foule n'ayant qu'une hâte : jouir du spectacle de son écartèlement, se repaître de ses cris de douleur et de son sang. Catherine avait fait justice. Coligny, présent à la Cour, avait préféré se taire.

6

Assis sur deux bancs, devant une longue table, sous la voûte du souterrain du château de Boissezon, les douze hommes, six de chaque côté, tous vêtus de noir, cherchaient depuis plus de deux heures une solution qui ne les placerait pas au-dessus des lois. Il devenait très difficile de croire que Charles IX, mené par sa mère Catherine, se montrerait tolérant et généreux avec les huguenots.

Sur les pierres des murs nus, pas le moindre trophée, aucune tapisserie. La forteresse était silencieuse, on aurait pu la croire abandonnée, sans occupants Il n'en était rien.

Boissezon, un des nombreux fiefs de Coligny, sur le chemin de Castres à Toulouse, serré entre deux rivières, la Durenque et la Durencuse, était ignoré des troupes royales, occupées à chasser du port du Havre les armées d'Élisabeth d'Angleterre. Le château était ceint de larges douves, quatre tours crénelées le protégeaient des attaques. À l'intérieur du bourg, une centaine de bergers, convertis au calvinisme, vendaient la laine de leurs moutons aux négociants de Mazamet travaillant pour la Cour. L'église avait été close sur ordre de Coligny, l'abbé Spadossa, un dominicain de naissance espagnole, chassé sans ménagement. Nul ne semblait préoccupé par son exil. Qui s'intéressait à lui ? Si Dieu voulait épargner ce catholique, qu'il l'épargne ! Ce n'était pas l'affaire des chefs protestants. Ils faisaient confiance à Coligny et à Condé pour imposer la nouvelle religion.

En Occitanie, la Réforme progressait plus que dans d'autres provinces du royaume. Village après village, laboureurs, pâtres et petits seigneurs ne cachaient pas leur ralliement. À Castres, des maîtres tisserands avaient organisé un cortège devant les deux couvents de la ville, raillant moines et nonnes par des chants peu chastes, hurlant aussi à la guerre contre Rome.

Par vengeance, les catholiques proclamaient que les réunions calvinistes s'achevaient toujours en effroyables orgies : on n'hésitait pas, racontaient-ils, à sacrifier des nourrissons arrachés à leurs mères dans les chaumières des causses. Souvent dames de bien, celles qui acceptaient de participer à ces rassemblements, se transformaient vite en catins paillardes. Toute souillure ne pouvait être que l'œuvre de Satan. À Genève, on dressait plus de bûchers qu'on n'enseignait la théologie. Avec tristesse et regrets, d'honnêtes calvinistes le confirmaient, ajoutant qu'il était nécessaire de mettre un terme à la terreur ; elle ne mènerait le protestantisme qu'à un terrible échec.

Catholiques et huguenots étaient d'accord : la situation ne pouvait durer plus longtemps. De graves affrontements devenaient inévitables. Les tentatives d'apaisement étaient vaines.

Dès que l'amiral de Coligny avait appris que le jeune roi Charles IX, pour soutenir la Réforme, avait renoncé à participer à une messe, il avait souhaité rencontrer le monarque. L'entretien lui avait été refusé. Devait-on mener une guerre impitoyable ? C'était pour répondre à cette question que Coligny avait rassemblé à Boissezon les responsables protestants.

On ne cessait de lui rapporter les nombreux incidents qui compromettaient l'autorité royale. Si les idées de la Réforme progressaient encore, Coligny, se souciant peu d'être arrêté et jugé, donnerait sans plus attendre le signal d'une révolte générale. Catherine de Médicis, épargnée, serait fermement invitée à franchir les Alpes ; elle pourrait, si elle le souhaitait, finir sa vie à Florence ou ailleurs en Italie ; personne ne la regretterait. Quant au pape Pie IV, malgré ses belles déclarations au concile réuni à Trente, il serait bien avisé d'accepter que le royaume de France eût désormais pour souverain un monarque chrétien. Chrétien, mais calviniste. Seule possibilité.

Théodore de Bèze, natif de Vézelay, où Bernard avait naguère prêché la croisade, avait, donc, à l'initiative de Coligny, réuni dans le discret château de Boissezon les chefs protestants des différentes provinces. Tous des hommes. Assez engagés pour ne rien craindre du pouvoir catholique.

Au début de l'assemblée, Bèze avait fait le récit de l'acte odieux dont le jeune Charles IX, sans doute sur ordre de sa mère Catherine, s'était rendu coupable. Il n'y avait pas assisté lui-même, mais Mme de Roye, belle-mère de Condé, et Mme de Crussol, dame d'honneur de Catherine, très attachée à la religion calviniste, avaient rapporté identiquement les faits : une provocation insupportable !

— Charles, raconta très calmement Théodore de Bèze, s'est présenté devant les appartements de Jeanne d'Albret. À l'invitation de Catherine, elle résidait alors au château d'Amboise, afin de s'entretenir des problèmes de la Navarre. Charles IX a frappé plusieurs coups contre la porte. Personne n'ayant répondu, il aurait donné l'ordre à un garde de l'enfoncer. Puis il serait entré brusquement. Visiblement très agité.

À entendre Bèze, stupéfaction et colère figèrent le visage des participants. Ce récit ne fit qu'accroître leur volonté d'en découdre avec les catholiques. Chambaz n'était pas le moins empressé. Depuis trop longtemps reclus, il n'était guère favorable à une négociation. Pour que le roi et sa mère capitulent, il n'envisageait que les armes.

— À l'intérieur de la chambre, continua Théodore, quelques gentilshommes écoutaient Jeanne d'Albret. Le jeune roi, furieux, a hurlé en termes peu diplomatiques : « Ne vous y trompez pas, si vous continuez de la sorte, vous serez tous brûlés ! Tous !... À cause de vos idées sataniques ! »

Les douze hommes étaient terrifiés. L'un d'eux, Jean Agricol, venu d'Avignon, où deux siècles plus tôt sept papes s'étaient succédé, rompit le silence.

— Un danger mortel nous menace... Il faut que je parle... Écoutez-moi !

Le rude Chambaz, après avoir frotté d'un doigt habile son épaisse moustache grisonnante, reprit sur un ton autoritaire :

— Eh bien, si tu dois parler, parle !

Tous approuvèrent d'un mouvement de tête. C'est alors que, semblant sortir de l'ombre, un homme plus très jeune, avec un fort accent italien, murmura :

— L'avantage d'être muet, c'est qu'on peut tout entendre... On vous considère comme un étranger dans le monde des humains... Personne n'imagine que vous êtes un espion. On vous ignore. Ne pas participer à une conversation délicate vous met à l'abri des poursuites. Se priver de la parole assure souvent une grande liberté… Ce n'est pas toujours aisé, mais très efficace. Je ne suis pas plus muet que vous êtes sourd ; alors, écoutez-moi !

Benigno, remis de son chagrin après la mort de son cher pape Léon, déçu par les turpitudes de l'Église romaine, avait sans hésiter rejoint le parti des réformés. Habitué à ne jamais parler, il s'exprimait d'une voix faible. Tous tendirent l'oreille.

Théodore de Bèze avait insisté pour qu'il participât à cette assemblée. D'importantes décisions devaient être prises. Il l'avait présenté comme un allié privé de la parole. Ils s'étaient rencontrés à Blois, où Benigno lui avait appris par gestes que les Médicis, qu'il connaissait bien, avaient le goût du pouvoir plus par appât du gain que par amour des hommes. Il avait servi Léon X par affection, il abandonnait Pie IV par répulsion.

Convié par Bèze dans son bourg natal de Vézelay, Benigno n'avait pas tardé à lui avouer, en fondant en larmes, qu'il n'était muet que pour espionner plus aisément. Effrayé par les intrigues secrètes du Vatican, où les ecclésiastiques complotaient plus que dans n'importe quelle société secrète, il avait été attiré par les idées de Luther et Calvin. Il avait expliqué à Théodore de Bèze qu'il ne craignait pas d'être arrêté ; il ne jouirait de la vie qu'après la mort de Nostradamus : le prophète disposait d'un tel pouvoir sur Catherine de Médicis qu'il obtiendrait, s'il le souhaitait, une nouvelle guerre en Italie. Plus que les catholiques, les réformés étaient favorables à la paix générale. Alors, sans appréhension, Benigno s'était converti au calvinisme. Une conversion accompagnée, par sage précaution, d'un retour à la parole. Il n'avait qu'un ennemi : le prophète de Salon. Il ne commandait aucun royaume mais, se voulant plus puissant que le plus résolu des princes de la chrétienté, il était dangereux. Catherine l'écoutait sans jamais le contredire ; elle aurait dû être inquiète, elle n'était qu'aveugle.

À la lueur vacillante de la dernière chandelle – elles s'étaient éteintes l'une après l'autre dans le souterrain, on serait bientôt contraint de s'entretenir dans l'obscurité –, Théodore exposa les raisons de la présence de l'Italien parmi eux. Benigno répéta que depuis que les Médicis, alliés au pape, régnaient sur Florence, ils n'avaient de cesse que la chrétienté leur fût tout entière livrée.

Cela avait commencé, raconta-t-il, avec celui qu'on appelait Jean des Bandes Noires, plus militaire que financier. Né en 1498 des amours de Jean de Médicis et Catherine Sforza, il avait très jeune été caché par sa mère, désireuse de le protéger des Borgia, dans le couvent d'Annalina où il avait vécu un an sous un déguisement de fille. Plus tard, n'hésitant jamais à affronter le danger, nommé condottiere par les Florentins, il avait pris en haine Catherine de Médicis, ne supportant pas l'idée qu'une femme ne connaissant rien au métier des armes pût un jour gouverner Florence et conduire définitivement la Toscane au désastre.

Plus Benigno parlait, plus la méfiance devenait visible sur les visages. Un gros homme originaire de Lorraine, rougeaud, le cheveu ras, ne put s'empêcher de maugréer.

— Ho ! vous tous, ne vous égarez pas ! Notre compagnon italien me paraît épargné par la sagesse. La France nous intéresse plus que l'Italie. Depuis l'invasion romaine, nous n'avons que faire de ces gens. Nous avons souffert sous Jules César, évitons de subir Catherine de Médicis ! Ce serait grand miracle si nous échappions aux lames des Guise, plus grand miracle encore si nous l'emportions. Les catholiques sont plus nombreux et mieux armés que nous. Avec votre assentiment, j'aimerais choisir, sinon l'heure, au moins le lieu de ma mort... Quant à Nostradamus, ne le chassez pas ! Lui seul comprend le langage des astres. Il serait peut-être plus avisé, avec l'assentiment de l'Amiral, de nous rendre à Salon, afin de le consulter... S'il sert les intérêts de Catherine, il se préoccupe surtout des siens. Dépourvu de morale, contre une poignée d'écus il nous livrera les intention de la Médicis.

Un murmure de désapprobation parcourut l'assistance. Gilles de Peyrol, venu de Normandie, se dressa. Refusant de quitter Boissezon avant qu'on décidât de ferrailler contre les catholiques, il lança avec autorité, malgré la fatigue du voyage :

— Mes compagnons, plutôt que de discourir sur l'astrologue, montrons à l'Italienne comment savent se battre et mourir les protestants de France ! Nous n'avons pas la haine du papisme, nous luttons pour nos croyances. La reine découvrira qu'on peut être à la fois sujets loyaux et huguenots sincères ! Elle comprendra qu'un psaume est moins dangereux qu'un coup d'arquebuse !

Avant de rejoindre Avignon, Jean Agricol, dépité de n'avoir pu être entendu, fit halte à Salon chez son ami Roumanille. Il souhaitait que l'aubergiste prévînt Nostradamus des projets des réformés. Ainsi, le prophète ne tarderait pas à avertir la reine qu'une guerre sanglante menaçait de ruiner la France. Catherine, n'ayant jamais douté du dévouement du mage, serait sensible à une prédiction qu'il affirmerait avoir lue dans une dangereuse position des étoiles. Nostradamus aurait assez d'assurance pour mentir, désireux de plaire à la reine et de garnir un peu plus sa bourse. Les protestants voulaient ignorer les menaces, il était nécessaire de leur sauver la vie. Par n'importe quel moyen.

Jean Agricol, lorsque Louise avait fait halte en Avignon, avait vanté à un homme de son escorte les mérites de l'auberge de l'Olivier, à Salon, puis s'y était rendu spécialement, afin d'informer Roumanille de la situation. Celui-ci avait compris et parlé à la jeune femme mieux que le huguenot ne l'avait espéré. Le prophète, prévenu, s'était engagé à ne pas recevoir l'émissaire de la reine. Il avait tenu parole.

Jean Agricol, lassé des égarements et des violences de l'Église romaine, s'était converti, mais voulait surtout se mettre au service de la paix religieuse. Au fond de lui-même, il désapprouvait qu'on pût mourir pour sa foi, alors que la religion devait aider les hommes à vivre ensemble.

Lorsque Louise s'était présentée à son logis, Nostradamus lui avait ouvert la porte, lui disant respectueusement :

— Soyons amis, madame, mais pourquoi accueillerais-je une visiteuse inconnue ? Vous ne manquez certainement pas de précieuses qualités, mais je dois aussi prendre soin de ma santé ; toute fatigue imprévue me pèse. J'en suis affligé… Comprenez-le.

— Que vous êtes sévère ! avait gémi Louise. Si la reine apprend que je n'ai rien obtenu de vous, elle me chassera.

Nostradamus n'avait pas entendu, il avait déjà refermé l'huis.

Au retour de Louise à Amboise, la reine, conciliante, ne s'était pas fâchée ; elle trouverait d'autres moyens pour savoir si Antoine de Navarre avait fait son choix entre huguenots et catholiques. Quant au Triangle noir, ce serait un rude exercice que de le débusquer. Obstinée, bien qu'effrayée, elle y parviendrait.

Afin d'évaluer la force réelle des huguenots et leur capacité à se lancer dans une guerre, Catherine obtint du parlement de Paris l'arrestation de Coligny, avec la promesse de ne pas le juger et de le libérer après quelques semaines d'emprisonnement. Le temps pour l'amiral d'une sage réflexion. Elle n'en avait peut-être pas conscience, mais elle devenait jour après jour une régente intolérante. Sans doute suivait-elle trop les conseils du Florentin Machiavel, s'abstenant en politique de toute considération morale, sans soupçonner les aspects néfastes de sa doctrine. Elle ne le souhaitait pas mais, comme le pensait Machiavel, était prête pour bien gouverner à faire du mal. Malgré la réticence du jeune Charles IX, Coligny fut arrêté ; la charge fut confiée à Condé, le huguenot combattant sous Le Havre pour en chasser les Anglais. Catherine était-elle perverse ou inconsciente ? La Cour, inquiète, s'interrogeait. Sans réponse unanime.

En Avignon, terre où le roi de France n'avait aucun pouvoir, Jean Agricol, avec l'accord et la bénédiction du légat pontifical, s'était empressé de rédiger une missive à l'intention des Guise, pour les informer qu'au château de Boissezon, lors d'une assemblée secrète, les protestants s'étaient préparés à une guerre sanglante contre les catholiques. Une conjuration à laquelle Élisabeth d'Angleterre, Théodore de Bèze l'avait appris de Condé, apporterait son soutien. Loin de la cour de France, elle pouvait, sans crainte, s'allier avec qui elle voulait.

M DE NOSTRE DAME

7

Ayant reçu de Jeanne d'Albret la promesse que ni elle ni son fils Henri ne prendraient les armes contre les catholiques, Catherine, après l'arrestation de Coligny, gardait la conviction qu'une réconciliation entre Français demeurait possible. Afin de montrer son autorité, elle s'empressa de faire proclamer la majorité de son fils Charles IX par le parlement de Rouen et de le faire couronner dans cette ville, avant qu'il ne le fût solennellement, selon l'usage, dans la cathédrale de Reims. Ce qui déplut fort aux juristes de Paris. Coligny et Condé comptaient parmi eux de nombreux soutiens, encore que quelques-uns eussent parfois l'amitié changeante.

Pour les Parisiens, respectueux des règles dynastiques, Charles IX ne pouvait être proclamé majeur à treize ans. Catherine leur fit répondre qu'il y avait eu des précédents, quand la situation du royaume l'avait nécessité. Exigeant qu'on l'appelât « gouvernante de France », agissant en reine avec l'autorité et la passion d'une Florentine, descendante des Médicis, elle avait eu le dernier mot.

Charles IX couronné, elle s'efforcerait de se montrer plus discrète, sans rien abandonner de son autorité. Elle avait donné l'ordre, malgré son amitié pour lui, d'emprisonner Coligny; le roi tirerait gloire de le faire libérer. Catherine usait de son charme pour mieux pratiquer la ruse. Le pouvoir avait-il plus d'attrait que la vertu ?

Pour honorer Charles, le nouveau souverain, Catherine organisa une fête somptueuse au Louvre ; on venait d'y achever les nouveaux aménagements, pendant que se poursuivait la construction des Tuileries.

Plus de trois mille invités de toutes conditions, accourus des différentes provinces, de nombreux gentilshommes des cours européennes se bousculaient dans les salles. Des dizaines de tables étaient couvertes de victuailles les plus diverses. Partout des barriques de vin, remplacées sitôt vidées. Les serviteurs, quand la nuit survint, durent allumer plus de cinquante mille chandelles. On murmurait : « La Florentine a pris auprès de son beau-père François le goût des bals à la française… »

À sept heures très précises, dans tout le palais, les trompettes retentirent. Au vacarme succéda un silence mêlé de curiosité. Debout sur un petit échafaud couvert de tapis offerts par le sultan de Constantinople, hôte d'honneur de cette joyeuse cérémonie, Charles IX, dans un habit rose entièrement brodé de fils d'or, prononça sans émotion visible sa première harangue royale. On s'attendait à des propos aimables, il n'y en eut pas. Les invités, qui avaient patienté pendant plusieurs heures dans la chaleur et la puanteur des chandelles pour s'agenouiller un instant devant le roi, dissimulèrent difficilement leur surprise et leur méchante humeur.

— J'entends, dit Charles d'une voix forte pour un adolescent, que vous m'écoutiez et surtout que vous m'obéissiez sans tenter de me trahir. Vous, ici rassemblés, ainsi que ceux qui vivent dans nos provinces, sachez que je ne supporterai aucune félonie. Ce serait inutile, elle me serait vite rapportée. Je sais qui sont mes amis loyaux. Les autres, quel que soit leur prestige, demeurent mes vassaux… Qu'ils ne s'avisent pas de me tromper !

Sans mot dire, chacun le comprit : le message visait Navarre, Condé et surtout Coligny. Peut-être aussi les Guise, princes lorrains dont il était difficile de fixer les limites de l'influence. Charles IX le savait : les Guise ne manquaient ni de charme ni d'orgueil.

Satisfait, promenant son regard sur l'assemblée stupéfaite, il fit un signe.

— Ce n'est pas tout ! Ce pouvoir qui est aujourd'hui le mien, poursuivit-il, je le remets, dès ce soir, entre les mains de ma mère, à laquelle je confie, avec l'aide de Dieu, le privilège de commander…

Une vague de murmures approbateurs ou désapprobateurs, nul n'aurait pu le dire, parcourut les salles. Impossible pour de nombreux seigneurs d'obéir à une femme, une étrangère de surcroît, sans titre de noblesse. Qu'elle ait été désignée « gouvernante de France » n'avait pour eux aucune valeur.

Surpris, ils allaient l'être davantage encore. Charles IX descendit de l'échafaud, sa couronne piquetée de dizaines de pierres précieuses dans la main droite, le sceptre d'or sculpté de fleurs de lis dans la main gauche. Il avança de quelques pas vers sa mère. Selon l'usage, Catherine, impassible, fit la révérence à son roi, comme il convenait à une mère de remercier son fils, puis posa un baiser sur sa joue où coulaient quelques gouttes de sueur.

— Vous gouvernerez, lui dit-il avec douceur, et commanderez autant qu'avant… Même plus.

Adversaires ou fidèles, les assistants admirent que Catherine venait de réussir un joli coup. Par la volonté du roi, elle qui, depuis la mort d'Henri II et de François II, dirigeait le royaume sans être vraiment reine, pourrait désormais gouverner avec la bénédiction du monarque. Pour le pire ou le meilleur ? Au soir des festivités, les opinions divergeaient. L'avenir s'annonçait chargé de menaces. Catherine servirait ses intérêts, n'accepterait d'autres avis que ceux de Nostradamus, son dévoué astrologue. Point de bienveillance pour ceux qu'elle poursuivait de sa rancœur !

Avant de se retirer, Charles IX se mêla quelques minutes au peuple. Il toucha les écrouelles des malheureux se pressant autour de lui. Certains espéraient une guérison. Charles ne croyait pas aux miracles ; comme sa mère, il ne faisait confiance qu'aux savants capables de lire dans les astres. Malgré son jeune âge, il s'étonnait que certains de ses sujets pussent imaginer que disposer du pouvoir permettait de soulager les maux du corps. Contre la crédulité, y avait-il un remède ? Résigné, il acceptait avec grâce que les malades lui prennent la main, convaincu de l'inutilité de leur geste.

Il allait quitter la salle où son trône d'apparat était resté volontairement vide tout le jour, lorsque, fendant la foule avec une brusquerie qu'il jugea peu convenable pour un ecclésiastique de son rang, le cardinal de Guise, après avoir jeté un regard autour de lui, s'approcha du roi et osa lui souffler dans l'oreille, sous le regard incrédule des courtisans :

— Sire, puisque vous êtes désormais le justicier suprême, ne tardez pas à ordonner le jugement de Coligny… Pour votre sauvegarde.

Maladroite intervention qui ne devait rien aux circonstances. Le cardinal avait préparé son affaire avec soin ; il n'agissait jamais sans avoir longuement réfléchi.

Charles IX et Catherine, qui le suivait d'un pas, n'eurent pas le temps d'intervenir. Toute la famille de Guise, hommes au visage tragique, femmes voilées de noir, se prosterna pour réclamer la condamnation de l'amiral.

— Le temps presse... ajouta encore le cardinal Charles de Guise.

Seule Catherine prit conscience de l'effet dévastateur de cet imprévisible incident. Si les uns étaient révoltés, d'autres étaient convaincus que Catherine avait monté elle-même cette sinistre farce. Les invités, désireux de ne pas se compromettre, s'efforçant de ne pas se faire remarquer, quittèrent rapidement les salles. Le roi, Catherine, quelques écuyers et dames d'honneur demeurèrent. Charles, ne sachant quelle attitude adopter, se tourna, inquiet, vers sa mère. Si celle-ci avait un instant été troublée, il n'en restait rien.

— Charles, n'oubliez pas que les Guise, après nous, constituent la plus puissante famille de France. Par leurs richesses, le faste de leurs résidences... aussi, hélas, leur attrait pour la guerre... S'ils vous invitent à souper, gardez l'estomac vide ; le poison est leur arme la plus familière.

L'avertissement s'avéra inutile. Coligny fut rapidement libéré et les Guise parlèrent aussitôt de vengeance : les chiens feraient un goûteux festin du corps de l'amiral.

Ayant eu vent de la colère des Guise, Catherine éprouva de nouveau l'envie de quitter la France pour l'Italie. Cette idée la poursuivit après le meurtre d'un de ses plus proches serviteurs : Chauly. Un valeureux militaire qui commandait sa garde personnelle. Il avait été tué dans une ruelle proche du château de Chenonceau.

Pour Giovanni Bosso, qui craignait aussi pour sa vie, il y avait là une occasion à ne pas manquer. À la reine, le visage chaque jour plus maussade qu'à l'accoutumée, il déclara sans preuve :

— Parmi les assaillants, il y avait Mouvans, chef du parti huguenot gascon, un ami de Coligny… Sur son pourpoint, un triangle noir !

Pour Catherine, plus de doute : les huguenots se reconnaissaient à ce signe. Le Triangle noir rassemblaient les protestants conspirateurs. Et pourtant, songea-t-elle, à Rome, dans son enfance, elle avait déjà vu des triangles noirs. Peut-être en voulait-on seulement à la fortune des Médicis. Oui, mais qui ? Aucune réponse ne lui paraissait satisfaisante. Elle n'avait qu'une certitude : c'était elle que le Triangle noir menaçait.

Catherine, un long moment silencieuse, se tourna, souriante, vers Giovanni.

— Dans sa dernière missive, Nostradamus exprimait ses regrets de n'avoir pas accueilli Louise comme il convenait, sans expliquer le motif de son refus. Je regrette que cela le contrarie, l'idée est bonne d'utiliser les femmes dans le gouvernement du royaume. Le lit peut servir mes intérêts au-delà de mes espérances… À condition d'en faire bon usage.

Giovanni Bosso n'apprécia guère cette curieuse suggestion.

— Il me paraît, se permit-il de répondre, qu'un lit est fait pour dormir et ce n'est pas dans le sommeil qu'on mène à bien de délicates affaires. Les femmes ne manquent jamais d'arguments pour justifier leurs bavardages.

Catherine l'interrompit vivement.

— Ce que j'envisage ?... C'est simple : Condé est huguenot, Coligny aussi... tu en conviens ?

Giovanni Bosso approuva d'un signe de tête, inquiet de l'idée jaillie dans la tête de Catherine. Il avait hâte de la découvrir.

— Condé, tu ne me démentiras pas, néglige volontiers l'austérité dont se réclament les huguenots pour tomber, sans jamais se lasser, dans les pièges de l'amour... Cela doit nous servir... Je veux la paix... Tu connais Isabelle de Limeuil ?

Giovanni ne l'ignorait pas : plus que Louise, de toutes les demoiselles au service de Catherine, Isabelle, l'une des plus belles, avait la réputation d'être la plus dévergondée. Il était inimaginable que Catherine songeât à cette créature peu vertueuse pour obtenir la réconciliation entre catholiques et protestants et débusquer qui se cachait derrière le Triangle noir.

Plus que n'importe quel seigneur, plus que le fidèle chancelier Michel de L'Hospital, Nostradamus exerçait sa domination sur la reine. Il lui avait prédit une paix par les femmes. Catherine, certaine d'y trouver son intérêt, le suivrait. Giovanni le regrettait, s'efforçant de faire bonne figure. Il aurait tant voulu voir Nostradamus jeté sur le bûcher, comme n'importe quel sorcier.

Catherine, droite sur une banquette, devant une fenêtre ouverte à tous les vents, prit le temps de rassembler les plis de sa robe. Elle hésitait... Devait-elle livrer son intention à Giovanni ? Certes, il ne la trahirait pas, mais il pourrait désapprouver sa manière d'agir, ce qui la peinerait. Si pour elle rien n'était jamais impossible, elle avait remarqué que plus elle exerçait de pouvoirs dans le royaume, moins il mettait d'ardeur à la soutenir. S'il avait déjà en plusieurs occasions exprimé ses doutes sur les prédictions de Nostradamus, cela n'expliquait pas son indifférence grandissante. N'ayant jamais pris femme, attiré parfois par de jeunes pages consentant à le satisfaire parce qu'il était le protégé de la reine, Giovanni déplorait l'importance que Catherine donnait à ses « dames d'honneur » qu'on voyait trotter en robes légères dans les appartements et les vestibules sans que personne ne s'en offusquât. Louise n'avait rien obtenu du prophète de Salon. Que la reine eût recours aux appas d'Isabelle de Limeuil ne lui paraissait pas raisonnable ; il y voyait un danger plus qu'un espoir. Les traits de son visage exprimaient son absence d'enthousiasme. Catherine, peut-être pour se convaincre qu'elle n'était pas prisonnière de ses idées, consentit à l'éclairer.

— Je vais offrir la paix au prince de Condé… Lui proposer un traité, ainsi qu'à tous les protestants… Catholiques et huguenots doivent s'unir pour reprendre Le Havre à Élisabeth d'Angleterre… Condé ne pourra qu'accepter… Ce sera aussi une façon de le surveiller.

S'agissant de Condé, l'idée était bonne. Giovanni ne comprenait toujours pas quel rôle tiendrait Isabelle dans la négociation. Troublé, il hasarda à mi-voix :

— Et Mlle de Limeuil dans cette affaire ? N'est-ce pas imprudent de l'y mêler ?

Visiblement réjouie de la question de son confident, Catherine, habituellement austère, ne put contenir un sourire de satisfaction.

— Giovanni, tu es un homme différent de beaucoup d'autres… Voilà bientôt un demi-siècle que tu veilles sur moi. Je te sais peu porté sur la galanterie ; ignores-tu le désir des femmes ? Une nuit d'amour n'engage pas l'avenir d'un homme. Tu devrais essayer, tu ne pourras plus t'en priver.

Giovanni, en vaillante santé malgré ses soixante-dix ans passés, rougit tel un adolescent.

— J'ai bien réfléchi, poursuivit Catherine… Condé est d'un genre particulier. Devant un cotillon, son tempérament s'échauffe vite. Je vais le convier dans mon pavillon de chasse de l'île aux Bœufs, au milieu de la Loire, près d'Orléans… Je lui demanderai de venir seul. J'arriverai en petit équipage… avec Isabelle. S'il se montre intransigeant, elle saura l'éblouir ; le résultat sera immédiat. Ne me demande rien de plus ! Je comprends ton inquiétude, tu m'accompagneras… dans ma litière. Cela te rassurera… et t'instruira sur le rôle des femmes à la Cour. Tu feras de curieuses observations.

Giovanni avait la certitude que jamais Condé n'accepterait une entrevue ressemblant fort à une soumission. À supposer qu'il vînt, il n'était pas évident qu'il s'intéressât à Isabelle de Limeuil. Si elle le traînait jusqu'à son lit, quelques gâteries suffiraient-elles à rallier les protestants à la cause de l'Église catholique soutenue par le pape et plus modérément par Charles IX, le roi en titre ? Catherine pensait beaucoup, mais pensait-elle vraiment à tout ?

Le danger était réel ; malgré sa franchise et sa loyauté, Giovanni s'interrogeait. Il se sentait fatigué ; habituellement bon dormeur, il trouvait de plus en plus difficilement le sommeil. Catholique sincère, il n'avait aucune haine contre les protestants. Cependant, toute chandelle mouchée, assis sur le bord de son lit, immobile et songeur dans sa robe de nuit, il était hanté par l'idée de quitter l'Église romaine. S'il rencontrait un chef du mystérieux Triangle noir, était-il prêt à le rejoindre ? Il avait toujours protégé Catherine, ses ennemis ne l'effrayaient plus. Serait-il capable d'une félonie ? Aurait-il la force de changer de camp ? Il y songeait un peu plus chaque jour ; cela lui causait de douloureux tourments. Encore fallait-il que l'occasion se présentât. Le Destin pouvait changer le cours de sa vie ; il ne s'y opposerait pas. À la question qui l'obsédait, la réponse était toujours la même : les courtisans arborant un triangle noir n'étaient pas à Florence quand pour la première fois le signe était apparu. Alors, qui s'obstinait ? Qui soupçonner ? Quel était le but du Triangle noir ? Ceux que Giovanni avait interrogés ne répondaient pas, ils souriaient. D'un sourire inquiétant.

La matinée était fraîche. Des gouttes de rosée s'accrochaient aux fleurs, sur le chemin boueux d'Amboise à Orléans. Deux litières, les rideaux tirés, douze cavaliers arquebusiers… Qui aurait pu penser que dans l'une d'elles voyageait la régente du royaume, Catherine de Médicis, en compagnie d'Isabelle de Limeuil, une de ses dames d'honneur, enveloppée dans une longue robe bleue piquetée de diamants, sous une cape noire, et de Giovanni Bosso, lui aussi vêtu de noir. Le noir, la seule couleur que Catherine supportait sans être incommodée. L'autre litière, précédant de quelques pieds celle des voyageurs, était vide, afin de tromper d'éventuels détrousseurs de campagne.

Catherine, quoiqu'elle eût dû l'aviser, n'avait pas jugé indispensable d'informer le roi de sa rencontre avec Condé. Celui-ci, par curiosité peut-être, l'avait accepté, sans trop croire aux intentions conciliatrices de

Catherine. Les huguenots lui étaient acquis, il devait les défendre ; à la Cour comme dans les églises.

Près d'Orléans, la petite troupe fit halte au bord de la Loire. À l'extrémité d'un fragile ponton de bois, une embarcation attendait, avec un rameur. Le temps d'une brève traversée, malgré le contournement de nombreux îlots de sable, Catherine et les deux autres prirent le temps de manger une tranche de pain noir couverte de petits morceaux de lard et d'avaler un gobelet de vin de Loire. Aigrelet.

Sur la berge, le prince de Condé, afin de montrer sa fidélité au trône les accueillit en habit de lieutenant général des armées royales.

Moins d'une demi-lieue les séparait du pavillon de chasse inoccupé. L'île aux Bœufs, la plus vaste entre Orléans et Blois, était couverte d'une épaisse forêt de hêtres et de frênes. Parce que le gibier était abondant, François Ier venait souvent y chasser. Excellente cavalière, Catherine l'accompagnait parfois. Elle avait donc choisi cette résidence de trois pièces, dans une clairière, à l'abri des regards curieux, pour s'entretenir avec Condé. Au petit trot, ils atteignirent vite la demeure au toit d'ardoises. L'ameublement était simple, semblable à celui d'un laboureur.

Avant même de franchir le seuil, Condé, feignant d'oublier l'importance de l'entrevue, ne quittait pas Isabelle des yeux. Ce prince auquel on ne connaissait que de brèves aventures amoureuses semblait déjà ébloui. Catherine souriait, Giovanni Bosso demeurait inquiet.

Catherine avait tout prévu ; se prétendant fatiguée, elle souhaita prendre quelque repos avant le début d'entretiens sérieux. Sous le regard sévère de Giovanni, elle ne montra aucune surprise quand Condé et Isabelle se retirèrent dans une chambre où il n'y avait qu'un lit, une table et deux chaises de bois. Ce qui ne troubla pas les ardeurs de Condé et de la belle. Catherine et Giovanni, occupés à jouer au jacquet dans une chambre voisine, perçurent cris et gémissements. Isabelle avait compris ce que la reine attendait d'elle ; elle recevrait une récompense méritée.

Condé maugréa jusqu'au soir. Il avait accepté le rendez-vous, mais n'accordait aucune confiance à une reine rusée et moins attachée à la volonté de Charles IX qu'à celle de son astrologue Nostradamus. Qu'elle lui eût tendu un piège, il n'en aurait pas été surpris. Catherine lui avait conseillé de réfléchir aussi longtemps qu'il le souhaiterait avant de prendre sa décision.

Malgré l'austérité des lieux, avec pour tout serviteur un pêcheur du fleuve, Catherine annonça son désir de ne pas quitter l'île avant trois jours. À cette annonce, elle ne fut pas dupe des regards emplis de désir qu'échangèrent Condé et Isabelle. Son idée était donc bonne, il n'y avait plus qu'à persévérer. Condé avait retrouvé le sourire.

Giovanni demeurait maussade. La reine l'avait remarqué, elle ne lui en souffla pas un mot. Il la blâmait ce soir, il la louerait demain. Jusque-là, malgré l'inconfort de la nuit, Catherine se ferait discrète.

Lorsque Isabelle, la mine fripée, le sourire épanoui, se présenta à la reine, afin de la remercier de lui avoir offert un amant aussi ardant, Catherine ne lui laissa pas le temps de raconter ses amours.

— Assieds-toi, lui dit-elle, intransigeante. Tu as pris ton plaisir, c'est bien; j'en suis heureuse. Maintenant, à toi de montrer que tu n'es pas une ingrate... Qu'as-tu obtenu ?

Isabelle se taisait. Elle connaissait assez Catherine pour savoir qu'elle devrait payer le prix des faveurs accordées. Autoritaire, comme elle l'était quand elle confiait une mission à ses demoiselles d'honneur, la reine fixa Isabelle du regard.

— Tu as su troubler Condé, il me semble que tu le tiens bien; alors, avant ce soir, par des fantaisies si cela est nécessaire, fais en sorte qu'il vienne lui-même dans cette chambre m'annoncer qu'il est résolu à assiéger Le Havre; les Français ont l'obligation de le reprendre aux Anglais. Privée de ce port, Élisabeth gardera ses troupes sur son île... J'en ai parlé hier au souper... Tu avais la nuit pour le convaincre. Alors ? Il me rendra Le Havre ?

La reine ne pouvait pas s'exprimer avec plus de précision.

Jamais en se donnant à Condé, Isabelle n'avait imaginé que ses câlineries pourraient mettre fin à la présence anglaise sur la terre de France. Coquine, mais intelligente, elle se précipita aux pieds de la reine, les yeux emplis de larmes de joie, murmurant:

— Oh, ma reine, j'amènerai Condé sous les murailles du Havre... Je le crois épris au point de me donner, si je le lui demandais, la tête de l'amiral de Coligny pour en garnir le mur d'une de vos demeures.

Catherine s'irrita d'un tel élan d'enthousiasme. N'ayant plus partagé le lit d'un homme depuis son veuvage, elle comprenait difficilement qu'il suffît de quelques échanges amoureux pour que Condé se ralliât à elle, afin d'arracher Le Havre aux Anglais. Quand Isabelle fut sortie, elle appela Giovanni qui avait décliné l'invitation d'assister à l'entretien.

— Tu as tort, Giovanni, de ne pas me faire confiance. Les femmes ont beaucoup plus de pouvoir sur les hommes que tu n'imagines. Peut-être parce qu'à l'art de séduire elles ajoutent l'art de la ruse. Les hommes sont souvent brutaux, les femmes délicates, plus aptes à conquérir les esprits et obtenir ce qu'elles sollicitent.

Giovanni écoutait d'une oreille distraite, convaincu que Catherine s'engageait sur un mauvais chemin. Il demeurait silencieux, la mine boudeuse. Catherine avait trop d'affection pour supporter la tristesse de celui qui l'avait toujours sagement aimée ; elle tenta encore de le convaincre.

— J'ai toujours apprécié tes mérites, Giovanni... J'admets qu'il te soit malaisé d'accorder ta confiance aux huguenots. Comme moi, tu souhaites percer, avant qu'il ne soit trop tard, le mystère du Triangle noir... Nous finirons par trouver ceux qui se dissimulent derrière depuis tant d'années. Sois patient... Ne condamne pas Isabelle de Limeuil. Condé est un autre roi de Navarre : l'un et l'autre se laissent affoler par les femmes... Condé sera à nous... Je le crois capable, par délire amoureux, de se montrer hostile à Dieu lui-même. Qu'il fasse le choix de sa foi et qu'il serve le royaume ! Je n'exige rien d'autre.

Giovanni, ne voulant pas déplaire à Catherine, espérait que Condé se rendrait aux raisons royales. Il ne put que dire avec un voile d'inquiétude dans la voix :

— Puissiez-vous avoir fait le bon choix ! Que la Providence, mieux que Nostradamus, ne vous abandonne jamais !

Après le repas de midi, on se sépara. Ne pouvant s'y opposer, Catherine consentit à ce qu'Isabelle suivît Condé, il s'était engagé devant elle à rassembler une troupe pour prendre Le Havre. Giovanni lui lança un regard de blâme, elle ne le vit pas ou feignit de ne pas le voir.

Dans une dernière révérence, peu avant de quitter l'île aux Bœufs, Isabelle s'était confiée à la reine.

— Madame, lui avait-elle avoué, les yeux baissés, je suis lasse des amours sans lendemain. Je crois être vraiment éprise… Je n'aurais pas de plus grand bonheur que de donner la vie à un enfant, garçon ou fille, qui porterait le glorieux nom des Condé.

Catherine avait réussi à dominer sa colère. Si Condé ne prenait pas Le Havre, Isabelle serait châtiée. Jamais elle n'aurait imaginé que cette donzelle volage deviendrait amoureuse d'un chef huguenot. Isabelle, avait pensé Catherine, l'avait trahie ; elle avait, en effet, interdit aux demoiselles utilisées pour différentes missions, de se faire engrosser. Il y avait assez d'herbes dans les forêts et les prairies pour élaborer des décoctions les empêchant d'avoir le ventre enflé. Qu'elles ne soient pas maladroites avec leurs amants, c'est ce qu'elle leur demandait. Que les câlineries sous les baldaquins aident au gouvernement du royaume ! Qu'elles servent son autorité ! Que le bon usage que les donzelles faisaient de leur cul jamais ne lui nuise !

Le retour vers Blois fut lugubre. Catherine et Giovanni, l'esprit agité, n'échangèrent pas une parole.

Giovanni ne comprenait pas comment Isabelle, quelles que fussent ses ardeurs amoureuses, avait pu obtenir qu'un prince aussi puissant que Condé, qui commandait, avec le soutien d'Élisabeth d'Angleterre, le parti protestant, assurât après une nuit d'amour la reine de France, catholique, de sa loyauté, abandonnant le sort des huguenots à la seule autorité de Coligny… Il devait s'y résoudre : la grâce d'Isabelle avait eu raison des harangues de Calvin. Quoique catholique, il n'appréciait pas le comportement de Condé : il avait longtemps cru qu'on ne changeait pas de religion comme de pourpoint, il commençait à en douter. Il admettait que la reine avait réussi, le coup avait été intelligemment monté. De ces coups où la ruse se joint à l'intrigue. Il était trop vieux pour les supporter encore longtemps. Pour ce qui lui restait de temps à vivre, il espérait demeurer loyal. Sans en être tout à fait certain.

Entre Orléans et Blois, Catherine avait, elle, l'esprit occupé par d'autres pensées.

Dans la litière, secouée par les trous creusés par les dernières et très violentes pluies, Catherine serrait les poings. Elle avait fait son choix, elle n'y reviendrait pas. Si Condé prenait Le Havre, elle l'inviterait à regagner Valéry et le château qu'il partageait avec l'unique maîtresse qu'il n'avait jamais délaissée, la maréchale de Saint-André. Catherine exigerait le retour d'Isabelle de Limeuil parmi ses dames d'honneur. Non seulement Condé n'aurait pas l'audace de refuser, mais il serait soulagé de ne pas avoir à chasser lui-même Isabelle. De retour à la Cour, si Isabelle était grosse, elle serait arrêtée et emprisonnée au couvent des Cordelières, à Auxonne, dans le Jura. Les moniales n'avaient pas la réputation d'y être particulièrement douces avec les pensionnaires, mais elles accueillaient, par charité, les catins du royaume, assez sottes pour devenir mères sans que leur enfant soit reconnu.

À Blois, sitôt descendus de la litière, Catherine et Giovanni se séparèrent. Giovanni, qui faisait plus confiance à la volonté sincère des hommes de vivre en paix qu'à la configuration des astres, fit la révérence d'usage, sans un mot. Catherine le remercia d'un bref sourire.

Condé aurait préféré qu'il en fût autrement : sitôt sa résolution connue des chefs protestants, ceux-ci maugréèrent en silence. Les Anglais, au contraire, furent surpris d'une telle ingratitude. Élisabeth ne décolérait pas. Quand elle apprit, elle qu'on ne voyait jamais accompagnée d'un homme, que sous Le Havre Condé partageait sa tente avec une courtisane, elle n'eut plus qu'une idée : se venger de la femme que sir Thomas Smith, son ambassadeur en France, assurait avoir vue chevaucher au côté du prince, une épée à la main. À la rage succéda l'humiliation. Condé connaissait l'art d'utiliser sa bombarde avec discernement. Il ne fallut que trois semaines pour que le dernier Anglais embarquât piteusement. Dans l'enthousiasme du peuple, Le Havre revint au royaume de France. Les huguenots, déçus, accusèrent Condé de boire à deux fontaines, celle de Rome et celle de Genève.

À Blois, on en avait perdu l'habitude ; Catherine de Médicis donna une grande fête à laquelle furent conviés Isabelle de Limeuil et le prince de Condé.

Charles IX, satisfait de la victoire sur les Anglais, mais contrit d'avoir été tenu à l'écart de la négociation avec Condé, ne répliqua pas lorsque Catherine lui dit :

— Comprenez, Monsieur, que tout ceci est pour votre bien…

Alors que dans les salles du château les danseurs se divertissaient, prenant autant de plaisir à la musique qu'aux mets, Catherine, toujours vêtue de noir, attira Isabelle de Limeuil et Condé dans un salon. Les murs étaient couverts de petites armoires ; la rumeur les assurait emplies de poisons mortels.

Dans un fauteuil brodé de fils d'or, sous un portrait de son défunt époux Henri II, elle ne les invita pas à s'asseoir, ne leur offrit aucune boisson, entendant montrer que sur ses sujets, quel que fût leur rang, elle avait autorité. Gouvernante du royaume, elle n'avait à justifier sa conduite devant personne.

Contrairement aux usages, Condé, irrité par le comportement peu élégant de Catherine, ne lâcha pas la main d'Isabelle. Il serait volontiers sorti sans s'incliner devant la reine s'il n'avait eu l'esprit aiguisé par la curiosité.

— Monsieur, vous disposez de Mlle de Limeuil… Je crains que vous soyez vite lassé de sa fantaisie.

Isabelle domina sa colère, lâcha la main du prince. Elle le savait, il était impossible de déplaire à Catherine. Celle-ci poursuivit, sans se soucier de la honte qu'elle imposait à sa dame d'honneur.

— Afin de montrer aux huguenots que servir le roi ne vous empêche pas de pratiquer la religion de Calvin, vous devriez épouser sans tarder Mlle de Longueville. Elle est fort belle, d'excellente famille, on ne lui connaît aucun amant ; de surcroît, vous ne pouvez l'ignorer, elle est très proche de Calvin. Cela devrait vous satisfaire.

Isabelle ne put retenir un cri de désespoir, elle s'effondra en pleurs sur le sol. Condé, dont Catherine avait déjà constaté à plusieurs reprises la faiblesse de caractère, s'inclina devant la reine.

— Je connais Mlle de Longueville ; j'accepte volontiers de la prendre en mariage, si telle est la volonté de Votre Majesté. Attiré chez les catholiques par cette fille, ajouta-t-il, méprisant, en désignant Isabelle, égaré par ses ardeurs au lit, je ne peux que me réjouir de retrouver l'amitié des protestants avec la vertueuse Mlle de Longueville… S'il m'arrivait d'être volage, soyez assurée, elle l'ignorerait.

Il ne se baissa pas pour soutenir Isabelle, l'aider à se relever. Désireux de ne rien faire qui pût déplaire à Catherine, il crut bon de se montrer brutal avec celle dont quelques instants auparavant il tenait encore la fine main dans la sienne.

— Je vous quitte, madame. Vous aurez sans doute à cœur de me restituer les cadeaux que j'ai eu la sottise de vous faire.

Isabelle se redressa vivement. Elle avait assez de tempérament pour passer du chagrin à la colère.

Regardant Condé fixement, elle lui lança sans le moindre sanglot dans la voix :

— Je vais vous répondre, monsieur, comme vous le méritez… Tout ce que j'ai reçu, je vous le ferai porter demain par un valet. Sans rien retenir, sans rien ajouter… Mlle de Longueville sera heureuse de porter une robe dans laquelle vous avez souvent glissé la main.

Puis, se tournant vers la reine que cette scène réjouissait, Isabelle ajouta encore :

— Madame, pour vous servir, je n'ai fait que mon devoir. Je vous ai obéi, mon tort a été de m'éprendre de M. de Condé. Je le connais maintenant assez bien, il ne tardera pas à vous trahir… Ceux qui fréquentent le Triangle noir sont capables de tout… d'empoisonnements… de meurtres…

Sous les yeux effarés de Condé, qui n'avait pas osé sortir du salon, Catherine jaillit de son fauteuil et se précipita sur Isabelle, la saisit par le cou. Le prince, bien qu'il eût rompu avec elle sans regrets, redouta que la reine ne l'égorgeât.

Catherine relâcha son emprise. Ne craignant pas d'être entendue de l'autre côté des murs du salon, elle hurla :

— Le Triangle noir ! Le Triangle noir !… Dis-moi ce que tu en sais avant qu'on te torture comme une sorcière !… Qu'on te pende au gibet ou qu'on te brûle sur le bûcher des hérétiques !

Soudain, Condé prit peur. Qu'Isabelle de Limeuil mourût dans ce salon, Catherine serait capable de l'accuser de ce crime abominable. Il s'avança et d'une voix faible s'adressa à la reine.

— Madame, lui dit-il, ne mêlez pas Isabelle au Triangle noir… Elle n'en sait pas plus que ce que chacun répète, tel un message satanique, dans les Cours et seigneuries. Pour certains, le Triangle noir serait composé de fidèles à la foi des Dominicains qui portent la bure noire. Pour d'autres, pardonnez cet aveu, Madame, il aurait vu le jour à Florence, dans votre famille Médicis… Comme un signe entre ceux qui pour la pratique du négoce secret ont toujours besoin d'un banquier. J'y suis moi-même étranger et ne connais l'existence du triangle noir que par la rumeur… Vous le savez, Madame, entre rumeur et calomnie, où situer la différence ?

Catherine, rouge de rage, le corps agité de tremblements, reprit sa place dans le fauteuil, en hochant la tête, incrédule. Il lui était pourtant difficile de le nier : depuis quarante-cinq ans, dès sa première enfance, à Florence, puis à Rome, le Triangle noir la persécutait. Les Italiens étaient-ils mêlés à un complot dirigé contre elle ? Ce serait surprenant, elle avait toujours considéré le Triangle noir comme une confrérie huguenote. En Italie, plus qu'en France, rares étaient les adeptes de Luther ou de Calvin. Elle devait s'attacher avec plus de vigueur à démêler les nœuds d'une entreprise dont elle semblait être l'unique proie. Sans avoir encore été atteinte… Cela ne durerait certainement pas.

D'un geste du menton, Catherine fit un signe à Isabelle et Condé qui n'osaient plus se regarder, s'efforçant de faire bonne mine devant la reine. L'un et l'autre souhaitaient quitter au plus vite ce salon, Condé sortit le premier. Avant de franchir le seuil, Isabelle se retourna et, le visage grave, s'adressa à la reine.

— Rassurez le prince de Condé, Madame ! Et félicitez-le d'éloigner de vous tout soupçon ! Puissant, il sait vous mettre dans son jeu… Quant à moi, sachez qu'avant de mener à bien la mission que vous m'avez confiée, j'ai reçu une demande en mariage du riche banquier romain Scipion Sardini. Je suis désormais libre de l'épouser et vais me hâter de le lui faire savoir… Avec ou sans votre permission. Nul doute qu'il me séduira.

Un Italien ! Cela ne faisait qu'aggraver l'inquiétude de Catherine. Elle demeura un long moment, la tête dans les mains, avant de quitter le salon. Et s'il y avait un lien entre Nostradamus et le Triangle noir ? Avant de s'en remettre au prophète de Salon, elle avait écouté les discours de Ruggieri, en Italie. Peut-être le Triangle noir n'était-il qu'une confrérie réunissant les astrologues et leurs adeptes… Elle aurait voulu le croire. Oui, mais alors pourquoi la tenir à l'écart, elle qui suivait toujours les conseils de Nostradamus ?

Moins d'une semaine après que les derniers invités eurent quitté le château, Catherine reçut de Salon une étrange missive. Outre quelques mots de courtoise déférence, une phrase retint plus particulièrement son attention : « À changer d'étoile, sans doute changerez-vous le Destin ! » Inutile de demander des explications, il ne les fournirait pas. Qu'il s'agisse de prophéties ou de conseils, le mage de Salon s'exprimait toujours par des formules mystérieuses que chacun pouvait comprendre à sa façon.

Que signifiait donc cette injonction à changer d'étoile ? Quelle étoile ? Il y en avait tant que Catherine avait renoncé à les observer lorsque, par nuit claire, le ciel devenait une voûte lumineuse, identique à celle d'une cathédrale. Les unes, plus brillantes que les autres, devaient avoir pour objet la protection des princes puissants. Catherine doutait de tout et de tous. La soumission de Condé serait-elle suffisante pour préserver une paix religieuse fragile ?

La régente se sentait seule. Giovanni, malade, avait émis un vœu : mourir en terre italienne. Malgré l'affection qu'elle lui portait, elle n'avait pas refusé. Avec une seule malle, Giovanni avait quitté Blois par le coche de Lyon, après avoir assuré Catherine de sa loyauté. Pour prononcer le mot *loyauté*, Giovanni Bosso avait semblé hésiter. Non, c'était impossible... N'importe qui pouvait la trahir, pas Giovanni ! Elle avait renoncé à le faire suivre par un de ses espions.

Ce départ imprévu l'avait troublée. Malade, elle ne sortait plus de sa chambre. Désespérée par l'abandon de son fidèle Giovanni, elle jugea inutile de se soigner. Si elle devait mourir, qu'elle mourût ! Charles IX avait maintenant la possibilité de régner seul, sans l'autorité maternelle. Elle refusait tout soin, mais exigeait qu'on lui apportât chaque jour des mets nouveaux. Elle n'avait pas la certitude qu'on pût trouver au Ciel le plaisir de savourer les nourritures terrestres. Bien manger, boire du vin plus que de coutume, c'était là d'excellentes médecines approuvées par Nostradamus, assez avisé pour avaler régulièrement des herbes de Provence.

MDE
NOSTRE
DAME

8

Giovanni Bosso s'était installé à l'auberge tenue par le nommé Châtelard, gentilhomme dauphinois, poète à ses heures. Il avait quitté l'armée royale française quand celle-ci avait abandonné l'Écosse, ramenée dans le royaume, pour s'efforcer de contenir les Espagnols de Philippe II ; ils menaçaient de franchir les Pyrénées.

À soixante-dix ans, malgré son âge avancé, Giovanni avait, sans trop souffrir, supporté les fatigues du voyage. S'il n'était pas certain de réussir en Écosse, il se félicitait de s'être montré plus rusé que Catherine. Il gardait son affection pour la « petite Florentine », comme il l'avait toujours appelée, mais ne supportait plus qu'avide d'autorité, inconsciente que le pouvoir avait transformé une victime en bourreau, elle s'engageât sur un chemin où l'intrigue et la cruauté tenaient lieu d'autorité. Ignorante des maux dont souffrait le peuple français, elle n'écoutait que Nostradamus. La position des astres avait plus d'importance que les conseils de Michel de L'Hospital et autres seigneurs sages, fidèles, pieux, attachés à gouverner avec raison.

Marie Stuart n'était pas une inconnue pour Giovanni ; il l'avait souvent rencontrée à la Cour, pendant les quinze mois de règne du malheureux François II. L'Écossaise, son épouse, n'avait jamais eu assez d'influence sur sa belle-mère pour que celle-ci fît moins appel à la magie.

Avoir trompé Catherine l'amusait. Elle le croyait en Italie, il avait débarqué en Écosse. Décidé de gagner Calais, il n'était pas monté, comme il l'avait prétendu, dans le coche de Lyon. Souvent à pied, quelquefois dans des chariots de foin, dormant dans des granges, afin de ne pas trop vider sa bourse, il était parvenu dans le port tenu par les Anglais. Il avait sans difficulté embarqué pour quelques livres tournois sur une galère assurant régulièrement le négoce entre le continent et l'Écosse, pauvre en labours.

Pendant la navigation, le temps, au large des côtes anglaises, avait été épouvantable. Pluie et tempête, de jour comme de nuit ! En sortant du port, Giovanni avait vu, comme tous les rameurs, une embarcation de pêcheur ; elle avait heurté un énorme roc avant de s'enfoncer dans les flots turbulents. La galère, sans cesse secouée, voiles rabattues, ne progressait que lentement. Au matin du deuxième jour, on voyait encore les côtes françaises.

Quand il avait, sur la nef du pape Clément VII, accompagné de Nice à Marseille la jeune Florentine de quatorze ans s'en allant épouser Henri, le fils du roi François Ier, la mer était calme, le soleil brillait dans un ciel sans nuages. Un souvenir lointain. Giovanni n'avait jamais oublié. Trente ans déjà que François Ier était venu dans le plus fastueux cortège accueillir celle qui devait épouser son fils Henri ! Tant de tristes événements avaient marqué ces trois décennies ! Giovanni regrettait que Catherine eût été l'enjeu d'un accord entre le royaume de France et les États pontificaux. Le Destin avait fait son choix. À quoi aurait-il servi de pleurer sur le passé ? Seul l'avenir l'intéressait. Il n'avait jamais quitté Catherine ; maintenant, il ne la comprenait plus.

Il la trahissait avec la volonté de l'aider. Giovanni, en abandonnant sa protégée, entendait, malgré son âge avancé, ne pas s'effacer. Il n'attendait plus grand-chose de la vie, la régente, elle, avait encore besoin de lui. Sa visite à Marie Stuart n'avait qu'un but : préserver Catherine de tous les ennemis rôdant à la Cour.

Giovanni n'éprouvait aucune nostalgie. En quittant la France, comme il avait abandonné l'Italie, il n'avait dans l'âme ni angoisse ni désespérance. Il se réjouissait surtout d'être vigoureux et en bonne santé, alors qu'à cinquante ans la plupart des hommes étaient morts ou des vieillards épuisés.

Pendant le voyage, en suivant les côtes anglaises, il avait parlé avec un certain Robert Mac Flaherty, de vieille famille écossaise. Celui-ci avait aperçu trois petits vaisseaux et craint qu'ils fussent envoyés par Élisabeth d'Angleterre, brouillée avec sa cousine Marie Stuart depuis le mariage de celle-ci avec François, alors Dauphin de France. Le retour de Marie en Écosse n'avait pas réconcilié les deux femmes. Elles se haïssaient ardemment et n'attendaient rien d'une impossible réconciliation.

Mac Flaherty avait été vite rassuré. Entre deux vagues puissantes, il l'avait vérifié : les vaisseaux n'étaient pas armés. Probablement des navires protégeant les côtes anglaises des fréquentes attaques des pirates qui s'emparaient du bétail pour le vendre à bon prix en Espagne ou au Portugal.

Lorsque la galère *Kervin*, sur laquelle Giovanni avait embarqué, se présenta devant Leith, le port d'Édimbourg, après sept jours de vents et de pluies ininterrompus, un épais brouillard interdisait l'entrée. Il avait fallu attendre encore vingt-quatre heures avant que

Giovanni posât le pied sur cette terre inconnue. Ah ! ce n'est pas ici que je trouverai un ciel semblable à celui de mon Italie, avait-il pensé. Pas davantage la douceur pâle et paisible des rives de Loire. Pas le moindre rayon de soleil ! Que des nuages bas et sombres ! Cette contrée peu avenante ne pouvait lui réserver que des malheurs ! Parce qu'il avait besoin de Marie Stuart, rien ne l'aurait fait renoncer.

Après avoir attendu plusieurs heures dans l'échoppe du marchand Mac Flaherty qui l'avait invité, il avait été conduit dans un chariot empli de corbeilles de fruits jusqu'à l'auberge d'un Français, Châtelard, proche de Holyrood, le palais royal, au bas de la colline dominant Édimbourg.

Entre gens du continent, Français ou Italiens, peu importait, on avait envie d'échanger quelques propos. Châtelard lui montra une chambre avec vue sur le château, puis ils s'installèrent dans une vaste salle, devant une cheminée plus large que toutes celles des demeures de Loire. L'aubergiste offrit un liquide odorant, jaunâtre, selon lui très apprécié des Écossais ; il le mélangea avec de l'eau claire tirée d'une barrique de bois. Il appelait *whisky* ce très désagréable breuvage. Giovanni l'avala par courtoisie ; les vins toscans n'avaient pas cette détestable amertume !

Bosso déclara séjourner à Édimbourg dans l'espoir de rencontrer la reine Marie Stuart, habituée du langage français depuis son mariage avec François II. Il souhaitait s'entretenir avec elle de l'acquisition de tapisseries de basse lisse tissées dans le bourg d'Aubusson, proche du château de Chenonceau qu'il assura, sans en donner la raison, bien connaître.

Avant même que de pénétrer dans le palais royal des Stuart, Giovanni en apprit toute l'histoire. Il était, prétendit Châtelard, le plus somptueux des bâtiments d'Écosse. Rien à voir avec la grâce des châteaux français, pensa Giovanni, sans en souffler un mot par crainte de froisser son hôte. Il eût été sot de se fâcher dès son arrivée avec un Français qui, c'était visible à son enthousiasme, était heureux de vivre en Écosse.

Le palais ressemblait plus à une forteresse qu'à une agréable résidence. La bâtisse aux murs lourds, avec peu d'ouvertures, quatre tours crénelées, lui rappelait l'austère palais des Papes, aperçu dans Avignon, sur le chemin de Salon, quand il s'était rendu chez Nostradamus. Si éloigné de la grâce de Chambord ou de Chenonceau !

Il n'était pas venu à Édimbourg pour apprécier la délicatesse des demeures, mais pour s'efforcer de sauver Catherine qui s'enfonçait, sans peut-être en avoir conscience, dans la tyrannie.

Châtelard devait fréquenter régulièrement le palais des Stuart, sa description était précise. Quand Giovanni apprit que cet édifice avait été embelli par Jacques V Stuart dans… le style italien, il se mordit la langue pour ne pas s'indigner. Édifié à côté de l'ancienne abbaye royale de Holyrood, le « saint bâton », précisa Châtelard en français, le lieu tenait une place particulière dans le cœur des Écossais. Il perpétuait en effet le souvenir de l'apparition à David Ier, un des premiers rois d'Écosse, à la fin du XIIe siècle, d'une croix miraculeuse entre les ramures d'un cerf. Un lieu si prisé des astronomes et des astrologues que l'illustre Nostradamus, dont Châtelard appréciait la finesse d'esprit, avait lu dans le ciel, depuis le clocher de l'église, l'avenir de l'Écosse. Selon le prophète, les femmes y joueraient un rôle très important.

— Nostradamus avait raison, ajouta Châtelard, en riant. Le retour de Marie Stuart en reine d'Écosse en est une excellente preuve…

Giovanni s'accrocha à son banc pour ne pas défaillir. Jusque dans cette ville peu avenante, il retrouvait la présence d'un imposteur, dangereux pour celles et ceux qui lui faisaient confiance. Que les femmes eussent une place, souvent secrète dans le gouvernement des peuples, il n'y avait là rien de prophétique ni de miraculeux : en Écosse, contrairement à la France, la loi autorisait les femmes à régner.

Châtelard était si admiratif de Nostradamus qu'il l'avait peut-être rencontré. Cela pouvait servir Giovanni, il sut se taire. Il l'interrogerait le moment venu, si cela s'avérait nécessaire…

Marie Stuart, que Giovanni Bosso voulait solliciter pour éviter à Catherine les malheurs d'une guerre religieuse, se méfiait des Français. Ils avaient séjourné en Écosse lors d'une campagne, quand les protestants anglais aux ordres d'Élisabeth menaçaient le pays d'invasion. Pour les armées royales, l'Écosse n'était qu'une contrée sauvage, habitée par des pauvres, fainéants de surcroît. Les hommes d'armes n'avaient parlé à leur retour que de chaumières étroites au toit de roseaux sauvages, dans lesquelles se mêlaient animaux et habitants. La nature orgueilleuse des Français les empêchait de voir qu'il n'y avait guère de différence entre la condition des laboureurs écossais et celle des Français. Ce qu'ils avaient aussi constaté, en s'empressant de le rapporter à la cour de France : les seigneurs écossais avaient plus de pouvoirs que le roi lui-même. Les nobles, indisciplinés, n'étaient jamais inquiétés ; véritables maîtres du territoire, ils réclamaient selon leurs besoins des taxes à leurs sujets, sans qu'au palais royal on ne songeât à le leur reprocher.

Ces familles – ces clans – n'étaient pas forcément unies ; les conflits succédaient aux conflits. Tous les prétextes étaient bons pour guerroyer. La population, déjà peu nombreuse, n'avait qu'une possibilité : compter ses morts. Alliances, rivalités, cousinages, meurtres, pillages entre clans se prolongeaient génération après génération. Seul accord unanime : la défense du catholicisme contre les idées de Luther et de Calvin adoptées par les Anglais, les ennemis de toujours. Des idées qui auraient moins prospéré si elles n'avaient été défendues par John Knox. Chaque harangue de cet éloquent prédicateur suscitait une bruyante ferveur chez celles et ceux qui l'écoutaient.

Le retour de Marie Stuart, après la mort de François II, avait été salué comme une victoire catholique, une victoire sans combat sur sa rivale anglaise Élisabeth. Celle-ci avait définitivement rompu avec Rome. Marie, devenue reine d'Écosse, après avoir été mariée à un roi de France, préservait la paix religieuse, elle devait disposer d'assez d'autorité pour inciter sa belle-mère Catherine à gouverner avec sagesse et éviter que Charles IX, si jeune, ne se lançât dans une guerre contre l'Angleterre ; elle ruinerait la France. Marie avait quitté le royaume pour revenir dans son pays natal, les Français demeuraient néanmoins présents dans son cœur. Certaine de la victoire des armées de Charles IX, elle ne ferait rien pour éviter un conflit avec sa cousine Élisabeth. Giovanni

Bosso était, lui, désireux de sauver la paix. Le temps pressait.

Quand il se présenta devant le lourd portail du château, il n'attendit pas longtemps. Le garde revint, souriant. Il avait fait part de sa présence aux écuyers de Marie Stuart, celle-ci se hâta de le recevoir.

La reine Marie s'avança vers lui, accueillante. Durant son séjour en France, elle avait apprécié son honnêteté et sa loyauté envers Catherine. Si la régente lui déléguait le plus fidèle de ses fidèles, un Italien qui, elle l'avait remarqué, ne manquait pas une messe, ce ne pouvait être, croyait-elle, que pour une affaire importante. Marie Stuart, catholique pieuse, appréciait.

La reine reçut Giovanni, non dans la salle d'apparat, habituellement réservée aux audiences, mais dans un petit salon modestement décoré. Aux murs, une tapisserie représentant les victoires de Guillaume le Conquérant. Sur une table basse, Giovanni eut le regard attiré par un portrait de François II peint par un artiste qui n'avait pas signé son œuvre, mais tout à fait dans le style de Léonard de Vinci. De quoi réjouir son cœur de Florentin ! Giovanni fut d'ailleurs surpris de la présence de cette huile dans les appartements de la reine. Elle pleurait donc sincèrement un mari dont elle n'avait partagé la couche que quinze mois…

À la mort de François II, elle avait dix-huit ans ; à la Cour, on ne songeait qu'à la remarier. Marie ne l'ignorait pas, elle pensait que c'était l'objet de l'ambassade de Giovanni. Cela l'étonnait, elle avait beaucoup souffert de la tiédeur de l'affection de Catherine. Elle en connaissait la véritable raison. Pendant une décennie, en France, la petite Écossaise, choisie par Henri II pour épouser son fils malade et chétif, avait été l'astre montant, ce qui avait beaucoup déplu à Catherine et plus encore à Diane de Poitiers ; puis l'astre brillant dans le ciel du royaume, quand François avait succédé à son frère, ce que personne n'avait prévu, hormis Nostradamus. Pour l'orgueilleuse Florentine, un motif d'humiliation : elle n'était plus que la seconde selon le cérémonial de la Cour. François II disparu, ni l'une ni l'autre reine n'avait accepté de partager la moindre parcelle de pouvoir. Pour Catherine, Marie faisait partie des malheurs de sa vie.

À revoir Giovanni, Marie se remémora une scène douloureuse. À Blois, Catherine l'avait convoquée dans sa chambre, tôt dans la matinée. Plus qu'en d'autres circonstances, elle lui avait parlé sur un ton très dur ; chaque mot trahissait la jalousie et l'ambition.

— Vous n'avez ni l'âge ni le tempérament pour vous retirer dans un couvent, comme il sied à une veuve royale…

Marie n'avait pas voulu s'opposer à la reine : Catherine, elle-même veuve d'Henri II, non seulement n'était pas entrée dans les ordres, mais n'avait pas songé à rejoindre en Italie sa famille toscane.

Catherine avait poursuivi, toujours sèchement.

— Vous n'ignorez pas la règle : restituer au Trésor les bijoux dont vous n'étiez que dépositaire en tant qu'épouse du roi… Vous n'y verrez, je l'espère, rien que de très normal.

— Non pas ! Au contraire ! Ce sera accompli dès ce soir, avait fièrement répondu Marie, consciente qu'il s'agissait d'un acte méchant, vengeur, inutile.

À l'instant de recevoir Giovanni Bosso, elle n'avait rien oublié. Elle l'accueillerait comme il convenait, il était un émissaire royal, mais avant qu'il exprimât la moindre requête, elle l'interrogerait sur une affaire jamais résolue qui troublait souvent son esprit.

Giovanni s'était présenté avec des habits achetés à Calais, afin de ne pas paraître devant la reine dans des vêtements de navigateur. Vêtue d'une robe de satin bleu, barrée d'un large ruban aux armes du clan Stuart, un diadème d'émeraudes et de diamants fixé dans sa chevelure blonde serrée en tresse, Marie tendit à Giovanni sa main gantée. L'Italien s'inclina, la baisa respectueusement.

— Madame, lui dit-il, j'ai passé la nuit à m'interroger : la reine sera-t-elle aussi belle que dans les salons d'Amboise ? Je tiens maintenant la réponse…

Marie Stuart répondit d'un sourire, puis glissa sa main droite dans un collier de perles auquel était fixé un crucifix d'or ; Giovanni remarqua son cou, aussi long que clair.

— Monsieur, vos compliments me touchent. Je vois que votre santé est excellente, je vous en félicite… Votre mémoire, malgré l'âge, n'a donc subi aucune défaillance. Vous allez peut-être m'éclairer sur une curieuse intrigue dont j'aurais pu, malgré moi, être la victime.

Giovanni fut saisi. Jamais personne, pas même Catherine dans ses moments de méchante humeur, ne s'était adressé à lui avec une telle insolence. Stupéfait, il murmura, incapable d'ajouter quoi que ce fût.

— Je ferai de mon mieux, Madame…

Marie Stuart profita du désarroi dans lequel elle tenait son visiteur.

— On m'a rapporté que Catherine aurait envoyé des émissaires dans toute l'Europe, désireuse de convaincre les princes de la honte que le peuple français éprouverait si j'épousais don Carlos, le fils de Philippe II. Une alliance entre l'Écosse et l'Espagne serait-elle donc si détestable pour la France ? Catherine a tort de s'en préoccuper. François est mort ; si je dois me remarier, je fixerai moi-même mon choix.

— Comment ?… Voilà une étrange rumeur ! J'ai l'honneur de vous l'affirmer, Madame : jamais la reine Catherine n'a songé à marier qui que ce fût contre son gré. Ce n'est pas dans ses habitudes, répondit Giovanni qui avait retrouvé ses esprits, après un préambule auquel il ne s'attendait pas.

Il s'empressa d'ajouter :

— Que Dieu soit témoin ! J'ai entendu l'ambassadeur d'Espagne demander la main de Marguerite, la fille de Catherine, celle que tous appellent Margot… pour Carlos. Je la crois, sauf votre respect, très éprise de l'Espagnol.

— Marguerite n'a que neuf ans ! répliqua Marie. Je crains, monsieur, que vous ayez inventé cette fable… pour ne pas me déplaire.

Giovanni se prit soudain à défendre la régente, alors qu'il déplorait sa ruse et sa tyrannie.

— Je puis vous assurer, Madame, que je ne mens pas. Devant moi, la reine Catherine a proposé à l'ambassadeur de se rendre en Espagne, afin de présenter Marguerite à Philippe… Elle doit y songer en ce moment. Philippe II est sans doute le plus sincère des souverains catholiques d'Europe.

Giovanni s'exprimait avec une telle vigueur, une telle sincérité que Marie s'apaisa. Elle demeura un moment silencieuse, l'esprit perdu dans le souvenir de ses adieux à la France. Y retournerait-elle un jour ? Elle voulait le croire ; elle avait tant aimé le royaume.

La Cour avait salué le départ de Marie Stuart dans le grand salon du château de Saint-Germain-en-Laye. La reine mère, le jeune roi Charles IX, le duc Henri d'Orléans[1], le roi de Navarre Antoine de Bourbon, un huguenot, et de nombreux gentilshommes titrés, tous s'étaient inclinés devant elle. Puis, dans une litière tirée par six chevaux blancs, caparaçonnés de dorures, elle avait pris le chemin du Nord, en compagnie de son oncle Guise, escortée par cinquante arquebusiers. Elle s'était tue, mais il lui avait semblé lire sur les visages un sourire de satisfaction. Pourquoi étaient-ils heureux de son départ ? Elle n'aurait su le dire. Certes, elle était écossaise, mais avait été leur reine. Son étonnement avait été plus vif encore quand elle avait appris de son oncle qu'on avait gardé secret le lieu de son embarquement. Guise avait obtenu de Catherine qu'on dépêchât de Nantes à Calais deux galères dont le commandement avait été confié, en accord avec les Français, à l'amiral Bothwell, un Anglais.

— Pourquoi pas un Écossais ? avait naïvement demandé Marie Stuart.

1. Futur Henri III.

Mal à l'aise, Guise, avant de la quitter, lui avait répondu, sans vraiment y croire :

— Parce que les marins anglais connaissent mieux que les Écossais, habitués au nord de la Grande Ile, la navigation dans les mers proches de la France. Les pirates ne s'y aventurent que rarement.

Marie gardait un souvenir précis : après avoir fait allusion à la « Grande Île », Guise s'était repris, préférant dire « Grande-Bretagne ». Il était clair que dans l'esprit des Français il n'y avait qu'une Couronne… Pour deux têtes ! Élisabeth pratiquait la religion anglicane, après sa rupture avec Rome ; Marie, dont on admirait la piété, était catholique.

Marie avait été accueillie avec enthousiasme par le peuple d'Édimbourg, qui s'était pressé sur son passage. Dès le premier soir, après un médiocre repas, elle avait compris qui seraient ses adversaires. Retirée dans ses appartements, elle avait entendu des psaumes protestants : John Knox avait en hâte rassemblé sous sa fenêtre quelques chanteurs sans grand talent. Marie devrait s'habituer : les calvinistes haïssaient la messe et entendaient, dès son arrivée, le lui faire savoir avec véhémence.

Le lendemain, elle s'était rendue à la chapelle du palais royal. À peine avait-elle pris place sur un banc de bois, qu'elle avait eu une nouvelle preuve de l'hostilité des protestants. Plus de cinquante hommes armés de fourches et gourdins s'étaient précipités à l'intérieur, balayant la douzaine d'arquebusiers tentant de les retenir. Les émeutiers avaient hurlé « À mort les prêtres ! », « Au bûcher le pape ! ». Fort heureusement, ils étaient sortis rapidement, sans qu'une goutte de sang ne coulât.

Un Italien, proche du pape Pie IV, présent à Édimbourg quelques jours avant l'arrivée de la reine, pour y préparer l'accueil convivial des catholiques, avait sagement invité les gardes à ne pas utiliser les armes, mais à se masser face aux calvinistes, afin qu'ils franchissent sans dommage le seuil de la chapelle et le pont sur les douves. Cet homme, qui avait la particularité d'être muet, avait sauvé Marie. De retour dans une des salles du château, elle l'avait reçu en tête à tête. L'Italien, aperçu à Amboise, lui avait tendu un feuillet sur lequel était écrit en latin, un langage que Marie pratiquait parfaitement, des phrases de réconfort.

« Je peux maintenant mourir, Madame. Je sers le souverain pontife Pie IV. Il a souhaité ma présence près de vous, afin d'être rassuré sur votre sort. Je peux demeurer à Édimbourg autant que vous le souhaiterez. Gouvernez sans crainte, même si Nostradamus vous prédit un règne difficile ! Ne redoutez rien ! L'Église veillera sur vous. »

Marie avait lu le billet, souri et remercié le muet.

— Oh, je ne crains rien. Je suis à Dieu et à l'Écosse de tout mon corps, de toute mon âme… Restez en Écosse aussi longtemps qu'il vous plaira !… Aussi longtemps que le Saint-Père vous y autorisera, avait-elle ajouté.

Marie avait accompagné ces douces paroles d'un baiser sur le crucifix qu'elle ne retirait jamais de son cou.

Quelques jours plus tard, elle avait reçu une lettre de Calvin, le maître de Genève. Une missive brève, précise.

« Je ne veux pas vous empêcher de professer votre religion. Dieu ne manquera pas de punir un lâche abandon de sa cause… »

Le lendemain, de Salon en Provence lui était parvenu un autre message. Encore plus bref, encore plus précis. Signé : Michel Nostradamus.

« Si vous voulez sauver votre vie, préservez-vous des femmes ! Prenez garde à celles qui vous déclareront leur flamme ! »

Dès son arrivée au royaume d'Écosse, après treize ans d'absence, de lourds et sombres nuages s'accumulaient dans le ciel de Marie. Que Calvin soutînt John Knox, cela ne la surprenait pas ; elle avait d'ailleurs, afin d'éviter des échauffements, scellé une proclamation royale autorisant la pratique de la religion protestante et demandant aux catholiques de ne point molester ni injurier ceux qui se réclamaient de Martin Luther ou de Jean Calvin.

Les espions, parcourant de chaumière en chaumière les terres arides ou couvertes de hautes fougères, avaient rapporté que catholiques et adeptes de John Knox n'avaient aucune intention de s'opposer.

Le message de Nostradamus l'avait davantage inquiétée. Elle n'osait pas l'avouer, mais comme beaucoup de gens de son temps elle avait la certitude que le prophète de Salon, érudit et fort intelligent, avait des dons de visionnaire. Seul l'Italien Ruggieri, peut-être autant que lui, possédait la science des astres ; nul, pas même le pape, ne le contestait.

De quelles femmes devait-elle se préserver ? De sa cousine Élisabeth ? Impossible ! La reine d'Angleterre lui montrait tant d'affection, elle n'avait pas l'intention de mettre la main sur l'Écosse. Après avoir éliminé les femmes des plus puissants clans du royaume, il ne restait que Catherine de Médicis. La Florentine haïssait

Marie. La mission de Bosso n'était-elle qu'une ruse pour connaître la force des armées écossaises ?

L'ambassade de l'Italien devrait lui apporter une réponse. Si Catherine était rusée, Marie Stuart ne l'était pas moins.

Giovanni avait rassuré Marie, le peuple de France ne l'avait pas oubliée. Elle en aurait la preuve en parvenant par son autorité à éviter une guerre religieuse. À la grande satisfaction de tous. Personne ne songerait à la tenir à l'écart des affaires du royaume. Il n'était pas trop tard. Comprenant l'anxiété de l'Italien, Marie lui avait suggéré de rencontrer Knox, le plus intolérant des réformés ; un homme très écouté, souvent craint. Cela l'éclairerait sur la puissance des huguenots en Écosse. Entendre Giovanni pourrait aussi inciter Knox à plus de modération dans ses prédications.

Giovanni avait été surpris qu'une souveraine, aussi fervente catholique, l'envoyât chez un calviniste. Peut-être avait-elle sous sa Couronne le projet d'établir la paix par l'union des deux religions… Il avait donc, sans plus de méfiance, sollicité un entretien. Knox avait en maugréant accepté de le recevoir.

Devant un aussi véhément pasteur, Giovanni entendait imposer sa volonté. L'entretien s'annonçait malaisé ; certes, Knox captivait les foules par la vigueur et les élans de ses harangues, mais il retrouvait, descendu de sa chaire, un bégaiement qui le tenait depuis l'enfance. De sa faiblesse à s'exprimer il tirait sa force à convaincre.

Giovanni était résolu à inciter le prédicateur à éviter une violence inutile non seulement en Écosse, ce qui n'était pas le plus important pour lui, mais surtout en France où, malgré ses efforts, Catherine, parce qu'elle commettait trop d'erreurs, ne parviendrait pas longtemps à maintenir la paix dans le royaume. Les huguenots, furieux, injuriaient les moines et les religieux dont ils pouvaient se saisir et n'hésitaient pas à briser de saintes statues dans les églises. Ces sacrilèges, plus encore que les meurtres, excitaient des rancunes que personne ne contrôlait plus.

Confrontés à ces outrances, les Guise se vengeraient avec cruauté. Giovanni craignait surtout le cardinal de Lorraine, un personnage néfaste pour la paix. Persécuteur violent, haï de tous, il souhaitait la mort des huguenots. Catherine l'écoutait trop, elle n'avait rien entrepris pour empêcher que les Guise fissent condamner et pendre Anne de Bourg, membre du parlement de Paris. Sincère et modeste, il vantait les mérites de toutes les religions, convaincu qu'un homme sans foi n'était rien qu'un animal.

Knox reçut Giovanni, assis sur un coffre de bois, sous une simple croix, dans le cabinet austère d'une très modeste demeure de briques, près des remparts d'Édimbourg. Accueillir un Italien se présentant comme un émissaire de Catherine de Médicis le rendait suspicieux ; de la France il gardait en effet un souvenir douloureux.

Devenu le premier pasteur du temple de Saint Andrews, à Glasgow, après avoir exercé la profession de notaire, il avait été emprisonné par les Français quand ils occupaient l'Écosse, puis sans jugement envoyé aux galères. Deux années de souffrances quotidiennes, de faim, de soif et de coups de fouet… De retour en Écosse, après la mort d'Henri II, il laissait éclater sa colère contre tout ce qui touchait aux royaumes de France et d'Italie. Il s'opposait à ces catholiques qui croyaient, au nom de Dieu, dominer l'univers. Depuis Christophe Colomb, les conquérants imposaient le Christ sauveur aux Indiens pour s'emparer aisément de leur or. Rome et Florence lui faisaient plus particulièrement horreur : Rome pour son hypocrisie, dissimulée derrière une apparente vertu, et son goût de la luxure et des meurtres ; cela avait commencé avec les Borgia, cela continuait sans que personne ne songeât à se rebiffer. Quant aux Florentins, ils subissaient, afin d'en tirer profit, le joug des Gondi, des Strozzi, et surtout des Médicis qui avaient autant d'attrait pour le pouvoir que pour la fortune. La religion imposait des devoirs, il convenait de les respecter. Seul un nouveau clergé, épris de morale, rendrait à l'Église l'autorité perdue. Les prières n'avaient pas besoin de vains apparats. Rigide dans la pratique de la foi, Knox ne comprenait pas pourquoi les catholiques, dans leur égarement, rejetaient les femmes du gouvernement de l'Église. Martin Luther, comme Jean Calvin avec lequel il s'était longuement entretenu à Genève, était père de famille.

Knox le rigoureux, l'intransigeant, le fanatique, ne l'avait jamais avoué : rentré en Écosse pour prêcher la Réforme, meurtri dans son corps par les souffrances de ses navigations, il l'était aussi dans son cœur. Sa mémoire était toujours occupée par une aventure amoureuse inimaginable en un temps où, galérien, il pensait que chaque journée serait celle de sa mort. Respectueux de la doctrine calviniste, il s'efforçait de l'oublier. En vain.

Libéré, de passage à la cour de France, après le voyage à Genève, il avait sollicité de s'entretenir avec le roi François II, pour l'implorer de protéger les huguenots français, régulièrement menacés. Ils n'étaient pourtant, comme d'autres, que de loyaux sujets. Au prétexte de la jeunesse du roi, et parce que la régente Catherine n'avait pas souhaité rencontrer un Écossais, disciple de Calvin, qui venait de passer deux années aux galères, le face-à-face n'avait pas eu lieu.

Knox, à sa demande, avait été reçu par la favorite d'Henri, à Anet, en sa demeure personnelle. À la Cour, on accusait Diane d'être proche de Coligny, elle n'en faisait d'ailleurs pas mystère. Les mauvaises langues répétaient aussi qu'elle vivait dans le faste, entourée de nombreux courtisans, passant d'un amant à l'autre. Ce qui ne l'avait pas empêché, par haine de Catherine, de se ranger du côté des protestants.

La grille du château franchie, Knox avait eu la surprise de constater qu'à part de nécessaires serviteurs, la belle Diane était seule en sa résidence. Ce qui ne devait rien au hasard, avait-il pensé. La discrétion s'imposait ; il s'en était persuadé.

Dès qu'il avait aperçu la bâtisse en descendant du coche, John Knox avait été aussi surpris qu'émerveillé. Une demeure princière, certes, mais qui par son isolement en Normandie convenait à des rendez-vous amoureux et à l'entretien secret qu'il avait souhaité. Différent des châteaux de Loire à l'imposante grandeur, Anet avait la discrétion et le charme souhaités par une femme dont ses pires adversaires admettaient la beauté. À la grâce, elle ajoutait l'intelligence et la ruse. Catherine avait supporté que son époux en fît sa favorite, cela se comprenait aisément ; elle-même présentait un physique moins avantageux.

Diane, vêtue d'une robe laissant paraître de longues et fines jambes, avait reçu avec une habileté courtoise l'ambassadeur de Calvin dans un petit salon aux tapisseries d'or, avec des coffres finement incrustés de nacre et deux fauteuils en bois recouvert de feuilles d'or. Son époux, Louis de Brézé, de cinquante ans son aîné, l'avait fait aménager pour elle. Knox et Diane avaient d'abord échangé quelques banalités en dégustant une décoction à l'eau de rose, sans doute pour permettre à Diane de découvrir qui était ce visiteur ayant tant insisté pour venir jusqu'à elle. Elle s'était ensuite exprimée en baissant la voix, comme si elle avait été entourée d'espions.

— Monsieur, cela peut vous surprendre, je respecte les idées de Calvin, et je tente de créer dans le royaume un mouvement de révolte et d'indignation contre Catherine. Élevée à Rome, catholique parce que dans cette ville toute autre religion est bannie, elle ferme les yeux sur les turpitudes de l'Église et apporte plus de crédit aux jugements des tribunaux de l'Inquisition qu'à ceux des parlements de nos provinces. Plus grave : la confiance qu'elle accorde aux ecclésiastiques et son agressivité contre le peuple de France ! Comment oublier que le pape Clément VII, un Médicis, a honteusement jeté cette femme dans les bras de mon cher Henri ? Catherine ne cherche aujourd'hui qu'à faire condamner les huguenots. Ceux qui avouent choisir Calvin, tant ils sont las des vices romains, sont en prison, injustement accusés de haute trahison. De cela, la régente ne se soucie guère.

Elle avait avalé un peu d'eau de rose avant d'ajouter avec fermeté :

— Monsieur, quand je vois ces pauvres gens battus, tourmentés, torturés, brûlés, non pour des larcins ou de la maraude, mais tout bonnement parce qu'ils ont abandonné les turpitudes de l'Église romaine pour une religion où la ruse n'a pas de place, je ne peux m'empêcher de les défendre… Votre combat est le mien. Il est juste !

L'emportement de Diane avait réjoui Knox plus qu'il ne l'avait espéré. Il ne doutait pas de sa sincérité, ayant néanmoins l'esprit assez ouvert pour imaginer que Diane agissait probablement plus par jalousie amoureuse que par conviction religieuse. L'important était que, encore puissante, elle se rangeât du côté de Coligny plutôt que des Guise. Certes, elle était catholique, mais soutenait les huguenots ; il n'en demandait pas davantage.

Rassuré, Knox, avait exprimé la volonté de voir l'Écosse, comme l'Angleterre, rompre tout lien avec Rome. Ne regrettant pas d'avoir été reçu aussi courtoisement par Diane, il s'était enhardi à poser une question.

— Est-il vrai que François et Catherine montrent de l'indulgence à soutenir la nouvelle religion ? Ce serait sagesse, mais l'un et l'autre sont-ils sages ?

Knox aurait aimé le croire.

Diane, un éclair de désir dans le regard, avait soudain changé de ton. Pis, elle s'était levée adroitement, de façon à ce que les plis de sa robe dégagent le haut de cuisses qu'elles avaient finement galbées. Elle s'était assise sans manière sur les genoux de Knox. Stupéfait, le vigoureux pasteur n'avait pas eu la force de prononcer une parole. Après lui avoir posé un long baiser sur la joue, elle l'avait avec douceur enlacé de ses bras nus, couverts de joyaux.

— Je crois que je n'ai qu'une envie : vous garder près de moi. Ne craignez pas une indiscrétion ; mes valets ont l'habitude d'être muets sur mes caprices... Je m'ennuie ici... J'occupe mon temps à surveiller l'édification de mon tombeau dans la chapelle... Croyez-moi, j'ai encore besoin d'amour. Pour une femme de quarante-cinq ans, il n'y a là rien d'inconvenant. Vous me paraissez digne de caresses. Je les impose à ceux que j'ai envie de presser sur ma poitrine. Vous êtes donc contraint d'accepter de satisfaire mon désir.

John Knox était demeuré sans voix.

— Et si vous me dénonciez ? avait-il murmuré dans un souffle.

— Impossible ! Je perdrais tout ce que l'Italienne a consenti à me laisser à la mort de mon Henri aimé... Je me suis occupée des enfants de France assez longtemps pour qu'elle ne l'oublie pas. Il n'y a rien de coupable à apaiser pendant quelques heures la mélancolie qui me poursuit... Ici, il me semble être retirée du monde. Je suis privée d'hommes, cela me donne souvent l'envie de pleurer.

Le soir, John Knox avait accordé à Diane ce qu'elle souhaitait. Une imprudence qui ne l'avait pas embarrassé, sur laquelle il s'était promis de garder le secret. S'il avait eu le sentiment d'être une proie pour Diane, il s'en était volontiers accommodé.

Le lendemain, alors que Knox achevait de se vêtir, songeant à quitter Anet au plus vite, Diane, encore blottie entre ses oreillers, lui avait lancé :

— Vous êtes écossais, John. Hâtez-vous d'y prêcher la Réforme. Qu'adviendrait-il si le roi François, très malade, venait à mourir ? La jeune Marie est influençable ; malgré le soutien des Guise qui l'inciteront à demeurer en France, comment ne sera-t-elle pas tentée par la couronne d'Écosse ? On la dit plus adepte des crucifix que des joyaux et des meubles. François a accepté de retirer de la grande galerie du château de Fontainebleau la statue de Jupiter qu'il avait commandée à Benvenuto Cellini ; Marie la trouvait scandaleuse parce qu'inspirée de l'art des sculpteurs grecs. Il faut la convertir avant qu'elle ne pousse les réformés d'Écosse au désespoir et à la violence. Comment lui faire comprendre que son intérêt viendra de Genève plus que de Rome ?

Knox lui avait répondu :

— Je saurai me faire écouter des gens d'Écosse. Si nécessaire, penser à vous me donnera de l'énergie.

Dès son arrivée à Glasgow, Knox avait été pris d'une violence fougueuse contre les catholiques. Il l'avait déployée presque chaque jour dans ses harangues à la gloire de la Réforme. Il n'avait jamais oublié la nuit passée à Anet ; il ne regrettait pas son plaisir, mais appréhendait que Marie Stuart, couronnée à Édimbourg, apprît par la rumeur son imprudente liaison avec Diane de Poitiers. Knox avait proposé à Marie Stuart de se convertir. Elle avait refusé, n'hésitant pas à accuser les protestants de « pitreries » contre la foi. Dépité, le pasteur, l'esprit toujours aussi brûlant, avait sans hésiter incité publiquement les nobles de tous les clans à résister à la tyrannie de la jeune reine : n'avait-elle pas ramené de France, dans ses malles, le Démon, compagnon habituel des ecclésiastiques soumis au pape Pie IV et à tous ceux qui l'approchaient ?

John Knox avait accepté de recevoir Giovanni Bosso, curieux d'apprendre pour quelle raison la reine catholique lui avait envoyé cet émissaire italien. Il avait assez d'expérience pour savoir qu'on peut écouter des visiteurs sans s'obliger à suivre leur avis.

— Vous êtes italien et catholique, qu'espérez-vous ? lui demanda Knox sans attendre, sur le ton brutal que tous les Écossais lui connaissaient.

Persuadé de son habileté, Giovanni était résolu à parler sans crainte. Il exprimerait clairement sa volonté d'inciter huguenots et catholiques à dominer leur colère avant que l'Europe entière ne fût secouée par des troubles violents. Des milliers d'innocents périraient de cette effroyable calamité. D'effrayants désordres menaçaient la chrétienté.

— Vous seul, monsieur, pouvez obtenir en France plus de clémence à l'égard des réformés. Votre nom est aussi illustre que celui de Calvin. J'ai souvent vu l'amiral de Coligny souper avec la reine… Dans leur jeunesse, ils étaient très amis…

— Et alors ? l'interrompit sèchement Knox.

— Dans tout le pays, les huguenots ne voient plus en Catherine et les Guise que les bourreaux du royaume. La reine, j'en conviens, n'aurait pas dû assister au supplice d'un condamné accusé à tort d'hérésie. Parce qu'elle n'a pas versé une larme pendant cet atroce cérémonial, le peuple a oublié qu'elle n'avait pas droit à l'émotion.

Giovanni attendait avec appréhension ce qu'allait répondre le bouillant prédicateur. Knox demeura silencieux. Après s'être plusieurs fois passé la main dans une barbe lui descendant jusqu'à la poitrine, il consentit enfin à parler.

— Je vous ai entendu, monsieur… Vous n'agissez qu'en votre nom, vous n'avez mandat de personne… Pour un papiste italien, venir chez un calviniste écossais nécessite un certain courage… J'apprécie. Êtes-vous disposé à abjurer la foi catholique ? En France, votre aide nous serait précieuse.

Un frémissement parcourut le corps de Giovanni. Knox était encore plus habile qu'il l'avait imaginé. Il comprit vite qu'il devait avouer sans crainte que, tourmenté par les hésitations et les erreurs de la reine Catherine, il admirait la hardiesse des huguenots.

— Il est vrai que je ne représente que moi-même. Je ne tiens mon ambassade auprès de vous que d'une autorité : Dieu. Je n'ai dans le cœur qu'un désir : la paix ! Les uns arrachent les vitraux des églises, les autres sont écartelés en place de Grève, cela ne peut pas durer… En Provence, le baron des Adrets s'est emparé d'Avignon, terre pontificale ; à six lieues de là, les catholiques ont repris Orange, place calviniste. C'est trop ! Catherine règne seule… Et mal, je le crains…

Knox, désireux de montrer sa domination sur son visiteur, ricana et lui lança :

— Vous, le Florentin, à vous en croire proche depuis tant d'années de l'Italienne, combien de signatures êtes-vous capable de réunir pour obtenir l'arrêt des persécutions contre les huguenots ?

Giovanni était atteint, mais pas vaincu.

— Dix mille au moins… peut-être davantage, hasarda-t-il.

Knox avait assez voyagé pour s'exprimer avec clarté.

— Dix mille signatures ! Une plaisanterie, monsieur ! Selon l'ambassadeur de Venise, rencontré à Genève, italien comme vous, qui a toute ma confiance, il y aurait plus de quatre cent mille réformés dans un royaume de seize millions d'habitants… Cet émissaire auprès de Calvin est, croyez-moi, très bien informé… Je ne m'intéresserai au sort des huguenots français que lorsque derrière vous marchera une armée de cent mille âmes en rébellion contre l'Église romaine ! Si les calvinistes français ne veulent pas se faire égorger, qu'ils rejoignent l'Angleterre d'Élisabeth ! En Écosse, le catholicisme est, malgré mes efforts, encore puissant. Marie Stuart est impulsive, mais ses jupons cachent un bourreau.

Giovanni pressentait l'échec, inévitable. Knox ne ferait rien pour inviter Catherine à protéger Coligny et ses amis huguenots. Il y aurait des affrontements ; nul ne pouvait prévoir qui en sortirait vainqueur.

Knox se leva, disposé à accompagner Giovanni jusqu'à la porte. L'Italien, bouleversé, demeura assis, retranché dans de sombres pensées. Il n'avait rien obtenu. Doutant de son avenir, il s'imaginait revenir bredouille et repentant vers Catherine et lui avouer pour quelle cause, aussi bonne fût-elle, il lui avait menti. Dans son esprit vacillant, il oubliait que c'était par lassitude et incompréhension de sa politique qu'il avait quitté Catherine. Elle commettait faute sur faute, n'écoutait jamais les conseils de la haute noblesse, pourtant loyale. Elle n'avait d'oreille que pour Nostradamus. Quand il s'était enfui, la défense des huguenots n'avait été pour Giovanni qu'un prétexte dont il avait fait un combat solitaire.

Knox, le regard sombre, se planta devant lui, esquissant ce qu'on pouvait prendre pour un sourire.

— Un détail, monsieur… Un petit détail auquel sans doute vous n'avez pas pris garde : avez-vous une idée de l'année de ma naissance ?

Pourquoi cette question ? se demanda Giovanni. Après un geste de dénégation, il redressa la tête.

— Non, vraiment, je ne sais pas. Est-ce si important ? Pour vous, sans doute…

Il y avait de l'agressivité dans le maintien de John Knox, droit, les poings serrés sur les hanches, afin de renforcer sa domination sur Giovanni.

— J'ai vu le jour en 1515… Cela doit vous rappeler quelque chose. Les troupes françaises de François Ier occupaient l'Italie, et le roi, avec l'aide des Suisses, assurait la victoire de Marignan. Des Suisses acquis à la Réforme, qui acceptaient de mourir au service d'un pays étranger, fût-il catholique, en échange de quelques pièces d'or.

Giovanni ne comprenait pas où Knox voulait en venir. Celui-ci continua.

— Parmi les réformés, hostiles aux comportements des princes du Vatican, il y avait mon père… Oui, monsieur ! Mes ancêtres, suisses, étaient installés à Florence avant de fuir, horrifiés par les tumultes et les meurtres de l'Église romaine. Quelques mois après leur arrivée en Écosse, où avec d'autres protestants ils ont trouvé un refuge, je suis né ; j'ai été élevé dans la nouvelle religion.

Subitement curieux, Giovanni murmura :

— 1515… Catherine, elle, en 1519…

Il n'eut pas la possibilité d'ajouter un mot. Knox, le visage grave, l'interrompit.

— À la naissance de Catherine, ma famille vivait encore en Toscane. Quand le cardinal Jules de Médicis, son oncle, est arrivé à Florence, ce fut l'effroi chez les protestants. Un ecclésiastique, corrompu comme presque tous les seigneurs de l'Église, réjoui de suivre l'exemple des Borgia ! Jules ne se préoccupait pas de la destinée de sa nièce ; sur ordre du pape Léon X, qui accordait ses faveurs à un certain Benigno, aujourd'hui ambassadeur auprès de Marie Stuart, Jules imposa à la jeune Catherine une éducation catholique. Avec l'espoir insensé de faire main basse sur Florence et les richesses de ses banquiers… Commencez-vous à comprendre ?

Giovanni n'ignorait rien de cette histoire. N'avait-il pas accompagné Catherine de ses premiers pleurs jusqu'au jour où, le cœur gros, il avait décidé de la quitter ? Il ne pouvait blâmer ce qu'il venait d'entendre, sans comprendre ce qui, à Florence, avait pu rapprocher les Knox et les Médicis. Lui-même ne s'était jamais lié avec d'autres Médicis de crainte qu'au Vatican on songeât à lui arracher Catherine. Il avait toujours tenté de la protéger, il lui avait donné beaucoup de tendresse. N'était-elle pas étrangère aux conflits italiens ?

Tant d'abus, d'intrigues, de crimes, agitaient l'Église catholique que Giovanni avait vite compris dans quel esprit de vertu œuvrait la Réforme. Les religieux romains étaient inconscients : par leurs vices et leurs mensonges, ils poussaient d'honnêtes catholiques vers Luther et Calvin.

Knox, satisfait des propos de son visiteur, prit place derrière une table de travail en bois mal taillé ; il n'y avait qu'un encrier, quelques feuillets inutilisés et une Bible qui, elle, avait dû beaucoup servir.

— Je vais, je crois, vous stupéfier davantage… Mes paroles, je n'en doute pas, occuperont longtemps votre esprit. Auparavant, sachez qu'au moindre secret trahi, non seulement vous serez publiquement humilié, mais l'amiral de Coligny ne vous laissera guère de temps pour vos adieux… Vous m'avez compris ?

Giovanni ne put dissimuler sa curiosité, ce qui attira un nouveau sourire sur le visage de Knox.

— Vous l'ignorez, vous étiez enfermé dans votre couvent des Murates, à Florence, mais épuisés par le fanatisme de Savonarole et le désastreux comportement des Médicis, qu'on avait malheureusement rappelés pour gouverner la République, quelques Toscans se sont révoltés contre Rome et Florence. La présence des armées royales françaises les y a aidés. Il y avait parmi eux, aux côtés des Suisses, des chevaliers titrés qui, plus qu'à la valeur guerrière, attachaient de l'importance à la défense de leur foi. À la condition qu'elle fût servie par la vertu plutôt que par les blasphèmes, le vice et le poison. Rome a tout fait pour qu'il en soit ainsi.

Giovanni, silencieux, n'aurait pas à regretter sa journée. Ce qu'il apprenait le laissait pantois.

Knox, satisfait de l'embarras dans lequel il avait mis Giovanni, reprit :

— Quand vous saurez tout, vous prendrez conscience du rôle important des protestants de Florence, de leurs véritables intentions. J'aurais pu hésiter longtemps avant de vous parler de ce qui est encore aujourd'hui notre lutte, mais à y bien réfléchir je pense que vous pourrez nous être utile… Alors, je me résous à abandonner toute prudence… J'espère ne pas avoir à m'en repentir… Ayez assez de courage pour sauver quelques âmes généreuses !

— Comment entendez-vous cela ? demanda Giovanni, plus troublé qu'il ne l'aurait souhaité. Je ne comprends pas ce que vous voulez dire.

John Knox entendait profiter pleinement de la situation.

— Vos intérêts ne sont pas les miens ; je veux néanmoins vous avertir que depuis sa première enfance Catherine de Médicis est maudite par les huguenots. Elle veut sans doute la paix religieuse… Aussi longtemps qu'elle méprisera les protestants, elle échouera.

Il prit un temps avant d'ajouter :

— Elle aurait pu être victime d'un meurtre, poignardée… empoisonnée… C'eût été inutile. Imposer des souffrances quotidiennes à cette femme sans scrupules, assez vile pour supporter qu'une autre femme la remplace pendant sept ans dans le lit de son époux, est bien plus subtil que de la tuer. Jamais elle ne connaîtra le repos de l'esprit… Le crime n'est pas dans la nature des protestants. Le meurtre de François de Guise fut une erreur. Consulté, je l'aurais refusé. Hélas, les huguenots sont encore trop divisés… Faites en sorte, vous le Florentin, qu'ils puissent enfin s'unir !

Knox s'exprimait avec un calme inquiétant, augmentant l'effroi de Giovanni. Accablé, incapable de réprimer sa terreur, il avait enfin saisi, à écouter le pasteur, pourquoi, alors qu'elle n'était qu'une enfant, Catherine avait été poursuivie par le Triangle noir. Hélas, apprendre de la bouche de Knox la signification de ce signe terrifiant ne permettait pas d'en connaître le chef. Supplier Knox aurait été sans effet, il montrait déjà la porte d'un geste autoritaire.

— Pardonnez-moi, dit-il d'une voix douce, mais vous comprendrez que je ne puisse vous en dire plus… Je ne vois en vous qu'un… nouveau protestant.

Quand Giovanni eut franchi le seuil, il entendit Knox lui crier sur un ton moqueur :

— Consultez Nostradamus ! Il lèvera certainement vos doutes sur le Triangle noir ; vous pouvez me croire.

Ne manquez pas l'occasion, je crains qu'il n'y en ait plus beaucoup. Pour rencontrer Nostradamus, vous n'avez certainement pas besoin de ma permission… Je vous salue, monsieur.

Sans un regard pour Giovanni, Knox reprit place à table, trempa sa plume dans l'encrier. Plus préoccupé par sa prochaine prédication que par la visite de l'Italien. Quelques paroles avaient suffi pour que celui-ci, entré dans la demeure en quémandeur, la quittât, terrifié. Knox s'était montré peu rassurant ; un comportement qu'il affectionnait et qui contribuait à sa force. Plus qu'avec une bourse emplie d'or, il avait la manière de bien mener ses affaires. Comme si aucune n'avait d'intérêt pour lui. Pourquoi avait-il cité Nostradamus ? Giovanni en tremblait. Par peur plus que par foi, il ne refuserait pas de devenir calviniste. Il n'avait qu'un regret : en l'envoyant par ruse chez Knox, Marie Stuart avait très mal manœuvré.

Giovanni erra dans les rues d'Édimbourg. Il aurait dû prendre la direction de son auberge, il n'en fit rien. Il se retrouva au milieu d'un jardin où quelques paons faisaient la roue. Il n'y prêta pas attention et s'assit sur un banc de pierre. Les heures passèrent sans qu'il en eût conscience. Sur la colline, les cloches d'une église catholique appelèrent à vêpres. Il lui sembla entendre une voix lui souffler par-dessus l'épaule : « Ne redoute pas une condamnation éternelle !… Si tu veux en savoir plus sur le Triangle noir, va visiter Nostradamus. Tu ne l'aimes guère, mais tu ne cours aucun danger. »

Plus doucement, la voix ajouta : « Désormais, tu es un véritable huguenot. Soucieux de paix. Comme d'autres, l'esprit occupé par la haine religieuse. À trop vouloir aider son prochain, on naufrage souvent dans le déshonneur… »

M DE
NOSTRE
DAME.

9

Charles IX avait le regard vif de ceux qui savent que, malgré leur jeune âge, ils détiennent le pouvoir, même si, par manque d'expérience, il l'avait provisoirement confié à sa mère.

Dans la grande salle de Blois, le roi s'impatientait. Catherine n'avait pas pour habitude de solliciter par écrit un entretien sans témoin avec son fils. Elle gouvernait et, quand elle avait vent d'une conspiration, elle ne comptait pas sur Charles pour arrêter les conjurés et obtenir leur condamnation. Surtout s'ils appartenaient à une de ces grandes familles n'ayant jamais supporté qu'une femme, italienne et banquière de surcroît, prît quelque autorité sur eux.

La régente était en retard : elle entendait qu'à la Cour chacun sût qu'elle organisait son temps selon sa seule volonté. Depuis près d'une heure Charles attendait ; enfin, il entendit le pas de sa mère dans le grand escalier. Un seul pas. Personne ne l'accompagnait.

— Heureux de vous voir ici, Madame… Prenez place, dit Charles en fronçant les sourcils.

— Mon fils, je dois vous parler. Écoutez-moi sans rêver… Vos amusements commencent à m'irriter. Je crains qu'en vous passionnant pour la chasse et le bilboquet vous appréciez mal un drame qui nous touche de près. Votre conduite est légère et vous semblez étranger aux menaces pesant sur le royaume.

— Sachez-le, ma mère, je ne rêve jamais quand je devine vos intentions de me gronder… Il est vrai que je ne pouvais laisser enfermé à la Bastille un homme qui avait consacré sa vie à vous éviter toutes sortes de tracas. Il n'y a là rien de déshonorant.

Catherine, le visage presque entièrement dissimulé par un voile noir, demeura muette. Charles, embarrassé, poursuivit.

— Je ne veux pas me quereller avec vous. Notre Dieu punit les enfants désobéissants. Je suis un bon fils, ajouta-t-il plus bas. Envisagez donc comme le désaveu d'une injustice l'ordonnance que j'ai prise de tirer du cachot ce catholique italien, sottement converti ! Il n'a jamais manqué de loyauté. S'il s'est fait huguenot, je ne crois pas que ce soit pour vous déplaire. Croyez-moi ! Que chacun pratique sans contrainte sa foi ne peut que servir les intérêts du royaume. Vous savez comme moi que les rites papistes sont souvent déplaisants.

— Charles, vous êtes dans l'erreur. Les Médicis ont offert à l'Église des papes vertueux. Agir mieux que les Borgia était, j'en conviens volontiers, une tâche assez aisée. Si rendre la liberté à un huguenot n'a rien de coupable, il faut demeurer plus vigilant que vous l'êtes. Les guerres religieuses n'ont pour moi aucun attrait. Il ne sert à rien d'humilier inutilement ceux qui ont de Dieu une idée différente de la nôtre. Comprenez que je puisse être embarrassée par la traîtrise d'un homme auquel j'ai, depuis mon enfance, accordé ma confiance ! Celui qui m'a protégée conspire aujourd'hui contre moi… Je ne peux pas l'accepter… Vous m'entendez ?

— Ne vous montrez pas intolérante, reprit le roi, mal à l'aise. Hélas, pas un jour ne se passe sans que vous ne redoutiez, sans doute à tort, un complot. Selon vous, il n'y aurait dans le royaume que des gens dangereux. S'il vous plaît de sévir contre vos meilleurs alliés, sévissez !... Je ne m'associerai pas à vos condamnations. Ce n'est pas une solution pour ce qui est, je vous l'accorde, un vrai problème. Trouvons une entente. Sage. Sans massacrer ceux qui ne partagent pas notre foi.

Face à sa mère, stupéfaite par tant de détermination, Charles hésita avant d'ajouter :

— Nostradamus ne gouverne pas la France. Malheureusement, ses paroles vous troublent. Persuadez-vous qu'il ne cesse de vous duper !... Ne l'écoutez plus ! Je vous en supplie. Il n'y a pas à la Cour plus étrange conseiller. Souffrez que ses prédictions ne soient que rarement justes !

Jamais Catherine n'avait entendu pareil discours. À quoi aurait servi une fâcherie avec son fils ? À rien. Aussi longtemps qu'elle disposerait du pouvoir, elle écouterait Charles IX, bien décidée à agir selon sa volonté et sans en avoir mauvaise conscience. Il n'y avait pas meilleur astrologue que Nostradamus, c'était une grande chance que de vivre à une époque où un savant de sa qualité disposait du pouvoir de lire dans les astres la destinée humaine.

Charles parlait parce qu'il était le roi en titre, mais il n'avait jusqu'alors montré aucun penchant pour les affaires du royaume. En décidant sans la consulter – c'était là une nouveauté – de faire libérer Bosso, n'avait-il pas cherché à sauver les apparences ? Certes, depuis son retour d'Écosse, Giovanni incitait les huguenots à secouer le joug que la Couronne faisait peser sur eux. De son côté, Catherine hésitait à renier un homme fidèle durant tant d'années.

Après ce bref entretien, la reine regagna ses appartements, décidée à ne pas céder au découragement. Que Giovanni fût devenu le complice des huguenots, comment aurait-elle pu l'imaginer ? Italienne, elle n'ignorait pas quelle haine agitait les esprits florentins contre les vices et les meurtres qu'au Vatican on ne cherchait même pas à cacher. Cela suffisait-il à expliquer la conversion de Giovanni ? Autre sujet d'effroi, mais elle ne le confiait à personne : le Triangle noir. Elle redoutait qu'il fût assez déterminé pour enfin se dévoiler et s'en prendre à sa personne. Comment croire que Giovanni pourrait se lier avec de mystérieux personnages contre lesquels elle s'indignait sans les avoir jamais découverts ? Depuis que Nostradamus lui avait annoncé que partout où elle se trouverait il y aurait un traître prêt à la faire rire pour l'abattre plus aisément, elle mesurait sa faiblesse face à un ennemi invisible.

Que cela plût ou non, Catherine n'avait qu'un allié sûr : Nostradamus. Elle passait des heures à saisir le sens de certaines de ses phrases ; il se refusait à donner des explications, prétendant qu'il suffisait de consulter avec assiduité ses *Almanachs*. Catherine lisait aussi ceux de Rabelais, souvent différents ; elle n'attachait d'importance qu'aux quatrains de l'astrologue de Salon. Pour son malheur, elle avait en maintes circonstances constaté leur exactitude. Nostradamus avait une telle foi en la position des étoiles qu'il eût été inutile de lui porter la contradiction.

De tous les astrologues rassemblés à Prague pour s'y entretenir de l'influence des puissances célestes sur les comportements des êtres vivants, Nostradamus, par la qualité de ses connaissances, avait été le seul, parce que nourri des ouvrages de l'illustre philosophe grec Platon, à l'affirmer avec conviction : les astres présentaient aux hommes l'expression de la volonté divine. À Prague, Nostradamus s'était courageusement battu dans ses harangues pour qu'on ne distinguât pas les astronomes des astrologues. Les premiers fixaient la position des étoiles, les seconds, parce que leur science était plus vaste, utilisaient aisément ces positions pour prévoir l'avenir ; pour Catherine, la forme la plus achevée du savoir. Ceux qui la brocardaient, lui reprochant de s'abandonner aux délires de Nostradamus, évitaient sagement d'évoquer devant elle la magie, si utile aux hérétiques et aux sorcières. Elle ne le leur aurait pas pardonné. Nostradamus n'était pas un de ces magiciens pervers voyageant de Cour en Cour pour annoncer des événements ne survenant jamais, mais un médecin astrologue au savoir indispensable à la conduite des affaires du royaume.

Lorsqu'il était encore à son service, Giovanni Bosso, qui n'avait jamais ménagé son aversion pour le prophète de Salon, avait osé suggérer à Catherine qu'une lettre pouvait changer le sens d'un mot, voire d'une phrase. Une remarque qu'il avait regrettée : Catherine, après lui avoir expliqué que tous les imprimeurs pouvaient commettre des erreurs involontaires, ne lui avait pas adressé une parole de tout un mois. Que Bosso s'attaquât à Nostradamus l'avait confortée dans l'idée qu'elle se faisait de sa loyauté et de sa fidélité.

Giovanni, tout en déplorant l'influence de Nostradamus sur Catherine, avait par bonne volonté lu quelques-unes des *Prophéties*. Le poète Ronsard, très respecté à la Cour, n'affirmait-il pas, à l'inverse des oracles antiques, que Nostradamus, par sa connaissance des lumières du ciel, pouvait prédire l'avenir du monde, et que c'était par grande sagesse qu'il n'en dévoilait presque rien ? Non seulement Giovanni n'avait pas été convaincu du pouvoir que Nostradamus tenait des astres, mais il avait constaté à regret, sans oser le dire, que le magicien de Salon ne s'intéressait qu'à la destinée des princes, choisissant librement de les aviser des catastrophes dont ils seraient les victimes, et parfois les vainqueurs.

Catherine ne voulait tenir aucun compte des débats suscités par les procès intentés à ceux qui savaient lire dans les astres. Rabelais lui-même, qui avait pourtant abondamment rempli sa bourse par la publication de ses *Almanachs*, dénonçait des prédictions rédigées « à l'ombre d'un verre de vin ».

Lors de l'assemblée des astrologues à Prague, à laquelle il avait participé, François Rabelais, plus violent que d'autres, avait accusé son ancien compagnon de l'université de Montpellier de n'être qu'un « pauvre sot », le considérant comme un adversaire des astrologues savants. Il avait soupçonné Nostradamus, bon connaisseur des maux du corps humain, de n'avoir jamais étudié le mouvement d'aucune étoile. Malgré les accusations, malgré les risées, Catherine lui conservait toute sa confiance. Jamais elle ne l'abandonnerait. Les imposteurs attisaient les querelles religieuses en annonçant l'imminence de l'Apocalypse et du châtiment divin, suivi du Jugement dernier. Nostradamus, plus mesuré, ne cherchait pas à susciter de violences religieuses.

Catherine était plus inquiète de l'indiscipline de son fils que des railleries dont elle faisait l'objet à la Cour.

Après la remise en liberté de Giovanni Bosso, Catherine, trop subtile pour ne pas prendre conscience, quelles que fussent les prédictions de son prophète, qu'un danger la menaçait, s'efforçait d'imaginer qui lui porterait le coup mortel. Enfermée dans ses appartements, elle ne consentit même pas à descendre afin d'admirer les deux lions offerts par son cousin Cosme de Médicis, grand-duc de Toscane.

À Louis de Gonzague, le chambellan qui lui annonça le cadeau, elle déclara, le visage sombre :

— Je découvrirai ces animaux quand ils auront dévoré mes adversaires… Quand je verrai leur langue rouge du sang de mes ennemis.

Louis sortit sans un mot. Avant la fin du jour, seigneurs et valets présents au château sauraient que la gouvernante du royaume était de fort méchante humeur, ce qui présageait du mauvais temps sans que personne pût deviner quelles têtes tomberaient. Louis de Gonzague était assez insouciant pour se flatter, sans crainte d'être puni, de connaître tous les secrets de la reine. Ce qu'elle lui confiait, sans chercher à confondre ce bavard, il s'empressait, contrairement aux usages, de le répéter en tous lieux. Il n'avait pas dissimulé sa joie quand Giovanni Bosso, avec lequel il partageait les confidences royales, s'était discrètement enfui. En Italie, avait-il supposé. Qu'il eût rejoint Coligny l'avait toutefois surpris et inquiété.

Catherine, demeurée seule, marcha de long en large dans sa chambre. Inquiète. Convaincue qu'on complotait contre sa personne. Pourtant aucun bruit ne se faisait entendre. Elle avait néanmoins l'impression désagréable que le pouvoir pouvait, sans qu'elle y prît garde, lui échapper. Elle gardait dans une armoire secrète des poisons ; pour en faire profiter Bosso le traître, elle attendrait encore.

Jamais elle ne s'était sentie aussi solitaire. Malgré les émeutes religieuses de plus en plus fréquentes, elle se refusait à condamner définitivement les huguenots. Si cela était nécessaire, elle donnerait sa fille Marguerite, que tous appelaient Margot tant elle aimait à se promener en robe de soubrette, à cet Henri de Navarre, incapable de parler cinq minutes sans citer le nom de Calvin, plus sacré pour lui que celui de Dieu.

Égarée dans son angoisse, elle entendit frapper à sa porte.

— Qui est là ? demanda-t-elle, tremblante.

Elle reconnut la voix de Margot. Il ne pouvait s'agir d'un hasard : elle venait de songer à Marguerite, les astres sans tarder lui envoyaient sa fille.

Marguerite, dans sa robe habituelle de servante, s'assit sur le rebord du lit, face à sa mère. Elle le comprit dans le regard de Catherine, elle devait parler la première.

— Madame, dit-elle d'une voix très douce, je sais combien vous étiez attachée à Giovanni Bosso, combien vous avez été affligée par son départ imprévu... J'ai peur d'augmenter votre peine en vous apportant une très fâcheuse nouvelle.

— Laquelle, ma fille ? demanda Catherine, les lèvres pincées.

— Votre plus cher serviteur a rejoint, dès sa libération de la Bastille, ceux qui veulent vous abattre. Définitivement.

— Quoi !… Que dis-tu ? hurla Catherine d'une voix rauque.

— Après avoir rencontré Marie Stuart, que vous n'aimez pas et qui n'a guère d'affection pour vous, Giovanni Bosso est tombé dans le piège qu'elle lui avait tendu. Catholique, prétendant vouloir vous venir en aide, Marie Stuart a dirigé le Toscan, sans qu'il eût le moindre soupçon, vers John Knox, le plus intolérant des protestants… Un religieux qui ne rêve que de guerre, d'oppression sur les catholiques. Sa force de conviction fut telle que Giovanni, submergé par un fleuve d'accusations contre les délires de l'Église catholique, s'est converti à ses idées… afin de sauver nos âmes ! Il a déclaré aux juges de la Bastille qu'il suivrait désormais les préceptes de Calvin. Pour la reine d'Écosse, la religion importe peu, ce qu'elle veut, c'est vous abattre. Elle a bon espoir de voir aboutir un attentat huguenot contre vous.

Catherine, malgré sa puissance sur elle-même, ne put s'empêcher de tressaillir. Dans un soupir, elle demanda :

— Je vous sais gré de m'avoir rapporté tout cela… D'où le tenez-vous ?… Que s'est-il passé ?

— Il s'est passé, Madame ma mère, que le roi mon frère, dont l'esprit est, vous le savez, peu profond, clame partout qu'il souhaite protéger les huguenots français, après avoir entendu de la bouche de Bosso que se soumettre plus longtemps aux exigences de Rome rendait incertain l'avenir du royaume… Nous voici, hélas, dans un mauvais pas. Je crois que vous devez agir.

Pour Catherine, le risque d'être désavouée par Charles était important. Avant de prendre une décision, elle préférait réfléchir.

— Il n'est pas dans vos habitudes, Margot, de vous confier à moi… Seriez-vous soudain devenue bonne fille ? Je vous en félicite. Allez, racontez-moi tout !

Marguerite, blessée, crut néanmoins de son devoir de prévenir sa mère ; la menace d'un complot se précisait.

— Je vous respecte, ma mère. Croyez que ce n'est pas par soumission que j'ai voulu vous prévenir d'un danger, mais parce que, aussi éloignée de moi que vous vous montriez, je répugnerais à vous découvrir victime d'un coup de poignard ou d'un poison mortel. Je n'ai pour vous aucune tendresse, mais je suis de votre famille. C'est tout.

Catherine, désireuse de calmer son anxiété, s'abstint de répondre aux impertinences de sa fille.

— De qui tenez-vous vos certitudes ?

— Hier soir, reprit Marguerite, je n'étais pas chez moi ; le roi m'avait invitée à son petit souper. Il a pris plaisir à me raconter son entretien avec Bosso, venu jusqu'à Blois le remercier de l'avoir sorti de la Bastille.

Catherine avait compris au visage de sa fille que celle-ci avait encore quelque chose à ajouter.

— Et quand vous êtes rentrée chez vous ?… Seule, j'espère…

— Vous avez deviné, Madame… Je suis en effet rentrée seule, mais un homme m'attendait.

Catherine sursauta.

— Quel homme ?

Avec un aimable sourire, parce qu'il n'y avait là rien que de très normal, Marguerite répondit calmement :

— Giovanni Bosso.

— Giovanni Bosso ! s'exclama Catherine. Chez vous ? Sans mon consentement ?

Catherine, tremblante de colère, jeta sur sa fille un regard sans indulgence.

— Il souhaitait me parler, reprit Marguerite à peine embarrassée.

— Vous parler ?… À vous ? reprit Catherine, devinant que Giovanni avait dû apprendre par des indiscrétions le projet de mariage entre Margot et le huguenot navarrais. Et de quoi souhaitait-il vous entretenir ? demanda-t-elle, autoritaire.

— Cela, je ne peux vous le confier, répliqua Marguerite.

— Vous me connaissez ; mes exigences sont toujours suivies d'effets. La semaine ne s'achèvera pas sans qu'on l'ait retrouvé, arrêté, interrogé et une nouvelle fois enfermé à la Bastille. Je connais un homme qui n'éprouvera aucune difficulté à le faire parler. Vous savez qui…

Marguerite répondit d'un signe de tête négatif.

— Benigno Renacce, celui qu'on appelle le Muet et qui s'exprime comme vous et moi… Je l'ai envoyé comme émissaire auprès de Marie Stuart. Il n'hésite jamais à payer de sa personne. Que je le rappelle, Bosso sera perdu…

Catherine soupira, avant de poursuivre.

— Il m'a fait parvenir d'Écosse de précieux renseignements. Que John Knox vienne en France, il sera bien avisé de se faire accompagner d'une robuste escorte !… S'il veut semer le désordre dans le royaume, je l'en empêcherai… Voilà ! C'est tout ce que j'ai à vous dire.

— Madame, il arrive que des mots imprévus s'échappent d'une bouche amie.

— Oui, et alors ?… Que voulez-vous dire ?… demanda vivement Catherine.

Marguerite prit son temps avant de répondre. Que sa mère se sentît enfin mal à l'aise la réjouissait.

— Giovanni croit avoir découvert qui se cache derrière ce Triangle noir qui, vous le répétez assez, ne cesse de vous effrayer… Parce qu'il vous aime encore, Bosso m'a demandé de vous aviser… Ne vous enhardissez pas à le combattre… Je ne suis pas fâchée de vous avoir prévenue. Ne négligez rien pour votre sécurité.

Marguerite s'imposa une révérence et sortit en agitant la croix qu'elle portait au cou.

Catherine, intelligente, personne ne le contestait, en était certaine : un grave danger la menaçait. Une idée lui traversa l'esprit. À ses ennemis elle montrerait que rien ne l'effrayait. Elle rentrerait à Paris et donnerait au Louvre des fêtes plus fastueuses que celles offertes à ses obligés par son beau-père François Ier. Avant une semaine, la Cour aurait quitté Blois. Plus de trois mille personnes de tout rang rentreraient à Paris. Une journée de vive chevauchée suffirait.

Au roi qui s'étonna de cette subite détermination, elle dit sans plus d'explication :

— Charles, vos sujets aiment se distraire, mais dans ce château les complots les occupent plus que les plaisirs. Ne les privons pas, amusons-les ! Qu'ils se réjouissent entre eux !

Charles ne comprenait rien à cette soudaine décision de sa mère : sur les rives de Loire, rien ne manquait aux gens de bonne naissance, la chasse, les joutes, les bals où, derrière les masques, toutes les licences étaient permises. Les seigneurs les plus indociles n'avaient nulle envie d'une nouvelle guerre. Ceux qui parlaient de complot ne faisaient qu'attiser des rumeurs dont personne ne savait qui se plaisait à les répandre. Quant au peuple, il était toujours convié aux festivités. Lors des parades royales, le vin coulant généreusement des barriques lui donnait l'occasion d'une gaieté dont les mauvaises récoltes le privaient. On dansait, femmes et filles de laboureurs, pourtant bonnes catholiques, se montraient souvent aussi inconstantes que peu vertueuses.

Catherine ne participait jamais aux divertissements campagnards. Non seulement ce n'était pas dans son tempérament, elle n'avait jamais eu l'humeur joyeuse dans son enfance, mais depuis son veuvage, toujours vêtue de noir, toute réjouissance lui pesait. Les petites gens ne lui pardonnaient pas d'être née en Italie, terre lointaine où tant d'enfants de France avaient péri dans les conquêtes guerrières de François Ier.

Elle avait décidé de surprendre ses ennemis, même si le cœur n'y était pas, en leur montrant que, malgré ses deuils, elle savait encore faire la fête. François Ier avait le goût du faste, elle ferait mieux que lui. Ce serait sa force. Nouvelle mais efficace, elle n'en doutait pas.

Quand chacun eut trouvé sa place au Louvre, Catherine organisa sans tarder les premières festivités, ballets… festins… La richesse des costumes le disputait à l'extraordinaire beauté de nouvelles tapisseries d'Aubusson, les musiques ne cessaient jamais dans chaque salle du palais. Pas un recoin où ne brûlât une chandelle, remplacée sitôt mouchée ; il y en avait des dizaines de milliers au point de faire croire parfois que le Louvre s'enflammait.

Ces fêtes pour lesquelles elle veillait à tout, Catherine les imposait même à ceux qu'elle savait ses ennemis, comme aux souverains et ambassadeurs étrangers ; dans leurs rapports, ils vantaient malgré eux la majesté triomphante de la cour de France. Charles IX ne reconnaissait plus sa mère. Pour la première fois, elle réussissait à l'éblouir. L'héritière des banquiers florentins faisait enfin la gloire du royaume.

Plus souriante, Catherine semblait prendre plaisir aux réjouissances qui se succédaient. Elle y participait, mais surtout observait. Peu lui importait que les harengères des halles ne voient plus dans le Louvre qu'un lieu de débauche où tous les vices étaient autorisés, l'important était qu'on y rencontrât régulièrement Louis de Condé, le chef des protestants, et Théodore de Bèze, tous deux liés à Calvin. La huguenote Jeanne d'Albret, peu affectée par la mort deux ans auparavant d'Antoine de Condé, son époux, logeait au Louvre, n'éprouvant aucune gêne à clamer que ce n'était pas les hommes qui y couraient après les femmes, mais les femmes qui cherchaient à plaire aux hommes.

Catherine savourait son triomphe, elle l'espérait durable. Elle qui avait vécu dans les résidences de Loire, comme dans un couvent, avait acheté les plus élégants coursiers ottomans et s'en allait chevaucher dans la forêt de Marly, entourée de ses plus jolies demoiselles d'honneur. Chevaucher, c'était régner, ce qui faisait enrager la vieillissante Diane de Poitiers.

Personne ne se serait avisé de lui faire remarquer l'absence de son ancien confident Giovanni Bosso. On ne l'avait pas retrouvé ; c'était sa seule raison, affirmait-elle, d'avoir encore des moments de méchante humeur. Absent aussi Nostradamus : au prétexte d'une grave maladie, il avait refusé de quitter Salon.

Elle avait prié Charles de retrouver Bosso ; le roi ne semblait pas avoir ordonné les recherches avec un vif empressement. Quand elle l'interrogeait, il ne répondait pas. Elle ne voulait plus, elle ne pouvait plus attendre.

Si les festivités du Louvre divertissaient les Parisiens, elles étaient ignorées dans les provinces. Catherine en prit rapidement conscience. Dans les premiers jours de l'année 1564, elle convoqua son fils. À ce qu'elle venait de décider, il devrait se résigner.

De plus en plus soucieux de son autorité, Charles, sans la contredire, dut à regret entendre la décision de sa mère.

— Mon fils, lui déclara-t-elle d'un ton assuré, si on festoie au Louvre, dans le royaume la misère s'accroît et les querelles religieuses deviennent de plus en plus violentes. J'ai donc décidé de présenter la France à son roi et le roi à son peuple. Préparez-vous à parcourir le royaume. Pendant des mois… voire des années.

Charles feignit de ne pas s'opposer à ce voyage. Il le fit néanmoins remarquer à sa mère, les préparatifs d'un tel périple seraient longs.

— Nous quitterons Paris à une date que j'aurai moi-même fixée. Souvenez-vous, mon fils, que le gouvernement du royaume se trouve là où est le roi. Et vous ne le serez vraiment qu'après avoir été sacré à Reims ; vous n'avez été couronné qu'à Rouen… Votre cher grand-père régnait à Marseille, quand il m'a accueillie à la veille de me marier. Sans le coup qui a mortellement frappé votre père Henri, jamais vous n'occuperiez le trône… Ne l'oubliez pas ! Faites en sorte que je n'aie pas à me répéter.

Charles savait que rien ne pourrait détourner la volonté maternelle. Tout au plus, il hasarda :

— Quand partirons-nous ? Disposerons-nous d'une petite escorte ou souhaitez-vous un puissant équipage ?

Catherine avait tout prévu.

— Le roi, répliqua-t-elle, ne se déplace jamais sans la Cour. Le peuple a besoin d'être enthousiasmé… Vous y parviendrez en paraissant en grand apparat. Sans qu'il soit nécessaire qu'on vous voie en personne, il suffit qu'on soit assuré de votre présence… Dans les villages les plus isolés, comme dans les places les mieux fortifiées, seigneurs et serfs apprendront qu'il n'y a qu'un seul chef pour toutes les provinces… Vous !

— Par quel chemin partirons-nous ?

Catherine s'attendait à cette question.

— Les Parisiens n'ont plus besoin d'émerveillement, les fêtes que nous avons données les ont éblouis ; je crains qu'ils se montrent trop turbulents. J'ai donc choisi Fontainebleau… En souvenir de François Ier, ajouta-t-elle dans un soupir.

Charles n'en doutait pas, sa mère avait déjà prévu la date du départ ; il insista.

— Sans cesser de nous activer, nous partirons en hiver… Est-ce sage ? Est-ce vraiment nécessaire ?

Catherine n'entendait pas se laisser imposer sa conduite. Après avoir présenté sa décision sur un ton modéré, sa voix devint plus sévère.

— En effet, nous quitterons Paris en hiver… Oui, c'est la mauvaise saison, les chemins sont creusés, parfois inondés. Le passage d'un long cortège ne facilitera pas le déplacement. Nous prendrons tout notre temps, rien ne nous presse, et cela montrera aux seigneurs qu'il est parfois plus malaisé de traverser les campagnes que de se battre dans un tournoi. Pour nos sujets, nous serons un modèle… Ils nous respecteront plus qu'aujourd'hui.

Catherine ajouta :

— Charles, vous êtes le roi… Ne tardez pas à comprendre qu'il est dans votre rôle de séduire ! Même si vous ne croyez pas toujours à la vérité des paroles que vous prononcez, des engagements que vous prenez… Séduisez ! Vous serez écouté. Vous n'en serez que plus à l'aise pour condamner… Grands personnages et modestes bûcherons, tous prendront votre parti. Personne ne vous suspectera d'accorder votre préférence à celui-ci ou celui-là.

Charles IX ne pouvait être qu'admiratif devant pareille intelligence politique ; il reconnut aisément dans les propos de sa mère les idées du Florentin Machiavel, un de ses auteurs préférés.

Avant de prendre congé, Catherine dit encore :

— Si nous voulons enchanter nos gens, qu'il y ait des centaines de carrosses, des milliers de cavaliers… que les foules passent des heures sous le soleil, la pluie ou la neige pour nous apercevoir quelques instants !… Mais prenons garde, pour montrer notre puissance, à ne pas étaler nos bouches à feu ; nul besoin qu'il y ait dans le cortège trop de lansquenets : les querelleurs pris de boisson sont imprévisibles, toute effusion de sang nuirait à ce voyage. Il doit imposer aux Français la légitimité des Valois. Pour des siècles ! Vous savez maintenant, Charles, ce que j'attends de vous… Ne trahissez pas ma confiance ! Montrez-vous digne de votre couronne. Sans oublier que les affaires des princes ne sont pas celles de leurs sujets.

Catherine n'avait jamais connu pareille satisfaction. En parcourant la France, elle éviterait peut-être la guerre religieuse ; elle prouverait surtout qu'une banquière florentine pouvait dominer le plus puissant des royaumes chrétiens. Cela déplairait au pape Pie IV, elle s'en réjouissait d'avance. Depuis la mort d'Henri, jamais elle n'avait été aussi gaie. Aussi libérée de ses soucis. Elle n'en doutait pas : durant ce long voyage, le Triangle noir ne pourrait éviter de se dévoiler. Le châtiment suivrait.

MDE
NOSTRE
DAME

10

Charles IX, rentré dans ses appartements, fit appeler Coligny. Il voulait sans tarder lui annoncer les projets de la reine. Serait-il l'unique responsable de l'organisation du voyage ? Catherine n'avait guère été précise sur ce sujet. Le jeune monarque n'avait qu'une certitude : il connaissait assez le tempérament de sa mère pour ne pas en douter ; la randonnée ne devait rien au hasard. Catherine, à laquelle il regrettait parfois d'avoir abandonné le pouvoir, agissait toujours par calcul. Elle ne se préparait pas à supporter de pesantes fatigues sans que derrière la bravoure se dissimulât de peu louables intentions. Lesquelles ? Il les ignorait. Il y aurait certainement dans le cortège des espions ; il s'efforcerait de les faire parler. Une certitude : le périple devrait être une excellente occasion de chasser les huguenots. À cela, Charles se refusait. Avec Coligny, il voulait s'employer à ce que les protestants ne fussent pas les victimes. Pour leur éviter humiliations et condamnations, il n'y avait pas de temps à perdre. Dans l'esprit du roi, tout doute avait disparu : on ne l'utiliserait pas pour abattre les huguenots que Catherine affirmait vouloir protéger. Il ne tomberait pas dans le piège qu'elle lui tendait. Malgré son jeune âge, il se sentait assez fort pour l'affronter. Sans crainte. Il ne laisserait pas sa mère faire de ce voyage une mascarade.

Coligny croyait avoir gagné la partie, Charles IX l'avait assuré que jamais l'armée royale n'attaquerait une place tenue par les protestants. Il songeait même à se rendre à Florence, afin d'y rencontrer ses amis du Triangle noir. Il était plus sage, selon lui, de traiter directement avec Cosme de Médicis du sort réservé aux réformés toscans. Ceux ayant affirmé partager les idées de Luther et de Calvin – quelques dizaines avaient eu ce courage – ne disposaient pas des libertés accordées aux autres citoyens de la République. Le retour des Médicis, rappelés d'exil pour gouverner la Toscane, n'avait guère modifié leur condition. Coligny espérait obtenir, avec l'appui de Charles, un Médicis par le sang, que le grand-duc graciât les réformés condamnés pour fait de religion, et que leur fussent restitués les biens dont on les avait privés. Coligny, quoiqu'il n'en eût pas reçu la mission, s'efforcerait d'augmenter les échanges commerciaux entre Florence et la France. Il n'y avait pas meilleur remède pour apaiser les querelles entre États ; ils adouciraient les mœurs. Déclarations plutôt surprenantes dans la bouche de l'amiral commandant la marine royale, mais il répétait sans se lasser qu'après le combat, aussi rude fût-il, on en venait nécessairement aux négociations. Pourquoi se battre puisqu'on était contraint de signer la paix ?

Sans crainte, il se rendit au Louvre. Charles, impatient, le reçut dans une petite salle discrète, sans apparat, d'où on apercevait la Seine ; des embarcations de toutes tailles y naviguaient avec difficulté tant elles étaient nombreuses.

Charles attendit que Coligny fût assis pour lui confier avec beaucoup d'humilité :

— Je crains que nous ayons été trahis…

Brièvement, pâlissant un peu plus à chaque phrase, il lui rapporta les intentions de sa mère et ses propres inquiétudes quant à l'avenir des huguenots.

Songeur, mais pas vraiment surpris, Coligny écoutait.

— Si la reine exige ce voyage, je ne vois pas comment refuser, dit-il.

Il n'eut pas le loisir d'entendre la réponse de Charles, un bruit venant du fenestron ouvert sur la Seine les fit tressaillir. Le roi eut le temps de se jeter à terre et Coligny de se protéger derrière le haut d'un fauteuil.

En se relevant, ni le roi ni l'amiral ne montrèrent le moindre effroi. La dignité leur interdisait à l'un et à l'autre la moindre peur. Le regard attiré par une pierre de la grosseur d'un œuf de poule, gisant sur le tapis, ils demeurèrent silencieux.

— Quel est l'insolent ? s'écria le roi, en s'élançant vers le fenestron, se protégeant le visage d'une main gantée de soie blanche.

Coligny demeura impassible, se contentant de faire remarquer calmement :

— Voyez, il me semble qu'à cette pierre est fixé un feuillet…

— En effet… En effet… lâcha le roi.

Il se baissa pour ramasser la pierre et le message liés par un petit ruban noir.

Face à Coligny, toujours muet, Charles déroula une mince feuille serrée comme un parchemin. Inquiet, il ne découvrit rien d'autre qu'un dessin représentant un triangle noir. Avec, à chaque extrémité, une boule semblable à celles des armoiries des Médicis.

Charles tendit le feuillet à Coligny à peine surpris.

— Comment a-t-on appris que je vous recevrais ici ? Je n'ai dit à personne où je me trouvais dans le Louvre… Quant au Triangle noir, pas plus que moi vous n'ignorez ses intentions. Ses membres montrent assez clairement leur compagnonnage, cousu sur leur pourpoint. Je ne pourrai pas toujours les protéger… Je saurai répondre à leurs tromperies. Ces boules ne seraient-elles pas la marque de Florence ?

À cet instant, Coligny regretta d'avoir informé Giovanni que le roi l'attendait au Louvre, dans la petite salle bleue, la seule où toute solennité était absente.

Coligny fit mine d'ignorer la menace contre le roi, que Giovanni venait d'agiter. Il essaierait plus tard de lui faire comprendre que tout geste téméraire pouvait les perdre.

Pour l'heure, Coligny rassura le souverain. N'était-ce pas une initiative heureuse que de parcourir le royaume afin que chacun pût apprécier le caractère sacré de la Couronne ? Charles ne semblait guère apprécier la confiance de l'amiral; celui-ci devait trouver d'autres arguments pour le convaincre des bénéfices qu'il tirerait de ce voyage inattendu.

— Vous connaissez les ors des palais, vous courez le gibier dans les forêts… De votre carrosse vous apercevez quelques champs, de temps à autre une chaumière… Vous traversez des villes sans jamais vous attarder… Est-ce suffisant pour apprécier la beauté de votre royaume et comprendre ses habitants ?

Charles répliqua qu'il lisait avec attention les rapports qu'il recevait régulièrement des gouverneurs des provinces et des scribes des parlements.

— Ceux-ci, reprit Coligny, ne cherchent qu'à vous plaire. Ils vous flattent parce qu'ils ont besoin de vous. Votre royaume ne se réduit pas aux feuillets découverts sur votre table de travail et soigneusement choisis par votre mère qui, plus que vous, exerce le pouvoir.

Charles écoutait avec attention. Ce que disait Coligny était sage. À l'intérêt s'ajouta vite l'émotion. Il était sûr que, malgré sa santé fragile, ce long voyage lui serait utile. Il veillerait à ce que les huguenots n'eussent pas à en souffrir.

Coligny prenait plaisir à persévérer dans son exercice de persuasion.

— De Paris à la Loire, que connaissez-vous de votre royaume ? Rien ! Vous n'avez pas encore vu la magnificence de la cathédrale de Reims où, comme vos prédécesseurs, vous serez sacré. Enfin ! Jamais à ce jour vous n'avez ressenti ce que peut être l'humilité au bas d'une montagne couverte de neige, ou face à l'immensité d'une mer aux mouvements toujours renouvelés par la volonté divine. Vous aimez chevaucher sur les rives de Loire et de cette salle suivre les flots paisibles de la Seine, mais le Rhône et la Garonne qu'il est si malaisé d'arracher aux Anglais, n'avez-vous pas envie de les découvrir ?

Charles demeurait muet. Jamais personne ne lui avait parlé ainsi. Il appréciait que, négligeant les flatteries badines ou hautaines, quelqu'un s'exprimât avec sincérité. Sans crainte. Un langage si nouveau pour lui. Entouré de courtisans n'ayant d'autre but que d'améliorer leur condition, l'idée ne lui était jamais venue, peut-être parce que Catherine le lui interdisait, de se mêler au peuple. Après avoir écouté l'amiral, la crainte qu'il éprouvait de ce voyage se transforma vite en curiosité.

— Vous avez raison, Coligny. La France s'agite sous mes yeux, je ne la vois pas vivre. Les seigneurs ne me parlent des gens de leur domaine que pour relever l'importance des bénéfices qu'ils en tirent. Des habits, des coutumes, des langages, de la misère, des disettes dans les campagnes, mais aussi des fêtes villageoises, sans doute différentes de celles de la Cour, j'ignore tout. Je peux les enrichir ou les ruiner, je dois sans doute les effrayer… Les Français me sont fidèles, je n'ai jamais cherché à comprendre pourquoi…

Coligny l'interrompit assez sèchement.

— La peur, Sire ! La peur n'impose pas la fidélité, mais la soumission.

L'amiral voulut pousser son avantage.

— Votre troupe fera-t-elle halte à Sens ?… Moins de trente lieues de Paris.

Charles d'un mouvement de tête lui fit comprendre qu'il l'ignorait.

— Faites en sorte de vous y arrêter ! Les notables diront leur compliment, vous recevrez certainement un cadeau… Ils auront sacrifié une part de leurs richesses pour que vous leur accordiez quelques moments de gloire. Passagère.

— Pourquoi Sens ? s'étonna Charles.

— Parce qu'il y a moins d'un an des centaines de protestants y ont été massacrés. Pendaisons… décapitations… rien n'a manqué…

— Et vous voulez que je visite cette ville ? reprit Charles, effrayé. Je n'ai aucune inclination pour aller à la rencontre d'émeutiers.

— Soyez sans crainte ! lui répondit calmement Coligny. J'ai assez de pouvoir sur les huguenots pour que tout se passe sans heurts et dans l'enthousiasme.

J'y veillerai personnellement, je serai présent. J'insiste, cette halte affirmera à qui souhaite une guerre religieuse votre volonté de protéger les chrétiens qui ne croient plus en l'Église romaine. Le bon peuple vous en sera reconnaissant. Il vous est soumis, il apprendra à vous aimer.

— Je vous entends, Coligny. Je m'engage à vous suivre, afin de vous montrer qu'il n'y a pas de place dans le royaume pour les complots et les querelles sans objet. Chacun devra prendre conscience de mon autorité et m'obéir… m'aimer, comme vous le souhaitez… La position de roi n'est pas toujours confortable.

Charles hésita, avant d'ajouter :

— Oui, je souhaite amour et respect, y compris chez ceux qui, en Italie comme en France, veulent nous épouvanter.

D'un geste, Charles attira le regard de Coligny sur le feuillet que l'amiral avait abandonné sur le sol.

Coligny paraissait tendu ; Charles voulut l'apaiser.

— Faites en sorte que vos amis du Triangle noir – car ils sont vos amis, n'est-ce pas ? – ne m'envoient pas trop de coffrets garnis de pierres. Un jet mal ajusté, je pourrais en mourir. Je suis peu soucieux de rencontrer Dieu avant que d'avoir rempli mes devoirs de roi.

Coligny, un moment triomphant, répondit d'une voix faible, en tremblant.

— Il sera fait comme vous le souhaitez. Ce n'est pas Catherine, mais vous, le maître de la France. Accordez aux huguenots ce que la reine leur refuse !

Craignant d'avoir été trop libre dans son propos, soudainement pris de peur face à ce jeune souverain déterminé, l'amiral vit se dessiner la silhouette lugubre du gibet de Montfaucon. Sur ordre de Philippe le Bel,

Enguerrand de Marigny, son conseiller préféré, y avait été le premier pendu. Coligny, malgré la confiance que semblait lui témoigner Charles IX, n'éprouvait aucune envie d'ajouter son nom à une liste déjà longue. La figure du monarque disparut ; dans un miroir, il se vit le corps mutilé, dévoré par les corbeaux. Dans un souffle, il parvint à dire :

— Je l'assure à Votre Majesté : ce serait folie que de s'opposer à elle.

— Si vous avez quelque affection pour moi, agissez afin que ma mère soit aussi épargnée… Elle m'irrite souvent, mais elle m'a donné la vie.

Sans un mot, Coligny, le visage grave, silencieux, terrifié, fit chapeau bas et se retira.

MDE
NOSTRE
DAME

11

Charles IX s'était résigné à ce que Catherine fixât elle-même non seulement les villes et villages traversés par l'imposant cortège, mais à ce qu'elle établît aussi la liste de celles et ceux invités à participer, de bon ou de mauvais gré, au voyage. Le Conseil royal, ainsi en avait-elle décidé, se tiendrait là où elle l'ordonnerait. N'écoutant jamais ses conseillers, pas même le loyal et fidèle Michel de L'Hospital, elle ne fixait ses choix qu'après avoir consulté l'indispensable Nostradamus.

Il lui assurait par missive, après lecture des astres, le jour où les plus importantes résolutions pour l'avenir du royaume devaient être prises. Le prophète imposait aussi aisément le départ des navires vers des terres inconnues que la signature d'un accord de paix. Le véritable maître du royaume, c'était lui. Il le savait et entendait qu'on l'écoutât sans le brocarder. À toute interrogation de la reine mère, il se hâtait de répondre. Ainsi, avait-il approuvé la perspective d'une longue pérégrination, invitant néanmoins Catherine à sceller en hâte, avant son départ, une alliance avec Élisabeth d'Angleterre, quoiqu'elle ne fût pas catholique.

Il avait suggéré que les signatures fussent échangées dans la ville de Troyes, à midi sonnant, la veille de Pâques. Ce jour précis, après le vendredi saint, dans cette cité précise, la situation astrale serait exceptionnelle. N'ayant rien à refuser à son astrologue, Catherine avait accepté.

Ce choix lui avait pourtant déplu. Italienne de naissance, elle avait appris à connaître le passé de la France mieux que celui de Florence. Elle savait qu'au terme d'un conflit ayant duré presque un siècle, un traité avait déjà été scellé à Troyes ; honteux puisque faisant du roi d'Angleterre le véritable roi de France.

Nostradamus avait néanmoins invité Catherine à faire sortir de la Bastille, où il avait été enfermé pour espionnage, après l'assaut donné au port du Havre, Throckmorton, ancien ambassadeur d'Élisabeth à la cour de France. Catherine avait obéi, mais pour la première fois s'était interrogée : pour quelle raison Nostradamus, qui ne cessait de défendre avec ardeur la foi catholique, l'incitait-il à s'accorder avec la reine d'Angleterre qui avait rompu tout lien avec Rome et le pape, plutôt qu'avec Marie Stuart, fille de France et fervente catholique ? Interrogé, le prophète de Salon avait répondu voir l'avenir de Marie Stuart plus incertain que celui d'Élisabeth.

Catherine avait donc signé avec Throckmorton avant d'aller dévotement prier pour Pâques en la cathédrale de Troyes. L'accueil avait été joyeux dans la ville ornée d'arcs de triomphe, de colonnes à la mode antique sur lesquelles étaient inscrites des devises flatteuses pour la Couronne. Le poète Pierre de Ronsard qui participait aux festivités avait composé un sonnet spécialement pour ces fêtes pascales.

Coligny avait assisté à la messe, il s'était abstenu d'en pratiquer les rites.

Catherine aurait été tout à fait satisfaite si, pendant ce séjour à Troyes, Charles IX n'avait cessé de bouder.

Après le souper pascal, quoique l'heure fût tardive, elle avait convié son fils, ainsi que d'autres dignitaires, dans les appartements du vaste château des comtes de Champagne. De nombreux courtisans l'occupaient sans que le seigneur des lieux eût été sollicité pour les accueillir.

— Puis-je savoir les raisons de ce visage maussade ? lui demanda-t-elle sur un ton qu'elle aurait voulu maternel, qui n'était qu'autoritaire. Le peuple l'a certainement remarqué.

Toute tendresse était pour la reine mère un aveu de faiblesse.

Charles expliqua qu'il déplorait l'accord avec Élisabeth d'Angleterre. Demeuré chaste à seize ans, il n'aurait jamais d'autre passion amoureuse que sa belle-sœur Marie Stuart.

Catherine s'attendait à tout, sauf à cette déclaration. Il n'était évidemment pas question que Charles épousât Marie. Elle estimait nécessaire qu'il troussât des jupons avait de songer à se marier. Elle déciderait de la personne et du lieu en temps utile.

La reine mère ne s'était jamais intéressée aux amours juvéniles de son fils, elle le regrettait. Elle devait réagir sans tarder. Pour cela, elle songea à utiliser les huguenots, nombreux à Troyes, mais qui s'étaient abstenus de se mêler aux réjouissances. Elle décida, avec sa coutumière vivacité d'esprit, que les protestants, plutôt que d'être arrêtés et torturés, survivraient, mais contribueraient à éveiller les sens du roi avant qu'il ne quittât la ville. Au terme d'une journée de chasse dans les forêts des bords de Seine, elle inviterait à souper dans un petit pavillon quelques jeunes demoiselles acquises aux idées de la Réforme. Leurs ruades amoureuses ne pourraient qu'être utiles au royaume.

Auprès du bailli de Troyes, surpris d'une telle requête, Catherine insista : les donzelles devaient être de religion protestante et de condition modeste. Ce que la reine exigeait, le bailli Anselme Drevet, bourgeois haut de taille, visage d'honnête homme, amateur des vins de Champagne, put sans difficulté l'obtenir, bien qu'un tel rassemblement, dont il ignorait le but, ne fût pas de son goût. Il craignait que les catholiques n'apprécient guère ; ce genre de divertissement pouvait rompre l'unité du pays.

Anselme Drevet, contre ses sentiments personnels, fixa son choix sur quelques huguenotes ayant une bonne pratique de la pêche. Excellent prétexte pour satisfaire le souhait de Catherine de les voir partager son souper.

Quand, avec une douzaine de filles protestantes, il arriva dans un chariot à la résidence, ce ne fut pas Catherine mais Charles qui, sur le seuil, les attendait, entouré de quelques courtisans chasseurs.

Sous les yeux effarés du bailli, Charles s'écria :

— Nous allons voir si elles sont aussi belles dessous que dessus !

Drevet, qui avait des usages, supplia le roi de n'en rien faire. Un chasseur eut vite fait de bousculer le malheureux bailli dans le chariot. Peiné, mais désireux de ne point trop se mêler de cette affaire, il fouetta les deux chevaux et reprit en hâte le chemin de Troyes.

Sur un signe de Charles, tous enlacèrent sans civilité les jeunes filles et les troussèrent. Charles le premier. Ses amis n'avaient-ils pas glissé dans un gobelet d'argent une poudre qui aurait donné de l'ardeur au vieillard le plus épuisé ? Il déshabilla entièrement une jolie huguenote et se précipita sur elle. Après de fougueuses embrassades, il sut se montrer ardent. La belle ne paraissait pas épouvantée. N'était-ce pas un honneur que d'être ainsi honorée par le roi ?

Du premier étage, Catherine observait la scène. Enfin, son fils n'était plus puceau. Après cette cérémonie, elle devait se hâter de le marier.

Cet outrage collectif ne fut pas du goût des calvinistes : ils n'en détestèrent que davantage les catholiques troyens. Coligny redouta que cet acte extravagant, s'il était connu, servît de prétexte à de nouveaux troubles dans le royaume. Il ne s'en ouvrit pas à Charles, décidé après cette expérience coquine et agréable à se glisser plus souvent dans le lit de jeunes et plaisantes personnes. Qu'elles fussent catholiques ou protestantes importait peu. Il espérait que la chance lui sourirait de nouveau, ignorant que tout avait débuté par un stratagème de sa Florentine de mère. Se mettre au lit avec une courtisane ne l'effrayait plus. L'idée d'user de sa virilité agitait de plus en plus souvent son cerveau.

Catherine avait compris. Charles s'intéressait aux femmes, elle devait sans tarder lui trouver une excellente épouse. Que Marguerite se mariât avec le Navarrais, un huguenot, et Charles avec une pieuse chrétienne, la paix religieuse serait définitivement assurée. Elle ne devrait pas rencontrer trop de difficultés à y parvenir ; le peuple se réjouirait.

Hélas, les mères les plus attentives ne peuvent tout prévoir. Quelques jours avant de quitter Troyes pour Bar-le-Duc, où elle accueillerait sans déplaisir son gendre, le duc de Lorraine, Catherine eut la surprise de voir surgir Charles, à l'issue d'une dernière partie de chasse, les bottes crottées, le pourpoint couvert de poussière, la mine réjouie. Il voulait que sa mère fût la première à partager son bonheur. Sans même songer à la révérence d'usage, il s'écria :

— Madame ma mère, je suis épris… Épris comme jamais je ne le fus et jamais ne le serai…

Catherine ne répondit pas. Feignant l'étonnement, elle agita devant son visage un éventail espagnol. Surpris de son silence, Charles répéta plus bruyamment encore :

— Je suis épris, Madame… Épris de Marie… Vous la connaissez… Marie Touchet, la fille de Jean Touchet, votre lieutenant particulier du baillage d'Orléans. Elle pourrait n'être que jolie, elle est aussi spirituelle, bien en chair et très enjouée.

Catherine écoutait, muette. Rien ne semblait pouvoir arrêter le roi dans son enthousiasme.

— Elle a le visage rond, les yeux vifs et bien fendus, le front plus petit que grand, le nez de justes proportions, le bas du visage admirable, une gorge capable de damner le plus sage des ecclésiastiques.

Catherine consentit enfin à sourire.

— Votre joie me plaît, mon fils… Marie Touchet est fort belle mais, à ce que je sais, déjà engagée avec Montluc, le frère de l'évêque de Valence… Vous l'a-t-elle avoué ? C'est un bouillant personnage. Ne vous enthousiasmez pas trop vite !

— Je n'ai que faire, Madame, des penchants de Marie pour Montluc… Vous êtes ma mère, mais je suis le roi… J'entends que chacun dans le royaume se plie à ma volonté. Il m'arrive de regretter les pouvoirs que je vous ai abandonnés. Toute votre autorité, vous m'en êtes redevable. Une autorité dont les huguenots sont trop souvent victimes. Soyez plus modérée avec eux… J'évite de vous humilier, il m'arrive de penser que vous abusez de ma patience… Ce n'est pas vous, ajouta-t-il en trépignant, qui parviendrez à me détourner de Marie Touchet.

Catherine hésita. Insultée par son fils, devait-elle répliquer ? Elle s'abstint, non parce que le roi était le roi de tous les Français, sans qu'il eût à distinguer leur religion, mais parce que c'était elle qui avait imposé à la peu vertueuse Marie Touchet de séduire Charles. Comment imaginer qu'il pût à ce point s'éprendre d'une créature dont la Cour se distrayait à compter les amants ? Parce que c'était dans son tempérament, Catherine ne tarda pas à trouver une solution à une subite passion qu'elle n'avait pas prévue.

— Jamais, mon fils, je ne vous ai surpris dans un tel élan de tendresse. J'ai toujours souhaité que vous preniez goût aux femmes… Montluc, dont Marie est la maîtresse régulière, est très lié à Coligny… Cocufier un huguenot me satisfait plus que vous. Avec l'âge, mon cœur s'est empli d'une sagesse dont vous ne disposez pas encore. Je vous crois encore trop jeune pour démêler les intrigues du pouvoir. Votre attrait pour Marie Touchet est vif, il ne me surprend pas. Croyez-moi, je préfère un huguenot cocu plutôt que pendu. Alors, n'hésitez pas, même si Marie est flamande par sa mère et si je n'aime guère les Espagnols ; c'est sans importance. La rumeur de la Cour prétend Marie experte aux jeux de Vénus, usez-en, mais…

— Mais ?… sursauta Charles.

— Évitez-moi des réflexions désagréables. Vous êtes le roi, je ne le discute pas ; à ce rôle, je crois vous avoir convenablement préparé. Tant que je vivrai, j'entends garder l'amour de mes enfants et le respect des sujets du royaume, riches ou pauvres. Je ne ferai donc rien qui puisse vous déplaire.

Charles écoutait calmement sa mère ; il la croyait sincère. Il se préparait à se retirer, Catherine le retint.

— Ne l'oubliez jamais, Charles ! Je veux votre bonheur… C'est moi qui ai demandé à Marie de vous séduire. Reconnaissez que le choix était heureux. Vous voyez, je ne néglige rien pour vous contenter… Je joue peut-être un jeu dangereux…

Charles, se sentant victime d'une odieuse intrigue, se contint néanmoins. S'il ne voulait pas perdre Marie, il devait entendre sa mère.

— Afin de vous être agréable, mon fils, j'ai parlé avec La Tour, maître de votre garde-robe. Je pense qu'il n'éprouvera aucune peine à négocier avec Marie Touchet sa présence dans votre chambre dès ce soir. Que cette nuit vous satisfasse ! J'agirai, afin que sans en être fâché Montluc accepte sa condition de cocu. Comme de nombreux huguenots, c'est un homme sombre et rude. J'en fais mon affaire, mais ne cherchez pas trop à discuter ma politique. Vous ne serez vraiment le roi qu'après votre sacre à Reims… J'entends jusque-là régner seule… Dans l'intérêt du royaume. Je vous sais capable de commander, mais vous êtes encore jeune. Prenez du bon temps ! ajouta-t-elle en hochant la tête. Passez vos journées et vos nuits dans le lit de Marie Touchet ! J'en serai réjouie.

Flattée que Charles ne se comportât pas en adolescent maladroit, Marie Touchet entreprit de l'influencer. Ayant vite compris qu'il n'avait aucune animosité contre les huguenots, elle l'incita à œuvrer pour une paix générale entre catholiques et protestants.

Alors qu'elle apparaissait désormais chaque jour en compagnie de Charles, elle demeura l'amante de Montluc. Celui-ci ne montrait aucun signe de jalousie. Seule Catherine ne cachait plus sa mauvaise humeur. Hostile et inquiète, elle l'était depuis le jour où elle avait surpris dans les jardins du comte de Champagne Marie et Charles conversant avec Coligny, assis sur un banc de pierre, sous un vieux chêne. L'amiral, qu'elle n'avait pas souhaité du voyage, s'exprimait avec agitation. Personne ne l'ayant vue, Catherine s'était empressée de retourner au château. Faire preuve de tolérance avec les huguenots ne signifiait pas leur accorder trop d'importance. Coligny était rusé, Catherine se méfiait de lui plus que d'autres ; elle ne se laisserait pas duper et n'aurait que faire de ses sourires et de ses bonnes paroles.

Elle tremblait d'effroi à l'idée que Charles, séduit, se convertît à la religion de Calvin. Cela plairait peut-être à Élisabeth d'Angleterre, mais, elle le jurait, jamais la couronne de France ne trahirait l'Église romaine. Elle devait réagir. Vite. En commençant par éloigner l'Orléanaise, puis en mariant Charles avec qui voudrait de lui. Élisabeth, fille de l'empereur d'Autriche, âgée de quinze ans, était libre. Qu'elle fût assez disgracieuse et ne parlât pas un mot du langage français étaient sans importance.

On devait entamer les discussions sans tarder. Cela éviterait à la France une guerre préparée dans les alcôves des courtisans avides de combats autant que de galanteries.

Le lendemain, à l'aube, on entendit les trompettes royales retentir dans Troyes. Marie, allongée au côté de Charles, prit peur. Par un sentiment très commun aux femmes, elle craignit un événement grave. Quelques instants plus tard, elle apprit par la servante qui la baignait et la vêtait qu'avant le crépuscule l'imposant cortège royal prendrait le chemin d'Amboise. Pour faire la connaissance à Bar-le-Duc du premier petit-fils de Catherine, né de sa deuxième fille Claude et du duc de Lorraine. La Cour attendrait.

Quand Catherine donnait un ordre, on l'exécutait. Tout retard pouvait coûter sa tête au fautif. Déplaire à Catherine, c'était courir le risque de mourir en place de Grève.

Le soleil brillait encore sur Troyes quand, le peuple ayant été prié de ne pas quitter les demeures, afin de ne pas troubler le passage des cavaliers dans les rues étroites, le cortège se mit en chemin. On croyait qu'il irait vers Bar-le-Duc ; il s'engagea en direction d'Orléans. À la surprise de tous.

En quelques heures, Condé, lieutenant général du royaume et prince du sang, avait tout organisé. Habitué à la procession de la Cour, il savait où chacun devait prendre place pour grimper les collines ou suivre les rivières menant à la Loire. Huit mille chevaux… des dizaines de nobles plus ou moins titrés dans des carrosses modestes ou richement parés… demoiselles d'honneur, gardes suisses et gardes écossais dans des chariots… palefreniers, fauconniers et piqueurs dans d'autres équipages, avec la vaisselle d'or et d'argent… Condé avait réussi à ce qu'il n'y eût aucun désordre dans un cortège de près d'une lieue. Catherine, le roi Charles, sa sœur Marguerite, son frère Henri d'Anjou partageaient une longue litière tirée par six chevaux et, avec leurs Maisons, s'installaient dans les castels, contraignant les seigneurs à les recevoir sans réclamer le moindre sol. Nicolas Louvaud, le grand prévôt, afin de loger l'escorte, avait vidé les chaumières de leurs habitants. Devant ceux qui refusaient ou maugréaient, il suffisait de brandir une épée, ils se hâtaient de quitter les lieux.

Quant à Coligny, il avait disparu.

Après trois journées, la procession atteignit les murs d'Amboise ; les uns et les autres, habitués à changer souvent de résidence, retrouvèrent vite leurs appartements et leurs occupations.

À voix basse, valets et courtisans, cuisiniers et lansquenets s'interrogeaient : le roi Charles et sa mère Catherine demeuraient invisibles. La rumeur ne tarda pas à courir de salle en salle : malgré le vilain temps, la reine et son fils auraient quitté Amboise pour Mézières, paisible forteresse dans l'immense forêt ardennaise.

Catherine se souvenait d'y avoir couru le sanglier en compagnie de son beau-père François. Un bûcheron vivant seul dans une clairière lui avait, sans doute pour l'effrayer, raconté qu'au cœur de la forêt, un preux chevalier ardennais, monté sur un bouillant palefroi, aurait occis un monstrueux animal semant la terreur chez les chasseurs. Catherine, terrorisée, avait pleuré ; son beau-père l'avait rassurée, lui disant dans un sourire qu'une princesse devait en toutes circonstances savoir cacher ses larmes.

Les négociations avaient été tenues secrètes. En échange de son silence, Coligny, chef des protestants, chargé de l'affaire, avait été admis au Conseil privé du roi, avec pour cadeau de bienvenue un don de cent cinquante mille livres et une abbaye d'un revenu annuel de vingt mille livres. Les catholiques, excités par les Guise, enrageaient. Coligny se réjouissait : pendant que la Cour cheminait vers la Loire, il avait réussi à convaincre l'empereur d'Autriche de marier sa fille Élisabeth à Charles IX. Une entreprise difficile à mener. Pour la première fois, Nostradamus n'avait pas été consulté. Charles n'avait appris son prochain mariage qu'à la veille du départ pour Mézières. Assurer la succession dynastique ne lui imposait pas d'abandonner Marie.

La nouvelle des prochaines épousailles de Charles avait surtout satisfait ceux qui, pauvres ou riches, supportaient difficilement l'idée de se déplacer pendant des mois, voire des années, sur les mauvais chemins du royaume. Impatiente de le voir échapper à l'influence passionnée de Marie, Catherine s'était peut-être réjouie trop hâtivement de marier son fils.

À la halte de Beauvais, où elle avait fait dire une messe en l'honneur de son fils, un homme, vêtu du pourpoint vert des seigneurs allemands au service de l'empereur, se présenta ; il lui tendit un billet.

— Mon nom est Heiler. Voici le message. Mon maître l'empereur l'a rédigé de sa main.

Heiler s'exprimait sans le moindre accent germain, avec une grande déférence. Il ne montrait aucune trace de fatigue après ce qui avait dû être un long et pénible voyage. Catherine eut vite lu la missive, l'empereur n'avait écrit que cinq mots. Ils la firent blêmir de rage, sous les yeux du roi et de ses quelques compagnons intrigués.

— Il n'y a ni signature ni sceau ! lâcha sèchement la reine.

Heiler répondit en souriant :

— Non, Madame, cinq mots seulement !... Cinq mots suffisent pour exprimer la volonté impériale. Il y a des promesses qu'on ne peut pas toujours tenir... Il en va souvent ainsi de la nature humaine. Dieu seul nous dicte notre conduite.

— Cela suffit, monsieur, répliqua Catherine... Je compterai jusqu'à vingt... Si vous n'avez pas disparu, je vous ferai arrêter par mes gens et sans jugement remettre au bourreau de la ville. Cinq mots suffiront pour informer l'empereur que vous avez été pendu.

Au ton de la reine, chacun l'avait compris, l'affaire était sérieuse. Charles s'approcha de sa mère.

— N'ayant pas, Madame, comme votre cher Nostradamus, le don de la divination, je suis impatient de savoir ce qui vous met dans une si rude colère.

Catherine n'apprécia guère le ton narquois, presque joyeux du roi ; d'un geste brutal, elle lui tendit le feuillet.

— Eh bien, lisez ! À moins d'avoir les yeux couverts d'un bandeau, vous comprendrez sans peine que c'est là un coup des huguenots… Jamais je n'aurais dû confier cette négociation à Coligny… C'est un traître ! J'aurais dû prévoir pareille ingratitude. Cela n'apaise en rien mes inquiétudes.

Charles lut le billet. Il ne contenait, en effet, que cinq mots. En français. Tracés d'une écriture ferme, volontaire : « Mariage remis à plus tard. »

Sans le moindre regret, sans la moindre explication. Aucune formule de courtoisie selon l'usage entre souverains. Impossible de deviner la pensée de Charles, après la lecture ; son visage demeurait impassible.

— Alors ? lui lança la reine.

— Ma mère, répondit Charles avec douceur, je ne crois pas que le parvis soit le lieu idéal pour prendre une sage décision. Évitons de trop fâcher l'empereur. Peut-être a-t-il d'autres ambitions que de donner sa fille au roi de France. Je peux le comprendre, il n'est pas certain que je puisse apprivoiser Élisabeth… Je suis si jeune…

Catherine comprit que le cœur de Charles était encore à Marie. Rien ne pouvait éteindre ses sentiments amoureux. Elle regarda autour d'elle et ne vit aucun visage de compassion. Tel un chef de guerre, elle lança :

— Au Louvre !

— Vous avez raison. Au Louvre ! renchérit Charles, désireux de montrer qu'il était le roi et que c'était parce qu'il l'avait décidé qu'on rentrait à Paris après l'offense de l'empereur d'Autriche.

Une offense qui – il n'osait pas l'avouer – le satisfaisait tant il était hostile à l'idée d'épouser Élisabeth.

Marie avait quitté Troyes, elle pleurait à Amboise. Charles, sur le chemin de Paris, rêvait de Marie. Catherine craignait que l'opposition entre protestants et catholiques ne dégénérât en massacre. Chacun, sans en dire un mot, faisait de son mieux pour trouver la sérénité, se protéger et surtout éviter d'être humilié. Personne ne se préoccupait plus de l'étrange ambassadeur d'Autriche, pas plus que de savoir qui il était vraiment. Quel étrange manque de curiosité !

Dès qu'il eut remis son message, sans attendre que Catherine eût compté jusqu'à vingt, Giovanni Bosso avait couru à s'en essouffler jusqu'à l'auberge où il séjournait. Ravi de ne pas avoir été reconnu par la reine et son entourage sous son déguisement. Dans l'écurie, sans perdre une minute, il avait chargé sa malle et retiré son pourpoint vert, enfourché son cheval. En quatre journées de randonnée, sans épuiser sa monture, il aurait rejoint Lyon.

Coligny l'y attendait, convaincu que le mariage manqué serait, comme le souhaitaient les huguenots, un sujet de conflit entre les deux trônes. À Mézières, entourée de seigneurs allemands, Élisabeth, la promise, attendait son futur époux, un inconnu pour elle. Occupée à cette affaire, Catherine ne tourmenterait plus les protestants. Ils pourraient à leur aise pratiquer leur religion sans crainte d'être persécutés, gagner du temps et, sans précipitation, s'imposer dans le royaume. Toutes les ruses étaient permises.

Quand elle apprit le retour de Charles à Paris, Marie Touchet sécha ses pleurs et, dans un carrosse appartenant à Jeanne d'Albret, elle rejoignit en hâte la ville. N'osant – pas encore – se montrer au Louvre, elle logea à l'auberge du Loup, tenue par un huguenot, face aux Tuileries dont les travaux se poursuivaient. On s'activait à percer un long corridor entre la nouvelle construction et le vieux palais du Louvre. En cas d'émeute populaire, il permettrait aux souverains de passer, sans être vus, d'une résidence à l'autre, facilitant la fuite de la famille royale et de quelques puissants courtisans

Huchon, l'aubergiste, réussit à faire parvenir à Charles une missive emplie de douceur par laquelle Marie l'informait, sans rien lui réclamer, de sa présence à Paris. Un autre chevaucheur partit pour Mâcon, où se trouvaient Jeanne d'Albret et son fils Henri. Protestant, celui-ci rêvait d'épouser Margot la catholique. Marie avisait la Navarraise qu'elle lui dénoncerait, dès qu'elle en aurait connaissance, toutes les actions menées au Louvre contre les huguenots.

Deux jours plus tard, sous un déguisement de palefrenier, Charles se présenta à l'auberge du Loup. Huchon fit mine de ne pas le reconnaître. Quelques instants plus tard, le roi, qui n'y croyait plus, retrouvait avec Marie des plaisirs qu'il n'avait pas oubliés.

Marie comprit qu'elle, la huguenote, serait la plus forte dans le cœur du roi. Quoiqu'il advînt. Après d'ardents échanges amoureux, elle se redressa sur le petit lit de bois et, fixant Charles d'un regard empli de désir, elle lui dit :

— Sachez-le, Monsieur ! L'Allemande ne me fait pas peur !

— N'ayez aucune crainte, répondit-il en l'enlaçant de nouveau ; je ne vous abandonnerai jamais.

Marie se serra contre le jeune souverain.

— Alors, si vous m'aimez, si j'ai quelque influence sur vous, obtenez de votre mère qu'elle laisse son titre à Coligny… Pour éviter la guerre, il doit conserver son rang de prince du sang.

Charles se détacha de Marie, le visage soudainement assombri.

— Je suis fort épris de vous, Marie, mais Coligny n'est pas un calviniste comme d'autres. Je ne cherche pas à éloigner les huguenots de la Cour, mais pourquoi, pendant mon absence, Coligny s'est-il montré hautain, prétentieux, critiquant la nourriture, sermonnant les valets ? Il aurait fait chasser des catholiques lui déplaisant. J'ai peine à le croire. Ma mère, à laquelle je reproche tant de malheureuses initiatives, est fâchée de voir l'Amiral agir comme s'il était le roi… ou la reine, s'empressa-t-il d'ajouter. Coligny devrait prendre garde… Je la connais, Catherine pourrait un jour, à son réveil, décider de s'en débarrasser. Quoi de plus normal ?

Marie baissa la tête. Charles ne faisait que répéter ce qu'elle avait déjà entendu à Amboise.

— Il faut agir ! dit-elle. Vite ! Un homme a assez d'autorité et de courage pour parler à Coligny… À Coligny et à votre mère dont il a été longtemps le confident : Giovanni Bosso.

— Le félon ! Le traître ! ne put s'empêcher de murmurer Charles, les dents serrées, le visage blême.

Pris devant sa maîtresse d'une violente colère, la première depuis leur liaison, il s'écria :

— Qu'on le tue ! Qu'on le tue !… Sans pitié !

Qui ?… Coligny ?… Bosso ? Incapable de deviner, Marie sortit un petit mouchoir et éclata en sanglots. Pour la calmer, Charles la poussa vers la cheminée, se serra contre elle et posa avec force ses lèvres sur les siennes. Marie se laissa faire, persuadée que ces embrassades servaient la cause de Coligny.

La rue était calme, les dépêches des provinces ne signalaient aucune agitation particulière. Le Triangle noir qui effrayait tant Catherine demeurait discret. Le signe avait même disparu du pourpoint de seigneurs qui, auparavant, le montraient avec fierté. S'efforçant de croire que la menace s'éloignait, la reine décida de reprendre la pérégrination interrompue. Condé se remit à l'ouvrage.

Dans les campagnes, l'herbe était haute, la température agréable, les arbres lourds de fruits. Au passage du long cortège, les laboureurs offraient des paniers pleins de leurs plus belles cerises.

En entrant dans Dijon, la capitale du duché de Bourgogne, Catherine avait le sourire. L'empereur d'Autriche, sincèrement ou par jeu diplomatique, avait accepté que le mariage de sa fille avec Charles fût remis à plus tard. Catherine s'était montrée conciliante. Personne n'avait évoqué la missive confiée, à Beauvais, par le mystérieux émissaire. L'empereur mit en cause la mauvaise saison pour expliquer que la Cour fût rentrée à Paris, et Catherine, afin de ne pas l'irriter, accepta que les épousailles fussent reportées. L'important était qu'elles fussent célébrées.

Catherine était d'autant plus heureuse de reprendre son voyage que Charles ne semblait pas trop affecté par l'éloignement de Marie. Il y avait longtemps que la reine n'avait eu autant l'esprit en repos.

L'arrivée dans Dijon, au milieu d'une foule immense qui dansait et chantait de joyeuses musiques à boire, se fit dans une allégresse à laquelle personne ne croyait plus tant on redoutait une guerre religieuse. Le peuple était heureux. Catherine voulut que son séjour se déroulât avec le plus de faste possible. Aussitôt installée dans le palais des ducs, un des plus somptueux du royaume, elle se rendit à pied jusqu'à la chapelle, pour une longue prière en souvenir de son beau-père François Ier. Après sa victoire à Marignan, en Italie, le roi, en découvrant les remparts dijonnais, s'était écrié : « Ah, la belle ville que voilà ! », se félicitant que Louis XI eût obtenu sans combattre que ce riche et vaste duché fût soumis à la couronne de France.

Après avoir traversé la longue et large salle voûtée des gardes, où logeaient les hommes d'armes de son escorte, Catherine eut le loisir, en pénétrant dans les appartements du duc, de s'émerveiller devant des meubles finement taillés dans le bois des forêts du Morvan, d'une légèreté de forme comme elle n'en avait jamais vue. Sitôt reposée, elle s'empressa de convoquer le gouverneur de Bourgogne, le maréchal de Tavannes.

Tavannes était à Marseille quand elle y avait débarqué, il ne manquait jamais de lui rappeler que de tous ses sujets, il était parmi les plus loyaux. Ayant combattu contre les Italiens, il avait sans barguigner accepté de servir les Florentins. Homme de paix, il avait toutefois gardé de sa jeunesse militaire sous François Ier le goût des tournois et des combats en forme de spectacle. Il allait le lui prouver.

Lorsque Tavannes se présenta, le dos courbé, appuyé sur deux cannes d'ivoire, Catherine s'enquit sans tarder de sa santé, sachant que le vieil homme ne négligerait rien pour lui plaire.

— Les os me font souffrir, Madame. Les années passent et on ne peut rien contre l'âge, mais fort heureusement dans cette ville le vin de Bourgogne, autant que Dieu, nous garde la vie plus longue qu'ailleurs.

De cette sagesse, Catherine sourit, impatiente de connaître le programme des réjouissances.

— Alors, Tavannes, qu'avez-vous préparé ? Une nouveauté, j'espère !

Le gouverneur, qui se maintenait difficilement au fond d'un fauteuil tant son dos le faisait souffrir, parlait lentement, ses dents étaient usées, mais à près de quatre-vingts ans conservait l'esprit clair.

— Une nouveauté, en effet, Majesté. À vous et à votre fils, notre très respecté roi, nous allons offrir près des douves le spectacle impressionnant de l'attaque et de la prise d'une forteresse, avec le tir de quatre canons, des armes terrifiantes, fondues dans le bronze. Aucun rempart ne pourrait résister.

— Ce sera effrayant ! répliqua Catherine, enjouée.

Elle se garda d'avouer que si cette arme était efficace, elle l'utiliserait ; elle redoutait toujours qu'une guerre survînt quand elle ne l'attendait pas.

Après le souper, dans l'éclat des feux d'artifice, le vacarme des bouches à feu fut tel que Catherine, Charles et la Cour ne purent dissimuler leur effroi. Il y eut ensuite, fort heureusement, des réjouissances plus pacifiques.

Durant trois jours et presque trois nuits, ce ne furent que bals dans les rues et sur les places couvertes de guirlandes, sous les arcs de triomphe fleuris où on avait inscrit les plus flatteuses louanges envers Catherine. On dansa, on chanta, on troussa les jupons…

La reine était assez fine pour le comprendre : Charles ne participait guère aux festivités ; il devait être humilié qu'on le négligeât pour ne flatter que sa mère. Souhaitant s'épargner des remontrances, elle s'en ouvrit à Tavannes.

— Pensez au roi, lui dit-elle aimablement. Ne le traitez pas comme n'importe quel seigneur… Je gouverne, il règne…

Tavannes hésita avant de répondre, plongeant son regard bleu dans celui de Catherine.

— Eh bien, Madame, je ne m'attendais pas à être ainsi grondé. Si nous sommes réjouis de saluer en vous la plus précieuse des femmes catholiques du royaume, les Bourguignons pourraient s'émouvoir que nous attachions trop d'importance à un roi qui a pour maîtresse une huguenote et qui a toujours une phrase agréable pour Coligny. Un personnage dont, respectueusement, je vous conseille de vous défier. Il pourrait vous trahir. Consentez à ce que je vous livre ce qui est non seulement ma pensée, mais celle de tous les habitants de la ville : Défiez-vous !… Défiez-vous de l'Amiral, mais aussi de Condé !…

Catherine écoutait. Elle connaissait assez le gouverneur Tavannes pour savoir qu'à sa place il servait bien le royaume et qu'il ne parlait jamais inutilement. Ce qui la changeait des harangues flatteuses, souvent mensongères, de la plupart des courtisans.

— Soyez tranquille… Ne vous inquiétez de rien… Je me tiens sur mes gardes, lui répondit-elle d'une voix qu'elle eût voulue plus assurée. Personne ne m'entraînera là où je ne veux pas aller…

Tavannes ne rencontrait la reine qu'en de rares occasions. Pour lui, elle était toujours l'adolescente fluette, mêlant le français et l'italien, accueillie à Marseille, trente-cinq années plus tôt, encore sans expérience du monde et des usages de la Cour. On l'appelait la *duchessina*, une familiarité qu'il s'interdisait aujourd'hui.

Tavannes s'était alors inquiété de voir une héritière de banquiers florentins épouser Henri, le Dauphin. François Ier, qui avait tant œuvré pour ce mariage, lui avait expliqué que l'adolescente avait à Rome assisté à de nombreuses cérémonies et que cette union préparait les Italiens à une paix définitive. Durant le pontificat de Clément VII, Rome avait été au centre de toutes les intrigues entre souverains européens ; ce ne pouvait être que profitable aux intérêts du royaume. Catherine savait, avait affirmé le roi, la géographie, les succès et les échecs des monarques. Elle aimait les arts et l'avait prouvé, toujours présente quand François invitait à sa table le Florentin Léonard de Vinci, installé sur les rives de Loire. Tavannes, sans pouvoir s'en expliquer, pensait alors que pour Catherine, une Médicis sans aucun titre, la vie à la cour de France, si différente de l'existence en Toscane, serait difficile. Il ne pouvait pas prévoir qu'à Catherine, Henri préférerait toujours Diane de Poitiers. Malheureux Henri ! Était-il vraiment mort d'un accident de tournoi ? Tavannes ne l'avait jamais cru. Le règne de son fils François II n'avait pas été plus aisé, mais si bref ! Le plus puissant des hommes peut-il mieux qu'un manant résister aux attaques de la maladie ? Pour Catherine, la Providence ne s'était guère montrée généreuse. Que pouvait-on attendre de Charles IX ? On le disait modeste, doux, humble, mais marqué par les malheurs l'ayant accablé dans son enfance. Que ferait-il dans une France affaiblie par les querelles religieuses ?

Tavannes avait découvert à Dijon une femme très différente de la jeune Italienne d'antan. Toujours vêtue de noir, même dans les réjouissances populaires. Il avait le sentiment d'avoir face à lui une reine capable d'abattre quiconque la gênait. Alors, comment lui apprendre ce qu'elle ignorait encore ? La tâche s'annonçait difficile. Si Catherine, bonne catholique, condamnait par ses propos la religion réformée, elle gardait auprès d'elle le plus dangereux, le plus rusé des chefs protestants : Coligny. Après Dijon, le cortège royal devait rejoindre la Saône, faire halte à Mâcon où de nombreux incidents avaient déjà opposé papistes et calvinistes. Pour protéger Catherine, Tavannes devait lui révéler ce que lui seul avait appris d'un émissaire venu spécialement de Genève, lui confiant la charge d'en informer le roi et sa mère.

Quand Catherine entendit un pas derrière la porte, elle leva la tête. Un valet fit entrer Tavannes dans la petite salle où elle recevait ses intimes. La reine tenait un livre ; elle en connaissait chaque phrase, chaque mot ; elle ne cessait de le lire, de le relire, le gardait toujours dans une poche de sa robe : *Le Prince*, de Nicolas Machiavel. Tavannes fit sa révérence ; Catherine, toujours heureuse de parler avec le gouverneur, s'avança vers lui, l'invitant à prendre place sur un tabouret. Ce serait moins douloureux qu'un fauteuil pour ses os meurtris.

— Soyez le bienvenu, Tavannes ! Machiavel n'est pas un auteur pour les militaires, mais prenez un peu de votre temps et lisez *Le Prince* ! Vous apprendrez les meilleurs principes de gouvernement... Vous comprendrez que pour avoir de bonnes lois il faut de bonnes armes. Pour la paix du royaume, des hommes comme vous sont nécessaires.

Tavannes, flatté, s'inclina dans une longue révérence. En proie à une terrible angoisse, il avait la tête ailleurs.

— Je venais vous dire... balbutia-t-il en se redressant.

Il n'eut pas la force de poursuivre ; Catherine l'y aida.

— Me dire ?... Achevez !... Ne soyez pas inquiet... Vous savez quelle affection je vous porte... Un mot de vous est pour moi une preuve d'amitié...

Sans plus réfléchir, Tavannes lâcha d'un trait :

— Madame, Calvin est mort... Jeanne d'Albret et son fils Henri séjournaient à Mâcon, avant de se rendre à Genève où Calvin les attendait, afin de préparer de nouvelles révoltes... Calvin disparu, ils n'ont pas encore quitté les rives de Saône, sans doute veulent-ils s'entretenir avec les protestants français...

Les derniers mots, Tavannes les balbutia. C'est à peine s'il entendit la reine, dont le visage était demeuré impassible, demander :

— Et maintenant, que va-t-il arriver ?

Catherine, pour la première fois, prit peur. Jeanne d'Albret, de tempérament farouche, était capable de préparer un soulèvement général des huguenots.

Tavannes ne voulut pas montrer sa tristesse devant la décision de Catherine de ne pas s'attarder à Dijon. Le long cortège s'étirerait jusqu'à Chalon. Ensuite, on naviguerait sur la Saône jusqu'à Mâcon dans des embarcations de tailles différentes, remontées en hâte de Lyon. Côte à côte, ces nefs fluviales de bois léger aux voiles petites et souvent rapetassées pouvaient chavirer selon la direction des vents.

De mauvaise grâce, le clergé de Lyon avait consenti à prêter pour Catherine et le roi la gabarre réservée aux processions religieuses sur le Rhône. Henri d'Anjou, le plus jeune fils, avait préféré retourner sans plus tarder à Fontainebleau. En progressant vers le sud, la Cour se heurterait aux protestants, nombreux dans ces régions, capables à tout moment de se rebeller contre les souverains catholiques. Peu dangereux, ils n'avaient qu'un but : montrer qu'ils existaient et qu'ils n'entendaient plus pratiquer secrètement leur religion. Si les échanges demeuraient vifs entre catholiques et huguenots, il n'y avait que rarement des massacres ou des meurtres. On s'ignorait, on montrait de l'agacement contre l'adversaire, on s'insultait, on évitait d'en venir aux mains.

La mort de Calvin exciterait-elle le parti protestant ? Catherine le craignait, redoutant de traverser Lyon, presque entièrement tenu par les huguenots. Ensuite, elle poursuivrait vers Avignon. Elle souhaitait y honorer le souvenir des papes : deux siècles plus tôt, ils y avaient pendant soixante-dix ans installé le siège de la papauté. La ville, propriété de Rome, était tenue par un gouverneur protestant. Catherine ne désespérait pas de convaincre Pie IV de la céder au royaume. Elle y ferait sans tarder condamner ces protestants ayant osé assaillir la Rome provençale.

Si la reine attachait de l'importance à la halte dans Avignon, elle attendait avec impatience le jour où, atteignant enfin Salon, elle rencontrerait son cher Nostradamus. Au prétexte de l'âge, celui-ci refusait désormais de s'éloigner plus de deux ou trois jours de sa demeure provençale. Nostradamus lui manquait tant dans les heures difficiles ! L'avenir de la France s'annonçait incertain. Lui seul prédirait ce qu'il adviendrait dans les mois et les années à venir ; ses sages paroles sauraient arracher les craintes de l'esprit de Catherine.

Ayant tout prévu pour la suite du voyage, elle se disposait à quitter Dijon. La veille, au coucher du soleil, Tavannes vint lui annoncer la présence dans la ville d'un personnage peu rassurant qui, il le savait, l'avait trahie. Pourquoi se trouvait-il à Dijon, après avoir abjuré la foi catholique ? Cela effrayait Tavannes.

Le gouverneur, malgré lui, se voulut rassurant : il n'y avait pas grand-chose à craindre de Giovanni Bosso. Installé dans une modeste auberge, hors des remparts, avec une douzaine de compagnons, il ne montrait aucune hostilité. Qu'il fût à Dijon pouvait aisément s'expliquer : la ville était proche de Genève où il avait sans doute assisté, comme d'autres protestants, aux funérailles de Calvin. Donc, aucune raison de s'alarmer. Catherine, de plus en plus inquiète, ne partageait pas l'optimisme du vieux gouverneur. Malgré l'affection qu'elle lui portait, elle ne put se retenir de le sermonner.

— Quand on vous a annoncé son arrivée, l'avez-vous fait surveiller ? Non ?... C'est une faute... Permettez-moi de vous faire observer que je ne crois pas au hasard de la présence de Bosso à Dijon. En tous lieux, un danger me menace... Je ne dois rien négliger. Les protestants veulent ma mort, il n'y a aucune raison pour qu'ils renoncent… Je connais bien Giovanni Bosso. Après avoir longtemps servi Dieu, c'est Satan qu'il écoute !

Catherine prit un temps avant d'ajouter à voix basse :

— J'en ai la conviction, il n'a qu'une envie : me tuer… Moi ou le roi. Je me garde cependant de l'emprisonner… Ai-je tort ? Il est le seul à avoir eu accès à mon armoire à poisons. Peut-être a-t-il emporté quelques poudres mortelles…

En prononçant ces derniers mots, Catherine sentit les larmes lui monter aux yeux. Avant de l'abandonner, Giovanni lui avait si longtemps montré une paternelle sollicitude. Avait-il rejoint le Triangle noir ? Elle se refusait encore à le croire. De ses angoisses, Tavannes ne pouvait être tenu pour responsable.

Accoutumé à son tempérament, le fidèle gouverneur subit sa colère ; il le savait, elle ne durerait pas.

— Permettez-moi de vous le faire observer ! lui lança-t-elle sèchement. Après avoir frappé à ma porte et annoncé votre nom à haute voix, vous auriez pu attendre que je vous invite à entrer…

— Je vous prie de me pardonner, Madame, répondit Tavannes en s'inclinant, surpris d'une brusquerie inhabituelle chez la reine.

La présence d'un de ses anciens compagnons italiens dans Dijon ne pouvait expliquer tant d'irritation. Catherine avait réussi, non sans difficulté, à le chasser de ses pensées, et voilà qu'il réapparaissait. De plus en plus agitée, elle tordait un mouchoir de soie entre ses mains gantées.

— Je vous réitère mes regrets… soupira Tavannes.

Catherine se dirigea vers lui, prête à le souffleter.

— Très bien... Très bien, monsieur, mais si vous continuez comme cela, vous devrez aussi vous excuser pour la longueur de vos excuses... Nous n'en finirons jamais...

Catherine jeta un long regard peu amène à Tavannes.

— Eh bien, soit ! Vous me côtoyez depuis assez longtemps pour savoir que Giovanni Bosso avait toute ma confiance... Il ne l'a plus. Il s'est lassé de moi, je me suis lassée de lui. Chacun doit avoir la liberté de choisir ceux auxquels il accorde son affection. Cela ne devrait pas vous étonner... Aucune amitié n'est éternelle ; en avez-vous conscience ?

Brusquement, la reine voulut, parce qu'elle ne pouvait s'empêcher de songer à Giovanni, parler d'autre chose.

— Je crains, monsieur le gouverneur, que, tout à vos douleurs, vous n'ayez plus guère d'intérêt pour les affaires du royaume... Comment vous cacher que si vous gardez votre titre, c'est parce que vous étiez l'ami de mon beau-père, le valeureux François ?

En un instant, le ton avait changé. Catherine parlait en souveraine, négligeant la volonté du roi, son fils. Cela chagrina Tavannes. À son tour, il ne put s'empêcher, après tant de services rendus aux monarques, de céder à la colère.

— Vous êtes dans l'erreur, Madame. Il n'y a pas que la Bourgogne pour m'intéresser. Je l'ai prouvé sur les champs de bataille. Quand François a été fait prisonnier à Pavie, j'ai refusé autant que Bayard de l'abandonner... Ne l'oubliez pas... Aujourd'hui, je sais ce qui se passe à Mâcon, à Lyon... et aussi en Navarre, acheva-t-il d'une voix narquoise. J'ai attendu pour vous en rendre compte, je ne voulais pas vous peiner, mais à présent...

— À présent, quoi ? hurla Catherine, le visage empourpré.

— À présent, je vous servirai parce que c'est mon devoir. Je vous obéirai. Ne m'en demandez pas plus !… Si je commets un crime, que le châtiment soit à sa mesure… L'autorité d'une reine ne se discute pas, elle se subit… Je la subirai donc, dussiez-vous me tenir en prison jusqu'à mon dernier souffle. Je ne veux connaître qu'un seul royaume, celui de Dieu !

Catherine se rendit à l'évidence : ce serait folie que de faire d'un homme aussi loyal que Tavannes un adversaire. Elle s'approcha de lui, le serra dans ses bras.

— Pardonnez-moi, Tavannes, je ne veux pas perdre votre amitié. Je vis chaque jour dans une crainte qui me fait parfois délirer. Oui, j'ai beaucoup pleuré Bosso… Concevez mon étonnement de le savoir si près de moi, sans que ni l'un ni l'autre n'éprouvions l'envie de nous rencontrer. Une flamme amère agite mon esprit.

Elle reprit sa place dans le large fauteuil en forme de trône, utilisé habituellement par le duc de Bourgogne.

— Je vous comprends, Madame, dit Tavannes dont la figure s'apaisa. Ce n'est pas de votre serviteur florentin que je voulais vous entretenir… Il y a, je crains, plus grave… Faites-moi la grâce de m'écouter.

— Plus grave ? tressaillit Catherine. Quoi donc ? Et pourquoi ne pas avoir commencé par cela ?… Dites-moi… Bosso veut m'empoisonner ?… Les Parisiens se sont révoltés ? Dois-je fuir Dijon pour éviter la mort qui me guette ?

Le vieux et sage Tavannes sourit. L'angoisse de la reine, après sa colère, l'amusait.

— Non, Madame, personne à ma connaissance ne cherche à mêler dans un gobelet d'argent un poison mortel au vin de Bourgogne… Quant aux Parisiens, à ce que je sais, ils ne sont pas plus turbulents qu'à leur habitude.

— Alors, de quoi s'agit-il ? Parlez, Tavannes !… Je punirai ceux qui doivent être châtiés, je louangerai ceux qui méritent d'être félicités… Hélas, autour de moi les amis sincères se font rares.

Tavannes avait le sentiment qu'enfin il pouvait parler librement.

— À Mâcon, Madame, vous ne pourrez éviter de vous heurter à la reine de Navarre. Vous souffrez assez de votre long veuvage pour comprendre que, deux ans après la mort de son époux, Jeanne d'Albret veuille poursuivre sur le chemin qu'il avait tracé. Celui de la Réforme.

Catherine, les deux mains posées sur ses genoux, renversa la tête en arrière. Elle n'aimait pas qu'on lui rappelât ces circonstances douloureuses, survenues trop rapidement après la joie de découvrir un fiancé qu'elle n'avait jamais vu. Trente années avaient passé, elle n'avait rien oublié. Rien…

L'entrée triomphale de la galère de Clément VII dans le port de Marseille… Sa curiosité mêlée au chagrin d'avoir quitté l'Italie… Les cloches de la ville sonnant à toute volée… Les princesses et leurs dames d'honneur sur des chars, chacun entouré de trente donzelles en longue tunique blanche, sur des chevaux bais superbement harnachés… La monture que François Ier lui avait tendue, caparaçonnée d'or et de cramoisi… La révérence de Maria Salviati qui aurait tant aimé que François Ier l'eût choisie pour épouse du Dauphin… Le parcours jusqu'à la cathédrale, pour la bénédiction papale, dans un carrosse noir tapissé de velours noir, accompagné par des cavaliers montés sur des chevaux aux armes du Vatican… La foule, hurlante d'allégresse… Les vivats lorsqu'elle était apparue vêtue d'une jupe de brocart et d'un corsage de velours violet bordé d'hermine, piqué d'émeraudes et de diamants… Au souper, les premiers émois de son cœur ; elle n'avait eu qu'une envie : sentir la main d'Henri lui retirer sa ceinture d'or ornée de huit gros rubis et d'un diamant, puis son corsage et le reste enfin, pour se retrouver nue entre ses bras. À quatorze ans, elle ne rêvait que d'un amour partagé… Tous les seigneurs qu'on lui avait présentés dans le tourbillon des festivités, elle ignorait leur rang à la Cour… Elle se souvenait de cet inconnu de haute taille, en habit rouge ; son regard avait longuement croisé le sien ; il lui avait alors semblé qu'il disposait d'un grand pouvoir sur le roi : Coligny… Marguerite, aussi, la sœur de François Ier qu'il appelait aimablement la « Marguerite des marguerites, la marguerite des princesses » ; derrière elle, se tenait sagement son mari Henri d'Albret. Comme elles étaient loin ces fêtes ! Quand on est jeune on veut croire au bonheur éternel. Ce n'est souvent qu'une illusion.

Elle n'avait pas non plus oublié la présence de Diane de Poitiers. Dix-sept ans de plus qu'Henri, et elle prétendait l'aimer ! Par désir ? Par ambition ? Jamais Catherine n'avait compris le véritable jeu de sa rivale. Elle l'avait supportée. Par amour pour Henri. Sans montrer trop d'amertume.

Diane, malgré son âge, s'intéressait aux affaires de la France, elle était très proche de Coligny. Catherine la méprisait non parce qu'elle avait été l'amante de son défunt mari, mais parce qu'elle disposait d'assez de pouvoir sur les hommes pour pousser l'amiral à lancer dans une insurrection huguenote toutes les provinces du royaume. Qu'y avait-il de vrai dans les accusations portées contre Coligny ? Catherine était incapable de répondre : en France, on accordait plus de prix à la rumeur qu'à la réalité.

Égarée dans ses pensées, Catherine avait oublié la présence de Tavannes, assis sur son tabouret, les mains croisées sur sa bedaine. Peut-être même somnolant. Quand elle consentit à lui jeter un regard, il sembla s'éveiller et s'enhardit.

— Que Votre Majesté ne se plaigne pas de ma franchise. Non seulement il vous sera impossible d'éviter Jeanne d'Albret, mais j'ai appris qu'elle s'était permis d'entrer dans Mâcon accompagnée de douze pasteurs… Autant que vous le sachiez…

Catherine sursauta ; elle avait retrouvé toute son autorité.

— Cela est contraire aux édits de pacification. J'exige qu'à mon arrivée, ces pasteurs aient été chassés hors de la ville. Et je veux qu'en Béarn et en Navarre, Jeanne traite les catholiques avec la même tolérance que nous accordons en France aux huguenots.

Tavannes n'avait pas achevé. Devait-il finir sa phrase ? Il redoutait un nouvel emportement de la reine. Sa loyauté fut plus forte que sa crainte.

— Croyez-moi, Madame… Abstenez-vous de vengeances inutiles ! La reine de Navarre abandonne en France un prisonnier de choix. Pour le reprendre, elle se pliera à toutes vos volontés…

— Ah oui ! Qui ? demanda Catherine, piquée par la curiosité.

— Son fils Henri ! Un brave garçon. Elle a confié son éducation à son oncle Condé. Un séjour à la Cour ne peut que servir la Navarre dont il héritera un jour… Je vous ai tout dit. Je vous aime assez pour vous supplier de ne pas perdre la raison… Sermonnez le gouverneur, écoutez l'ami… Henri et Condé sont huguenots, ils ont l'un et l'autre l'amour de la paix. Défenseurs des petites gens, ils vous seront fidèles.

Catherine, songeuse, ne s'aperçut pas que, sur la pointe des pieds, veillant à ne pas faire de bruit avec sa canne sur le sol en bois, Tavannes était sorti. Se parlant à elle-même, elle soupira.

— Il faut bien que quelqu'un m'aime encore !

MDE
NOSTRE
DAME

12

Coligny, enveloppé dans une large cape rouge – une provocation contre la pourpre cardinalice romaine –, un couvre-chef lui dissimulant presque tout le visage, s'avança, dès la nuit tombée, dans une étroite ruelle, au pied de la colline de Fourvière, à Lyon. Il pénétra dans une taverne sombre. Impatients, ne buvant que de l'eau dans une ville où on était plus friand de vin que dans toute autre cité du royaume, douze hommes, tous des huguenots, l'attendaient au sous-sol. Parmi eux, le puissant baron des Adrets.

Ayant pris place sur un banc, au centre de la longue table, Coligny s'adressa à lui. Non parce qu'il était le plus titré, mais parce que, ami de Servet – que Calvin avait fait jeter au bûcher quoiqu'il fût protestant –, il répétait partout qu'il était nécessaire d'assaillir Genève sans tarder.

— Offensive inutile ! s'emporta Coligny. Aussi longtemps que les huguenots ne seront pas maîtres du royaume de France. Prendre Genève est moins important que d'en finir avec Catherine de Médicis, afin que Charles IX règne enfin seul. Il ne dissimule pas son attrait pour la Réforme. S'il répugne à se convertir, il sera contraint de nous abandonner le gouvernement du royaume.

En bon capitaine de la marine royale, l'amiral parla sans méchanceté, mais avec autorité, à l'impétueux seigneur des Adrets.

— Je te connais assez pour deviner tes pensées sans que tu aies à les exprimer. Pour toi, les huguenots doivent régner sur la France en tuant les catholiques et en incendiant leurs forteresses. Eh bien, non ! Cela ne servira à rien. Multiplions plutôt les tentatives pour que Charles IX rejoigne notre religion ! Lui plaire sera le meilleur stratagème pour qu'il nous écoute.

Malgré le visage sombre du baron, ceint d'une épaisse barbe grise, Coligny poursuivit.

— Pour commencer, que Lyon devienne une ville entièrement huguenote ! Ce sera moins aisé que tu ne le crois. Je connais le gouverneur, le maréchal de Vieilleville, nous avons combattu ensemble en Italie. Un homme énergique, loyal serviteur de Catherine. Ici, dans la plus importante place financière hors d'Italie, il sait pouvoir compter sur les nombreux Florentins qui ont suivi les Médicis. Les catholiques ne manquent pas de poids ; ils ne dissimulent pas leur répugnance pour la Réforme.

L'un des participants, un homme de petite taille, le cheveu gris, le menton anormalement développé, se dressa pour interrompre Coligny. Il s'exprimait avec un fort accent étranger, inconscient qu'il était difficile de le comprendre.

— Je ne me souviens pas de mon nom de naissance, parvint-il à articuler. Ici, on m'appelle Corneille de Lyon… Je suis pourtant né en Flandre, dans la contrée de l'illustre poète Lucius de Tongres.

— Sans intérêt ! répliqua vivement Coligny, en fronçant ses épais sourcils. De quoi veux-tu nous parler ? Sois bref, clair et précis. Nous devons quitter cette taverne avant que les sergents de Vieilleville ne se présentent pour interpeller des buveurs pris de boisson.

Nullement atteint par la rudesse de Coligny, l'homme continua.

Trente ans plus tôt, il ne se rappelait pas avec précision, il était un jeune peintre. Inconnu. Catherine et Henri II avaient fait leur entrée dans Lyon… Ils avaient appris, il ne savait comment, qu'il travaillait à la manière des artistes toscans, familiers, comme les Flamands, de la peinture à l'huile… Ils l'avaient visité dans son atelier. Catherine était belle… En moins de deux heures, il avait achevé un portrait sur bois[1]. Elle lui avait dit que c'était merveilleux. Peut-être pour lui plaire…

Coligny tapota nerveusement sur le bois de la table.

— Voilà qui nous réjouit, dit-il, de plus en plus irrité. En quoi cela nous concerne-t-il ? Fais-nous une grâce ! Limite-toi à ce qui peut nous être utile ! N'imite pas ces artistes prétentieux proclamant avoir réalisé des chefs-d'œuvre, alors qu'ils n'ont pas une once de talent !

Face à ces visages hostiles, Corneille, blessé, songea à se taire, puis se reprit. S'embrouillant de plus en plus, il réussit à s'expliquer. Difficilement.

Il ne parlait pas par orgueil, mais se réjouissait pour chacun des membres de l'assemblée que la reine ne l'eût pas oublié. Elle serait bientôt à Lyon. Un émissaire, venu de Mâcon pour constater qu'il n'était pas mort, lui avait annoncé qu'elle souhaitait lui rendre visite. Afin, précisa-t-il, de revoir sur le portrait, s'il ne l'avait ni vendu ni égaré, la robe qu'elle portait ce jour-là. Une robe aux couleurs vives. Elle ne se vêtait plus que de noir. Par un heureux hasard, il avait conservé l'huile.

1. L'un des rares portraits de Catherine de Médicis, qui ne la représente pas vêtue de noir. Il est exposé au Louvre.

Après tant d'années, il avait peur que la reine trouvât son visage bien changé… Ce qu'elle ignorait : il était alors catholique, aujourd'hui fidèle à la religion de Calvin. De nombreux Florentins lyonnais étaient ses amis. Pas seulement des familles favorables aux Médicis, d'autres aussi, qui avaient fui la Toscane quand Laurent y avait semé la terreur. Effrayés par les crimes et les vices de Rome, ils avaient choisi la Réforme. Il y avait plus de protestants à Florence qu'ailleurs en Italie.

Les hommes avaient écouté Corneille, leurs visages s'étaient apaisés. Certains le connaissaient ; d'autres, qui avaient travaillé au comptoir Médicis de Lyon pour une paye de misère, avaient rejoint les conspirateurs. Ils se réjouirent à l'idée de participer à un complot contre Catherine.

Coligny comprit vite que le peintre Corneille pouvait être utile. S'adressant à l'artiste, il lui lança, sans hésiter :

— Puisque tu connais Catherine, serais-tu homme, quand elle va te visiter, à lui faire avaler un poison ?… J'ai ce qu'il faut… La mort sera immédiate. Qu'elle dorme au tombeau, les huguenots auront la vie sauve.

Corneille s'efforça de sourire. Aider les huguenots à convaincre la régente qu'ils n'étaient coupables d'aucune hérésie, il s'y emploierait volontiers, mais empoisonner Catherine, c'était trop lui demander… Il ne chercha pas à dissimuler son trouble.

— J'ai peur… Peur du gibet…

Tous demeurèrent silencieux. Coligny, qui cherchait le meilleur moyen d'en finir avec la reine mère, sentit la situation lui échapper.

— Pourquoi cet embarras ?… La mort de Catherine… les huguenots y verront un miracle. Les papistes nous rejoindront. Si cela est nécessaire, je t'aiderai à fuir.

Les cachettes ne manquent pas, j'en connais beaucoup. Les chevaliers teutoniques, que le pape poursuit de sa haine, disposent d'abris secrets, de nombreux refuges.

Corneille hésitait à dévoiler ce qu'il avait appris. Par prudence autant que par sagesse, il préféra parler.

Il raconta avoir reçu chez lui, quelques semaines plus tôt, un Florentin envoyé par des amis. Un protestant qui lui avait déclaré haïr les Médicis et être venu à Lyon pour incendier les demeures des banquiers. Étonné de l'entendre parler avec autant de liberté, ne voulant pas être accusé de complicité, il avait refusé : huguenot mais artiste, il refusait d'être mêlé à un meurtre. L'autre n'avait pas insisté, il ne l'avait pas revu. À ce jour, le feu n'avait pas ravagé les résidences des Médicis lyonnais. Peut-être s'agissait-il d'un espion. Il n'en manquait pas dans l'entourage de la reine.

— Voilà qui est bien, répliqua Coligny. Désormais, nous ne pourrons plus nous passer de toi… Les financiers, surtout les Italiens, sont proches de la Couronne. Si elle veut se lancer dans une nouvelle guerre, Catherine aura besoin des Médicis.

L'amiral, tout en parlant, semblait réfléchir, chercher comment atteindre Catherine en utilisant le peintre, sans que celui-ci fût inutilement compromis. Une unique chandelle éclairait la salle. On n'entendait que la respiration des conjurés attendant les ordres de Coligny. Il ne faisait aucun doute que Corneille jouerait un rôle, mais lequel ? Coligny doutait encore. Il ne pouvait s'empêcher de se défier de lui. Il devait le questionner davantage.

— Explique-toi ! Connais-tu le nom de ton visiteur ? Plutôt bavard !… Et imprudent !

Corneille crut se souvenir qu'il s'appelait Enrico Pazzi. Son aïeul Giacomo Pazzi avait été pendu par les pieds aux grilles du palais de la Seigneurie pour avoir échoué dans une tentative de meurtre contre Laurent : lors d'une messe de Pâques à Sainte-Marie-aux-Fleurs. Julien, le frère de Laurent, avait, lui, été tué de plusieurs coups de poignard.

Que le peintre eût une telle connaissance d'événements anciens de près d'un siècle parut particulièrement étrange à un des conjurés. Il se leva et, sans un regard pour Corneille, se tourna vers Coligny.

— Ne soyez pas étonné, Amiral, il dit vrai. On prétend que mon père n'était autre que Giovanni Pazzi. Abandonné dès ma naissance, j'ai passé mon enfance sous les ponts de l'Arno, vivant d'aumônes et de petits larcins. J'ai entendu beaucoup de choses dans la rue ; curieux, j'ai tout observé de la vie à Florence. Les Pazzi étaient les principaux rivaux des Médicis ; on prétendait leur richesse plus importante.

Pas plus Coligny que ceux qui avaient connu Giovanni Bosso quand il était le plus fidèle serviteur de Catherine ne semblaient comprendre.

— Merci, Giovanni, mais en quoi cela peut-il nous servir aujourd'hui ? Qu'y a-t-il de vrai dans ton récit ? Pourquoi t'appelles-tu Bosso si tu as du sang des Pazzi ? Tu as depuis si longtemps l'oreille de Catherine ; elle a toujours écouté tes conseils comme elle écoute les prédictions de Nostradamus… Parle franchement et sans crainte !… Prends ce pichet d'eau, étanche ta soif et éclaire-nous !

— Je n'ai pas besoin de boire. Vous me demandez des explications, j'y consens volontiers.

Giovanni Bosso passa une main sur son front et poursuivit.

— Je suis né alors que ce siècle commençait. En 1500. Je n'ai jamais connu ma mère, probablement une des nombreuses maîtresses de mon père. Parce qu'il était nécessaire de me donner un nom, je suis devenu Giovanni Bosso. Giovanni en hommage au saint, et Bosso parce qu'un moine du même nom avait, le premier, recueilli des enfants perdus. J'ai suivi Catherine au monastère des Murates. À vingt-trois ans, le père supérieur, un dominicain, m'a confié la garde de la jeune fille. Peut-être parce que j'étais studieux, parce que j'aimais autant le latin que la théologie. Il ignorait d'évidence ma naissance. Je l'ai depuis suivie en tous lieux. Jusqu'à ce jour récent et douloureux où la religion catholique, que je croyais allègre, m'est devenue odieuse. Les papes, par leurs vices et turpitudes, s'étaient éloignés de Dieu.

Ceux qui, tel Coligny, l'avaient souvent rencontré à la Cour, écoutaient Bosso avec attention, comme s'ils participaient à une confession. Dans un ultime effort, il lâcha :

— Ne cherchez pas plus loin ! L'homme que Corneille a reçu… c'est moi qui l'ai envoyé. Il se nomme Enrico Pazzi… Oui, mon frère… mon frère de sang. Un enfant légitime. Quelques Pazzi on survécu au massacre, ils ont veillé à son éducation. Par prudence, ils l'ont envoyé à Lyon. Longtemps au service des Finances royales, il a cherché à me voir. Pourquoi aurais-je refusé ? Nous avons échangé des missives, sans jamais trahir un secret de Catherine. C'est ainsi que j'ai appris qu'il vivait à Lyon. Aujourd'hui, il pourrait être des nôtres. Il serait un allié précieux.

Tel un nuage, un murmure de satisfaction parcourut l'assistance. La chandelle n'éclairait plus que faiblement, la salle ne tarderait pas à être complètement obscure. Pour Coligny, il n'y avait pas une minute à perdre s'il voulait que la rébellion embrasât tout le royaume. La situation pouvait vite tourner à son désavantage. Que Giovanni Bosso eût à Lyon un frère ne le surprenait pas. Dans toute la chrétienté, il y avait autant de bâtards que d'enfants légitimes. L'important pour lui était d'acquérir la certitude que Giovanni ne mentait pas.

La tête lourde, les deux bras appuyés sur la table, l'amiral ressentait une profonde angoisse : la conjuration prenait une forme qu'il n'avait pas prévue. Les autres attendaient silencieusement ses ordres ; il était le seul à pouvoir déclencher ou mettre un terme à une guerre entre les tenants des deux religions.

Coligny était craint autant qu'admiré. N'avait-il pas créé les établissements français sur la côte nord de la Floride ? N'avait-il pas envoyé les premiers conquérants prendre possession au nom du roi de France de ces terres encore tenues par les Indiens ? Des conquérants pour la plupart huguenots, protégés par Catherine et le roi. Des huguenots auxquels la reine mère avait accordé la possibilité de célébrer leur foi et de construire des temples où bon leur semblait. Coligny avait réussi à convaincre Catherine qu'en échange d'une totale liberté religieuse, ils auraient assez de volonté, avec l'aide d'esclaves indiens, pour transformer en terres labourées ce qui n'était encore qu'un immense désert.

Les protestants opprimés, ses sentiments avaient changé. Désormais, Coligny ne rêvait que d'une régente morte ou vaincue. Il préférait oublier que Catherine l'avait fortement soutenu contre Philippe II lorsqu'il avait prétendu que ces terres nouvelles devaient, comme d'autres sur ce lointain continent, relever de l'autorité espagnole. Coligny haïssait Philippe qui le lui rendait volontiers. Quand Philippe avait osé reprocher à Catherine de donner une place trop importante à Coligny dans les affaires du royaume, et surtout de ne jamais manquer de montrer son estime à un homme aussi puissant, elle avait répondu par une missive qu'elle avait fait lire sur les parvis : que Coligny eût été juif ou turc, elle l'aurait aidé avec la même ardeur ; par son courage, il était digne des faveurs qu'elle lui accordait.

Il était probable qu'il en irait aujourd'hui autrement. Les calvinistes souhaitaient s'emparer du gouvernement de la France ; le temps pressait. Coligny s'en expliqua devant les conjurés.

— J'ai voulu cette réunion à Lyon, expliqua-t-il, parce que la ville est très peuplée et parce que catholiques et huguenots s'y mêlent sans qu'il soit possible de préciser quelle religion pratique celui-ci ou celui-là. C'est ailleurs que nous imposerons notre loi. En prenant garde aux mystifications de la reine.

On entendit une voix.

— En Navarre ?

— Non, loin d'ici... À Nantes.

— À Nantes ? s'étonna un autre. Il n'y a là-bas que des bateliers... Les armées royales des châteaux de Loire vont accourir. Nous ne résisterons pas longtemps.

Le discours de cet homme fut longuement applaudi. Un cordelier venu du bourg de Romans, sur les rives de l'Isère, où quelques centaines de huguenots avaient, pendant plusieurs semaines, retenu prisonnier le curé de la grande église.

Coligny éleva la voix.

— Croyez-vous que je sois sot ? Je n'ai pas choisi Nantes au hasard pour y lancer une révolte générale des huguenots. Les réformés sont nombreux dans ce port et mon frère, François d'Andelot, pasteur à Genève, a rejoint la ville à ma demande. Il y entretient la foi calviniste, soutenu par de puissants seigneurs bretons.

— Qui ? lança Giovanni Bosso qui n'éprouvait guère l'envie d'aller en Bretagne.

Le temps y était aussi détestable qu'en Écosse et on assurait les gens d'Armorique très attachés aux saints catholiques: selon leur croyance, ils veillaient sur les navigateurs des hautes nefs comme sur les pêcheurs de modestes embarcations s'éloignant peu des côtes.

Coligny, conscient qu'il serait difficile d'accorder les conjurés – ils n'étaient pourtant que douze – s'efforça de garder son calme.

— Les Rohan soutiennent notre parti… Une femme aussi, Claude de Rieux, héritière des ducs de Bretagne. Catherine n'osera pas les affronter. Nous exigerons qu'elle retourne à Florence. Nous mettrons fin à la domination catholique, les églises seront fermées et les religieux auront interdiction de sortir des monastères et des couvents… Personne ne s'y opposera. Charles IX n'aura plus à subir l'éprouvante autorité de sa mère. Gagné à notre cause, il sera le premier huguenot à ceindre la couronne de France… Ce sera jour de fête dans le royaume.

Coligny semblait avoir tout prévu. Il ne recueillit pourtant qu'une approbation sans enthousiasme. Les conjurés espéraient-ils autre chose ? Corneille intervint.

— Le voyage sera épuisant. J'y consens, mes compagnons aussi, je pense, mais comment avoir la certitude que les événements suivront le cours que tu nous promets ?

Pour toute réponse, des murmures approbateurs.

— Messieurs, si nous n'agissons pas rapidement, notre déception pourrait être grande, estima Coligny, disposé à congédier l'assemblée. Soyez certains que Catherine ne manquera pas de faire tomber des têtes !… Tant que la diabolique Florentine exercera un quelconque pouvoir sur le roi, nous ne serons pas les maîtres. Nous sommes pourtant tout près de l'être.

Giovanni Bosso intervint à son tour.

— Je connais assez Catherine pour savoir que dans sa volonté d'abattre les plus haineux d'entre ses ennemis, elle leur accordera tant de titres qu'ils seront contraints de se taire. Si une véritable guerre doit éclater entre catholiques et protestants, c'est à un chef huguenot qu'elle confiera le commandement. Cela peut surprendre, mais pour assurer son autorité, Catherine s'est toujours affranchie de toute règle, de tout scrupule.

— Penserais-tu à Condé ? lâcha mollement Coligny… Peut-être à moi ? acheva-t-il.

— Non, pas toi ! reprit Bosso… Plutôt Condé ! Condé est huguenot et aussi prince du sang… Noblesse oblige ! Sa nouvelle épouse, Mlle de Longueville, est aussi éperdue d'ambition que de calvinisme. À un mari pasteur, elle a préféré un homme de guerre. Et n'a eu de cesse d'intriguer pour qu'il soit nommé lieutenant général du royaume.

Coligny ne partageait pas cette idée.

— Si nous devons nous battre, Condé n'aura d'autre possibilité que de se ranger à notre parti. L'homme, huguenot sincère, vendrait son âme au diable pour se débarrasser des Guise, le meilleur soutien des catholiques.

Un petit homme, curieusement vêtu de jaune, le cheveu ras, court sur pieds, large de poitrine, qui n'était pas encore intervenu, prit la parole.

— Je viens de Salon en Provence, mon nom est Roumanille. J'en connais ici qui ont fréquenté mon auberge…

— Nostradamus ! lança une voix perdue dans l'ombre.

Celle de Giovanni qui avait dès son arrivée reconnu l'aubergiste provençal.

Au nom de Nostradamus, Coligny fronça le sourcil.

— Taisez-vous tous !… Il se fait tard, je n'ai pas envie d'être surpris par les sergents de Vieilleville… Toi, continue !

Roumanille ne se fit pas prier. Il ne lui déplaisait pas que l'attention se portât enfin sur lui.

— Je fréquente, en effet, Nostradamus, et certains dans cette assemblée pourraient, les yeux sous un bandeau, retrouver sans difficulté dans Salon le chemin de ma demeure.

Tous se dévisagèrent, ce qui n'était pas aisé tant la salle était sombre ; dans la taverne, on n'entendait plus les buveurs.

— Continue ! Tu es ici en sûreté. Parle aussi sincèrement que tu le peux !

— Ce qui est dans ma pensée n'appartient qu'à moi, je peux toutefois vous livrer quelques confidences du prophète. Si c'est dans son caractère que de s'exprimer par énigmes, il en est d'assez simples à comprendre. Il est certain que la sédition protestante ne réussira pas… Quant au titre de lieutenant général, il n'y faut pas songer. La reine a pour tenir ce rang un fidèle incomparable, son idole, son fils préféré : Henri, le duc d'Anjou. Nostradamus en est certain : quand il sera devenu Henri III, la reine n'aura plus aucune puissance.

— Billevesées !... Plaisanteries ! ne put s'empêcher de hurler Coligny, en ricanant.

Si les autres montrèrent leur surprise au hurlement de l'amiral, Giovanni Bosso, lui, demeura impassible. N'ayant jamais cru aux prédictions du prophète de Salon, il avait la certitude que Roumanille tenait un discours dicté par la reine dont il avait toujours été un fidèle serviteur. Après s'en être longtemps amusé, il s'irritait de l'art qu'elle avait de manier la ruse. C'était Roumanille qu'il convenait de surveiller. Les huguenots ne rêvaient que de justice et de liberté, toute trahison leur serait fatale. Il préféra garder le silence, afin de ne pas effrayer ses compagnons. Il saurait néanmoins se montrer très vigilant. Sans le dire, Giovanni s'étonna de l'absence de Chambaz. L'amant de la belle Louise était-il mort ou emprisonné ?

Quant à Coligny, il ne croyait guère au discours de l'homme de Salon. Proche de la reine, il avait depuis longtemps remarqué l'affection qu'elle portait au duc d'Anjou, sans toutefois comprendre comment cette femme si subtile pouvait à ce point préférer Henri à ses autres enfants. Qu'avait-il donc de si rare aux yeux de sa mère ? Certes, il était beau, de cette beauté un peu féminine qu'on appréciait à Florence. Personne ne songeait à discuter son élégance ni la finesse de ses traits. Il attirait le regard des hommes plus que celui des femmes qui regrettaient son absence de virilité. Les courtisanes l'adoraient pour sa gentillesse naturelle, aucune n'aurait voulu de lui dans son lit.

À la Cour, on aimait plaisanter avec Henri ; personne ne jalousait ses privilèges de frère du roi. Pas un noble ne pouvait imaginer qu'il serait appelé un jour à des charges importantes. Si, par malheur, il devait régner, Henri III ne ressemblerait en rien à son valeureux père. Son instruction avait été négligée ; Catherine considérait son fils comme naturellement brillant. Seul son précepteur Amyot avait réussi à lui donner le goût des lettres anciennes.

Coligny et Giovanni Bosso, sans avoir eu l'occasion de s'en entretenir, connaissaient les faiblesses d'Henri. Que la situation l'exigeât, il se montrerait plus fourbe que sa mère. Bien avant d'autres, ils avaient compris la véritable nature du prince. Malgré son caractère presque féminin, il pouvait se révéler plus violent, plus intolérant que Charles IX, beaucoup moins homme de paix. Si ce que disait Roumanille était vrai, les huguenots trouveraient avec Henri un chef de guerre papiste, peu enclin à la compassion. Sans âme et sans pitié.

Dans la salle, malgré l'obscurité, on sentait chez tous une véritable inquiétude. Coligny se voulut rassurant.

— Nostradamus, s'il t'a vraiment affirmé cela, est dans l'erreur. Ce ne serait ni la première ni la dernière fois… Impossible qu'il vienne à l'idée de Catherine de désigner Henri lieutenant général ! Un adolescent incapable de caresser une femme. Qui vit entouré de mignons courtisans. Qui passe des heures à jouer au bilboquet. Il n'a ni la maturité ni l'expérience, ni surtout la force physique pour tenir ce rôle. Le voyez-vous en chef des armées royales ?… On ne porte pas une cuirasse quand on passe ses journées à se poudrer.

Corneille l'interrompit.

— Et pourtant… Si la reine le veut, il recevra la charge.

Roumanille sourit. Il y avait au moins quelqu'un qui accordait foi à ses propos. C'est alors que Coligny, ne pouvant se retenir, intervint.

— Roumanille, explique-toi !… Tu assures être de religion huguenote… Rien ne le prouve !

— En effet, reprit Giovanni en écho… Je t'ai connu très admiratif de Catherine.

Coligny voulut tirer avantage de l'intervention de Bosso.

— Pour être confident de Nostradamus, qui a déjà trahi la religion juive pour la catholique, ne serais-tu pas un conspirateur ?

— Avec qui ?… Contre qui ?… s'étonna Roumanille.

— Contre les huguenots, répliqua Coligny, sèchement. Contre les huguenots… donc contre moi !

L'assemblée approuva. Roumanille se sentit soudainement prisonnier. Qu'il avouât avoir agi sur ordre de Nostradamus, lui-même soumis à la volonté de la reine, il serait tué avant le lever du soleil. À quoi bon s'être compromis, s'il devait périr dans cette salle obscure ? À quoi servirait la bourse pleine d'or qu'il avait reçue ?

Chacun attendait en silence les ordres de Coligny pour les jours à venir et ses décisions concernant Roumanille. On frappa à la porte.

Qui pouvait, à une heure aussi tardive, avoir connaissance de la présence des conjurés calvinistes dans cette cave ? Le tavernier les aurait-il trahis ? Coligny lança :

— Entrez !

Les visages blêmes rosirent à la vue de Mouilloz, l'aubergiste, un huguenot qui avait laissé une jambe sur les champs de bataille d'Italie. Apparemment bouleversé, il parla entre deux hoquets.

— Je dois vous dire ce que je viens d'apprendre en tendant un peu l'oreille… Deux hommes murmuraient presque bouche contre bouche, prenant leur temps pour vider un pichet de vin… Au nom de Ruggieri, j'ai sursauté… L'astrologue serait à Lyon…

— Ruggieri ? Es-tu certain d'avoir entendu ce nom ? lâcha Coligny avec un sourire craintif. Assieds-toi et raconte !

Les conjurés dissimulaient mal leur étonnement de savoir un rival de Nostradamus présent à Lyon. Mouilloz leur jeta un regard inquiet avant de rapporter ce qu'il avait entendu.

— L'un des deux, assez âgé, me semble-t-il, assurait l'autre que rien ne serait négligé. Ruggieri serait arrivé avec ses cornues, pour aussitôt s'enfermer dans un petit logis de Collonges… Sur une berge de Saône, à moins d'une lieue de Lyon, il cuisinerait secrètement ses poisons.

— Pour qui ?… Des noms ont-ils été prononcés ? ne put s'empêcher de demander le baron des Adrets.

Plus que d'autres il avait une excellente raison de s'effrayer. Quand il bataillait en Toscane, au côté de François Ier, un prisonnier nommé Ruggieri l'Ancien – dans la famille, à Florence, on pratiquait l'astrologie de père en fils – lui avait enseigné l'art de lire dans les conjonctions astrales les événements à venir. Il se souvenait de l'avoir entendu lui annoncer avec une inaltérable douceur que le roi serait capturé à Pavie et deux de ses fils livrés à Charles Quint. Le baron des Adrets n'avait pas voulu croire à une aussi sinistre prophétie ; elle s'était pourtant réalisée. François Ier avait été dans l'obligation de payer fort cher pour que les princes fussent délivrés par le roi d'Espagne. Selon lui, la présence de Ruggieri à Lyon n'avait donc rien de rassurant.

Mouilloz poursuivit : un des deux buveurs, avec un accent espagnol, avait insisté pour que les ordres de Philippe II d'Espagne fussent respectés lors du prochain passage à Lyon de la régente et de la Cour.

Coligny remercia Mouilloz, posant sur la table une bourse de soie sortie de sa cape. L'aubergiste s'empressa de l'enfouir dans une poche de son tablier graisseux. L'amiral promit qu'avant une heure ils auraient quitté les lieux. Il devait apaiser les craintes de ses compagnons ; la plupart ignoraient, heureusement, à quel point les relations étaient mauvaises entre Catherine et son gendre, époux de sa fille Élisabeth.

Le chancelier Michel de L'Hospital, délégué de la reine à Madrid, lui avait révélé qu'il avait été fort mal reçu à la cour de Philippe II. Préparé, il ne s'en était pas offensé. Catherine voulait croire contre l'avis du chancelier que, malgré plusieurs rebuffades, le très catholique Philippe comprendrait qu'en tolérant la religion protestante, bien que n'en partageant pas les idées, elle tentait d'éviter les désastres d'une guerre entre Français. Philippe n'avait-il pas osé menacer le royaume d'une invasion militaire pour protéger ceux qui, voulant conserver leur foi catholique, tournaient leurs regards vers Rome plutôt que Genève ? L'ambassade avait été un échec. Élisabeth avait sèchement refusé de retenir son mari. L'aveuglement inattendu de Catherine avait sans doute contribué à ce qu'elle fût abandonnée par des hommes comme Coligny et Giovanni Bosso, si longtemps de fidèles serviteurs.

Veuve, Catherine ne supportait pas qu'on cédât au doux sentiment de l'amour. Qu'Élisabeth aimât trop Philippe pour intervenir dans les affaires religieuses de la France, Catherine, obstinée, ne l'admettait pas. Par sagesse politique, avec l'unique souci d'une alliance avec la très prospère Espagne, elle avait arrangé le mariage d'Élisabeth et de Philippe, et s'étonnait que sa fille fût éprise de son époux. Avant même que de gagner Madrid, l'ambassadeur Michel de L'Hospital s'était douté qu'Élisabeth servirait les intérêts de l'Espagne avant ceux de la France. Pour quelle raison Philippe contenterait-il sa belle-mère ? Qu'elle eût des difficultés à s'imposer dans le royaume n'était pas pour lui déplaire, il rêvait d'un prétexte pour envahir la France.

Coligny n'imaginait pas que le très pieux et austère roi d'Espagne aurait assez d'audace pour confier à un empoisonneur tel que Ruggieri le soin d'éliminer Catherine. Il y avait là une forme de lâcheté que l'amiral supportait mal ; au poison, Philippe préférait la guerre.

Mouilloz sortit de la cave. Coligny fixa rendez-vous à ses compagnons : après un mois, dans une auberge de La Rochelle, forteresse entièrement tenue par les huguenots. Tous faisaient confiance à l'amiral. En un peu plus de quatre semaines, ils auraient le temps, sans se presser, de traverser le royaume pour rejoindre cette ville. La tyrannie du Vatican, soutenue par la régente, ne tarderait pas à être brisée. Il n'y avait aucune raison de désespérer.

Les ombres des conjurés disparurent dans la nuit.

Qui aurait pu percer les secrets de l'âme de Coligny ? Plus que la présence de Ruggieri à Lyon, celle de Roumanille dans la conspiration le taraudait. L'aubergiste était-il sincèrement converti à la religion huguenote ou préparait-il un mauvais coup ? Giovanni Bosso partageait une inquiétude identique. Ni l'un ni l'autre n'avait l'envie de tendre leur cou au bourreau.

Sans s'être concertés, ils décidèrent de prendre le lendemain le chemin de Salon. Ils chevaucheraient dès l'aube, afin de précéder Roumanille. Avant de rejoindre La Rochelle, à supposer qu'il le souhaitât vraiment, celui-ci passerait certainement par la Provence. Que Catherine apprenne la présence de Ruggieri à Lyon, elle chercherait à le rencontrer. Le pire serait alors à craindre si le Florentin persistait dans l'intention de l'empoisonner. Ruggieri n'agirait que sur ordre. Oui, mais de qui ?

M DE
NOSTRE
DAME

13

Partout où le cortège passait, Catherine, aidée de la famille royale, s'efforçait, sans y parvenir, d'effacer les différends entre catholiques et protestants. Elle n'avait qu'un désir : protéger et éviter d'humilier les uns et les autres. N'étaient-ils pas tous chrétiens ? La tâche n'était pas aisée ; la paix religieuse devenait de plus en plus difficile à préserver. En se rapprochant des provinces méridionales, plus pénétrées par la Réforme, l'effroi devenait visible sur presque tous les visages. Le séjour à Lyon s'annonçait particulièrement délicat.

Charles IX, contre sa volonté mais obéissant à sa mère, avait pris un édit interdisant pendant leur séjour l'ouverture des temples protestants. Les huguenots, après s'être mollement récriés, avaient cédé. Le calme apparent dissimulait-il une future révolte ? Rien n'était impossible.

À Lyon, depuis quelques années, des incidents se produisaient nombreux, sanglants. Les calvinistes avaient même réussi à chasser momentanément les catholiques de leurs églises et à enfermer, pendant plusieurs jours dans la banque, les négociants, clients habituels des Médicis qui depuis plus d'un siècle tenaient les finances de la ville.

Le comportement plus autoritaire qu'à l'accoutumée de Catherine trahissait son inquiétude à naviguer sur la Saône de Mâcon jusqu'à Lyon. Quel accueil recevrait-elle ? Le voyage de trois journées exigeait un courage que même ses adversaires reconnaissaient. Plusieurs dizaines de nobles et la presque totalité des artistes, musiciens et bateleurs, avaient sous les prétextes les plus divers décidé de retourner chez eux. Sans que Catherine n'osât les condamner.

Il était pour elle inimaginable de ne pas faire halte dans une cité aussi importante que Lyon. Le premier pape français, le Bordelais Bertrand de Got, n'y avait-il pas été couronné sous le nom de Clément V, au début du XIVe siècle ? Il avait ensuite, dans un immense enthousiasme populaire, descendu le Rhône jusque dans Avignon, alors propriété des Napolitains. Catherine y séjournerait plusieurs semaines, afin de convaincre les seigneurs provençaux de ne pas céder aux prêcheurs de la Réforme. L'Église, à ses yeux, exprimait les sentiments de la presque totalité des sujets du royaume ; à Lyon, elle souhaitait défendre Rome moins par la brutalité que la fraternité indispensable à l'unité française.

Elle se disposait à embarquer, lorsqu'elle aperçut un cavalier sur le quai de Mâcon. Sautant vivement de sa monture, il se dirigea à pas rapides vers elle. La reine le reconnut aisément : Coligny. Pour se hâter ainsi, de quelle nouvelle était-il porteur ? Bonne ou mauvaise ? La méfiance s'imposait.

Après s'être incliné respectueusement, il exposa, sans discours inutile, l'objet de sa venue.

— Madame, si je suis calviniste, je suis aussi, je vous l'ai prouvé, un loyal serviteur. Il ne serait pas séant de vous supplier de renoncer à une halte à laquelle vous tenez ; néanmoins, écoutez-moi ! Évitez Lyon ! Les rebelles à votre autorité y sont nombreux. Le gouverneur Vieilleville ne dispose pas d'une force armée assez importante pour vaincre des révoltés en furie.

Coligny se garda de prononcer le nom de Ruggieri ; Catherine se serait précipitée pour le rencontrer.

— Monsieur, répondit-elle avec calme, votre loyauté vous honore. Je vous remercie de songer à protéger une reine catholique, mais acceptez définitivement l'idée que, lorsque j'ai pris une décision, je m'emploie à la respecter. J'irai donc à Lyon, ajouta-t-elle avec fermeté… Cela prouvera aux calvinistes que je n'ai aucune haine contre eux. Ils ne gagneraient rien à se rebeller. Nul mieux que vous ne saurait les convaincre de m'accueillir en amie plutôt qu'en adversaire.

Coligny ne s'y trompa pas, il y avait dans les mots de Catherine à la fois compréhension et menace.

— Bien… Bien… Agissez comme vous le souhaitez… S'il vous plaît de vous montrer téméraire, j'entends, Madame, demeurer étranger à toute querelle. Je n'ai, hélas, pas le pouvoir d'éviter un soulèvement.

Catherine, inquiète, remarqua la pâleur de Coligny. Debout face à lui, seule, courtisans et valets sagement à l'écart, elle semblait le dominer. Au moment de se glisser dans la gabarre, couverte d'oriflammes à ses couleurs, elle se retourna vers l'amiral.

— Pour être si alarmé, monsieur, auriez-vous eu vent à Lyon de quelque complot contre ma personne ou celle du roi ?

Le ton de la reine signifiait que s'il y avait complot, Coligny serait soupçonné. Aussi, s'empressa-t-il de répliquer :

— Madame, je ne songe qu'à vous protéger… Une rumeur court dans les tavernes lyonnaises, il se dit que certains calvinistes… plus violents que d'autres, ajouta-t-il… songent à se soulever massivement et à massacrer la famille royale.

Catherine, sans un mot, releva le bas de sa robe et prit place dans la gabarre.

Sur la berge de la Saône, Coligny, impassible, ne répondit pas à l'offense. Il se promit de ne pas l'oublier. Catherine se montrait parfois conciliante, souvent injuste ; cela exigeait beaucoup de patience pour ne pas céder à la colère. Rien ne légitimait qu'il demeurât loyal plus longtemps.

Coligny n'hésita pas longtemps. La paix ne pouvait plus se prolonger, la rébellion protestante s'annonçait imminente, encore convenait-il de l'organiser. Il était nécessaire, sans plus attendre, de convaincre le baron des Adrets, résidant à Valence, de ne se livrer à aucune attaque contre le cortège royal ; elle desservirait la cause huguenote. Les Guise ne tarderaient pas à riposter.

L'amiral chevauchait sur le chemin pierreux suivant le cours paisible de la Saône. Dans les vignes où, courbés, ils travaillaient le sol, les vignerons ne levaient pas la tête au passage de ce cavalier solitaire. Surveillant d'un œil précis les ceps sagement alignés sur les pentes des collines du Beaujolais, ils voulaient croire de toutes leurs forces à la paix pour les champs, les monts, les rivières, les villages protégés par des forteresses, aujourd'hui désertées par des maîtres occupés à guerroyer en de lointaines contrées. Avec la sagesse des petites gens qui n'ont que les fruits de la terre pour nourriture, ils voulaient espérer, sans trop y croire, que catholiques et huguenots, réconciliés dans la paix d'un dieu sans lequel il n'y avait pas de salut éternel, feraient l'effort de sécher définitivement le sang qui coulait depuis tant d'années dans toutes les provinces du royaume. Dans leurs têtes de laboureurs, il n'y avait place ni pour la haine ni pour le désespoir. Ils ne voulaient pas accabler les seigneurs qui ne cessaient de leur imposer de nouvelles taxes, ils faisaient confiance à la presque reine Catherine de Médicis. Selon eux, elle tentait de maintenir la paix avec les voisins anglais et espagnols. Ils étaient sages, ces vignerons de Beaujolais à qui le sang versé faisait horreur. Catherine, au cours du long périple qu'elle avait entrepris, traverserait bientôt leur contrée, avec la suite royale. Ils ne refuseraient ni d'ouvrir leurs poulaillers ni de percer leurs barriques ; ils auraient la force de dire à Catherine et à son fils Charles IX que le temps était venu de mettre fin à des luttes religieuses qui ne pouvaient que susciter discordes et misères, parfois même entre parents et enfants, frères et sœurs. La régente et le monarque devaient tout tenter pour que les Français cessent de s'entretuer. Dût-on faire pénitence et s'imposer trois messes par jour, on les aiderait.

La tâche ne s'annonçait pas aisée. Baladins et colporteurs, lourdement chargés, leurs instruments de musique souvent sur le dos, leurs marchandises dans des chariots, avaient le visage sombre : sans trop savoir comment, ils avaient échappé à des tueries.

Partout, racontaient-ils sur les parvis, ce n'étaient que meurtres entre gens identiquement vêtus ; difficile alors de savoir s'ils étaient catholiques ou protestants. Les rouliers avaient la douloureuse impression qu'on tuait son voisin non parce qu'il avait fait le choix d'aller au temple plutôt qu'à l'église, mais parce qu'il était dans la nature humaine de le faire. Ces guerres, entre religions si voisines, ne cesseraient donc jamais ! Et les hommes de s'entredéchirer !

Dans les campagnes, après l'édit de Saint-Germain, qui avait autorisé chacun à pratiquer sa foi, on avait voulu croire à la paix ; on savait que la lutte continuerait. Entre calvinistes et papistes, la haine semblait ne pouvoir s'apaiser. À Orléans, Tours, Angers, dans le Dauphiné, en Languedoc, les massacres succédaient aux massacres.

À Foix, proche de la très calviniste Navarre, les Français s'étaient entretués avec férocité. À quoi avait servi que dans les siècles passés tant de ducs, marquis et comtes se fussent rassemblés pour se donner un souverain unique régnant sur toutes les provinces ? On murmurait, avec la crainte d'être dénoncé par un converti, que c'était sur ordre de Jeanne d'Albret qu'une armée de montagnards protestants avait assailli et pillé les églises de Foix. Pour en finir avec les catholiques, Jeanne d'Albret ne mesurait jamais son temps. Quelle générosité de la part de Catherine que d'avoir accepté à sa Cour Henri, le fils de Jeanne, afin de parfaire son éducation ! Ce qu'on croyait impossible, elle l'avait fait.

Personne à Foix n'aurait su dire qui avait ordonné une cruelle vengeance. Terrifiante ! Plus de sept mille calvinistes, dont de nombreux enfants, avaient été tués.

En s'approchant de Lyon, Coligny songeait à tout cela. Au petit trot de sa monture, il se faisait à l'idée que, lors de leur prochaine assemblée à Nantes, il devrait avec ses compagnons organiser un complot, afin d'enlever Catherine et Charles IX. Peut-être dans Avignon, lors du séjour de la procession royale, prévu pour plusieurs semaines.

Coligny n'avait pas fixé son choix par hasard. Si Avignon appartenait au pape, les gens de justice résidaient à Villeneuve, dans le fort Saint-André érigé par Philippe le Bel, sur la rive royale du Rhône, d'où ils surveillaient aisément le fief pontifical. Ils n'étaient pas autorisés, par un accord ancien de plus de deux siècles, à franchir le fleuve pour y interpeller quiconque, fût-il un effroyable gredin. Dans Avignon, le pape était chez lui, les princes laïcs n'y avaient aucune autorité.

Pour Coligny, Avignon présentait un autre avantage. Il y avait dans les souterrains du puissant palais forteresse, édifié par les papes pendant leurs soixante-dix années de pontificat en terre comtadine, des geôles où il serait aisé, sans que Pie IV, déjà très malade, n'intervînt, d'enfermer Catherine et Charles jusqu'au jour où ils abandonneraient de gré ou de force la couronne de France à un huguenot. Pour Coligny, il ne pouvait s'agir que d'Henri, fils de Jeanne d'Albret, d'autant que Catherine, dans un inutile désir de pacification, songeait, cela faciliterait l'entreprise, à lui donner en mariage sa fille Margot. N'éprouvant aucun scrupule à ce que le Navarrais ait Henri d'Anjou pour compagnon de jeux.

Enfin, Coligny aperçut dans la brume les collines de Lyon ; il lui sembla à cet instant que sur toute la France s'installait le pouvoir huguenot.

Alors qu'il venait de passer le bourg de Villefranche, où le seigneur avait la possibilité, sans en référer au Parlement, de lever les taxes selon sa volonté, une troupe d'une vingtaine d'hommes, fourches à la main, lui barra le chemin.

Un robuste gaillard, sans doute le chef, rougeaud et moustachu, s'avança vers l'amiral.

— On ne passe pas ! cria-t-il. Retournez d'où vous venez !

À la menace, Coligny répondit par un sourire puis, les yeux en feu, lança :

— Ne rêvez pas, messieurs ! Je suis l'amiral de Coligny ; je viens à Lyon pour accueillir Catherine, gouvernante du royaume, et son fils, mon roi… Votre roi, le bien-aimé Charles IX.

Pour toute réponse, il n'entendit qu'un rire rauque.

— Peu importe que vous soyez Coligny ou le pape !… Écoutez plutôt notre avertissement ! Si vous voulez vivre encore un peu, évitez Lyon ! Nous sommes pauvres, mais notre vin nous protège : le mal sera détourné de nos campagnes. Que la peste détruise Lyon !

— La peste !… La peste à Lyon ! s'étonna Coligny. Vous en avez la certitude ?…

Le chef, qui avait bataillé en Italie, sembla reconnaître l'amiral. Il se fit plus aimable, posa sa fourche sur une pierre et regarda fixement Coligny, afin de s'assurer qu'il n'était pas victime d'une ruse.

— Oh, mais c'est donc vrai ! Me voici face au massacreur de bons chrétiens ! Pardonnez ma familiarité, mais pour un huguenot, vous avez plutôt bonne figure. Vous devriez fréquenter plus souvent les églises. Rien de mieux qu'une longue messe pour que Dieu se lasse enfin de nous punir ! Ici, contre le mal, nous n'avons que nos fourches. Le curé l'a assuré : « Tenez bien les chemins d'accès à Lyon, le Seigneur dans sa grande miséricorde empêchera la peste de franchir vos rangs. »

Le villageois s'exprimait avec une telle sincérité, une telle volonté de chasser les tourments, que Coligny sauta de cheval et le serra entre ses bras, oubliant qu'il était un fervent catholique. Un vigneron papiste venait peut-être de lui sauver la vie.

Il déclara se nommer Grolet et précisa :

— Catherine et sa procession devraient avoir la sagesse d'éviter Lyon… Selon la rumeur, il y aurait déjà plus de vingt-cinq mille morts, auxquels s'ajoutent…

Grolet prit soudainement conscience qu'il s'adressait au plus puissant des seigneurs du parti protestant. Hélas pour lui, en avait-il déjà trop dit ?

— Auxquels s'ajoutent ?… insista Coligny.

— Monsieur, si vous l'ignorez, apprenez le triste sort de quelques centaines d'honnêtes négociants en soierie, qui n'avaient commis qu'un péché : être catholiques… La plupart abattus ! Les autres, enfermés dans leur demeure, sont morts de faim et de soif.

Coligny fronça les sourcils et, quoique Grolet n'y fût pour rien, lui jeta un regard furieux, presque cruel.

— Qui a commis ces crimes ? Le sais-tu ?… Cela peut te paraître étrange, mais les huguenots, c'est leur faiblesse, ne ripostent que s'ils sont attaqués.

— Le baron des Adrets, lâcha Grolet.

Il lui paraissait que Coligny n'était pas aussi terrifiant que le clamait le curé dans ses prêches.

L'amiral demeura muet. Avec la volonté de cacher la colère qui s'était emparée de lui. Son esprit brûlait, il se garda de le montrer aux villageois catholiques. Il n'avait qu'une hâte : en apprendre davantage sur ces meurtres inutiles. Faussement compatissant, il poursuivit.

— Si ce que tu dis est vrai, cela m'effraie. De quoi s'est donc rendu coupable le seigneur valentinois ?

Grolet se sentant en confiance raconta que ce farouche calviniste avait remonté le Rhône jusqu'à Lyon, avec près de six mille lansquenets, pour y prendre les temples protestants ; ils étaient, avait-il affirmé, sa propriété. Le gouverneur ne lui avait rien accordé. Les échanges d'horions et de tirs des hommes du baron avaient fait plus de deux cents morts chez les catholiques ; les arcs de triomphe édifiés dans l'attente de l'arrivée du cortège de Catherine avaient été brûlés.

Dents serrées, lèvres pincées, Coligny constata à regret qu'avec pareil personnage dans leurs rangs, il serait plus difficile que prévu aux protestants de s'emparer du pouvoir. Le baron des Adrets ne servait pas leur cause, il ne connaissait que le meurtre et l'incendie. Sans doute avait-il trop fréquenté Calvin qui, à Genève, dressait plus de bûchers qu'il ne bâtissait de temples.

Coligny, désespéré, ne parvint pas à se contrôler. Il sortit un poignard de son pourpoint et frappa par trois fois. Le malheureux Grolet mourut sur le coup ; les autres s'enfuirent. L'un d'entre eux, saisi d'effroi, s'effondra sur le sol. À ses gémissements de désespoir, Coligny répondit par un coup bien ajusté de sa lame déjà ensanglantée. Le visage du vieillard, il avait passé la soixantaine, se crispa dans une dernière grimace de souffrance.

Pâle, Coligny, sans un regard pour les victimes, remonta sur son cheval. Il négligerait Lyon et se dirigerait directement vers Valence, avec l'espoir d'y rencontrer le baron des Adrets. S'il voulait, chaque jour en tout lieu, égorger des catholiques, l'amiral ne l'accepterait pas. Comment croire qu'avec des flots de sang les huguenots gagneraient la confiance du peuple ? Quand la peur s'ajoute à la misère, les petites gens ne songent qu'à se révolter.

Il poursuivit son chemin, le cœur serré d'avoir poignardé deux innocents. Incapable de se raisonner, il le regrettait. Trop tardivement.

Des eaux du Rhône, agitées par un vent violent, Coligny crut entendre les cris d'angoisse de ceux, catholiques ou protestants, qui craignaient chaque jour d'être tués par un geste délirant de l'autre parti. Entre eux, le fossé ne cessait de s'élargir. Pour que cessent de redoutables affrontements, Coligny avait besoin de Condé. Les deux chefs protestants devaient obtenir de Catherine qu'elle prît, et mît en œuvre sans tarder, des décisions sages et clairement définies, afin que le pire fût évité. Les uns et les autres s'en féliciteraient. Coligny était résolu à œuvrer pour la paix. Plus question pour lui d'enlever la famille royale ! Il n'y avait aucune honte à chercher à obtenir de la reine qu'elle imposât l'apaisement religieux. Charles IX l'y aiderait. Catholiques et protestants du royaume étaient condamnés à vivre ensemble ; chaque parti devait le comprendre.

Coligny attendrait dans Avignon l'arrivée de la procession.

Lorsque le baron des Adrets apprit par un garde que Coligny, arrivé à Valence sans prévenir, souhaitait sans plus tarder l'entretenir, il s'empressa de faire abaisser le pont.

Jamais dans sa déjà longue existence Coligny n'avait ressenti une telle appréhension. Le baron était pourtant du parti huguenot, il avait accepté lors de l'assemblée lyonnaise de se rendre à Nantes, afin d'y décider à quel protestant on offrirait la couronne de France, mais le baron était plus guerrier que diplomate.

De Valence, le baron avait fait un repaire où il était souhaitable de ne pas s'affirmer catholique, sous peine de tortures, puis de décapitation à la hache de bûcheron. Ses hommes rapportaient chaque semaine au château le produit de leurs pillages. Le baron partageait le butin entre ceux qui, dans les chaumières vidées, obtenaient des habitants qu'ils abandonnent le catholicisme pour le calvinisme. Ils y réussissaient assez bien.

Dans la longue et large salle ouverte sur le Rhône, le baron des Adrets n'était pas seul.

— Demeurez ! avait-il dit à Vitelli, avec une telle fermeté dans la voix que l'ambassadeur de Cosme qui gouvernait Florence depuis la mort d'Alexandre ne pouvait qu'obéir… Nous allons surprendre l'Amiral. J'ai une idée.

Le baron l'avait vite rassuré.

— Pas un mot ne sortira de ma bouche sur ce que vous m'avez rapporté. Le silence s'impose. À le garder, nous écarterons pour quelque temps le danger qui pèse sur nous. Maria Salviati nous a toujours été d'un grand secours ; sa perte est un désastre. Cela ne doit pas nous empêcher de poursuive la tâche. Que le Triangle noir harcèle Catherine ; elle finira par comprendre que nous avons cherché à lui éviter de terribles erreurs. La France n'est pas l'Italie ; on ne peut pas s'y emparer du pouvoir avec quelques dizaines d'arbalétriers aux ordres d'un condottiere ne guerroyant que pour accroître sa fortune. Le pape Clément VII l'a compris quand il a éloigné de Rome la jeune héritière Médicis. En la mariant à

Henri II, il a fait de François Ier plus qu'un allié : un sauveur. Le moment venu, nous aviserons Catherine de l'inutilité de ses angoisses.

— En espérant qu'il n'est pas trop tard pour gagner la partie, avait humblement répliqué Vitelli.

Coligny, lorsqu'il pénétra dans la salle, pâlit. Il ne s'attendait pas à la présence d'un autre visiteur. Inconnu de lui. Cela le tracassa, il préféra demeurer momentanément silencieux. Le baron, avec une vive et visible satisfaction, fit les présentations.

— Je crois, monsieur, que vous n'avez jamais vu le *signore* Vitelli... Ludovico, fils de l'illustre Alessandro Vitelli, prit-il la peine de préciser. Si la cause des huguenots triomphe dans le royaume, cet homme y aura beaucoup contribué. Il sert aujourd'hui Cosme, grand-duc de Toscane, mais par son indépendance d'esprit et sa discrétion il avait su garder la confiance de Marie Salviati... Morte si jeune... À quarante-quatre ans, ajouta-t-il avec une mine faussement attristée.

Si Coligny rencontrait pour la première fois Ludovico Vitelli, il n'ignorait rien des exploits guerriers de son père : ils avaient contribué à la victoire de Cosme sur les armées de *fuoriusciti*, commandées par Strozzi ; aidées par les troupes françaises, elles avaient rassemblé tous ceux que le grand-duc avait chassés de Florence. Coligny avait gardé un souvenir précis de Marie Salviati. À Marseille, lors du mariage de Catherine et d'Henri, il avait remarqué son visage, le plus morose de tous les participants aux festivités.

Catherine elle-même évoquait souvent cette cousine, fille de Jacques Salviati et de Lucrèce de Médicis ; elle lui avait pardonné d'avoir beaucoup intrigué, mais sans succès, pour obtenir du roi François Ier la main d'un de ses fils, peu importait lequel. Jacques et Lucrèce avaient vécu les épousailles de Catherine et d'Henri comme une véritable offense pour la famille Médicis, ainsi que pour Florence, à nouveau menacée de tomber sous l'autorité des États pontificaux. Le pape Clément VII n'avait-il pas organisé le mariage de Catherine avec Henri à seule fin de voir Florence soumise à Rome, de posséder la totalité des biens des Médicis ?

Marie, petite-fille de Laurent le Magnifique, mariée à dix-sept ans avec Jean de Médicis, plus connu sous le nom de Jean des Bandes Noires tant il montrait de vertus guerrières, avait fait le serment de se venger de Catherine, lui reprochant d'avoir usurpé sa place à la cour de France.

À Blois, au Louvre, où Marie séjournait parfois, on ne voyait en elle qu'une femme amère, orgueilleuse, dure, n'ayant d'autre but que de nuire au roi et à la régente. À la mort d'Henri II, elle n'avait pas hésité à visiter Diane de Poitiers, afin de lui proposer son aide pour chasser Catherine du royaume, éventuellement la tuer ou la faire tuer. Poignard, dague ou poison, peu lui importait ; tout serait bon pour assouvir sa haine. Prudente, la favorite d'Henri avait estimé périlleux de se lier d'amitié avec l'héritière des Médicis ; perverse, elle lui avait suggéré en termes soigneusement étudiés d'abattre Catherine et de rejoindre le parti huguenot. Marie Salviati avait accompagné son refus d'un sourire dont la signification avait échappé à Diane.

Diane s'était empressée de faire part de l'offre à Condé qui en avait sans attendre informé Coligny, une lutte entre Médicis l'amusait. Par ses espions, Coligny avait appris que plus la gloire de Catherine s'affirmait, plus la rage de Marie Salviati faisait, à Florence, trembler son entourage. Loin d'avoir un caractère faible, elle n'acceptait pas les échecs.

Coligny se souvenait d'avoir entendu Giovanni Bosso tenter de convaincre Catherine, réjouie des embarras de sa parente, des qualités de Marie Salviati. C'était peu avant sa mort, Marie était très malade, mal remise de la triste fin de son époux lors d'une rixe à Mantoue.

— Pour qui la connaît, et je suis de ceux-là, avait dit Giovanni, Marie demeure une amante fidèle à son époux, une femme amoureuse des arts et des lettres anciennes, passionnée et sensible, mais qui a toujours préféré les intrigues aux clameurs guerrières.

Ce jour-là, pour la première fois, une pensée insolite avait traversé l'esprit de Coligny. Incertain de son jugement, il ne s'en était jamais ouvert à quiconque.

À la vue de l'ambassadeur florentin, tous ces souvenirs occupaient à nouveau l'esprit de l'amiral. Percevant sa gêne, le baron des Adrets voulut le rassurer.

— Il n'y a rien à craindre de la présence à Valence du *signore* Vitelli. Il vient au nom du grand-duc Cosme, fils de Marie Salviati et de Jean des Bandes Noires, nous assurer qu'avec humilité il soutiendra en France le parti huguenot. Rien ne serait plus agréable au maître de la Toscane que de voir le prochain roi de France couronné dans un temple protestant et non sacré à Reims selon un usage sans intérêt. Cela prouvera au peuple que le pouvoir a changé de tête.

Coligny, ne pouvant s'empêcher d'être suspicieux, se tourna vers le baron des Adrets.

— Puis-je savoir pour quelle raison ici, à Valence, l'ambassadeur de Florence vient proposer les services du grand-duc de Toscane ?

Puis, s'adressant à Vitelli, muet :

— Pardonnez-moi, monsieur, si je montre quelque impatiente curiosité, mais Cosme, dont l'amitié nous est chère, devrait savoir qu'il n'y a que deux chefs au parti huguenot : le prince de Condé et moi-même.

Avant que Vitelli, visiblement inquiet, eût le temps de prononcer une phrase, le baron, réputé brutal, pâlit légèrement, mais ne réagit pas à l'offense.

— Ne soyez pas surpris… J'ai bataillé aux côtés du valeureux Alessandro, à Montemurlo, près de Prato, dans un combat qui a décidé du sort de la Toscane. Il commandait l'armée… Il y avait quelques Français, j'en étais.

À ce moment, Vitelli crut bon d'intervenir.

— Il est vrai que le baron des Adrets a participé à la victoire de Florence. Nous le respectons, sans négliger que pour parvenir à ses fins il a souvent ignoré la pitié.

— Je sais… Je sais cela… Et alors ? répliqua Coligny, visiblement agacé.

Vitelli poursuivit :

— Par la volonté du baron, les cachots du Bargello furent emplis de détenus de qualité. Jour après jour, tortures et pendaisons se multipliaient. Toutefois, notre grand-duc Cosme accepta de mettre fin aux tourments des huguenots. Autant par tolérance à l'égard de la religion de Calvin que pour déplaire à Catherine de Médicis. Remercier le baron en irritant Catherine ne pouvait que consolider son pouvoir.

Il prit un instant avant d'ajouter :

— Catherine… une reine que vous n'aimez guère, à ce que je crois…

L'entretien ne put se poursuivre. Un homme essoufflé se précipita dans la salle. Si à l'aise qu'il ne faisait aucun doute qu'il s'agissait d'un habitué des lieux. À sa vue, un frisson parcourut Coligny ; il réussit néanmoins à se dominer. Vitelli et le baron ne parurent pas surpris. À Valence, comme à Salon, Roumanille semblait chez lui. Après avoir tiré la porte sur lui, il s'avança vers Coligny, le salua respectueusement en gardant le silence. La présence de l'amiral ne l'étonna pas, il avait sans doute été prévenu par un valet du baron.

— Je suis fâché de vous interrompre, mais la nouvelle que je dois vous donner est d'importance. Vous croyez peut-être Catherine et son cortège à Lyon… Il n'en est rien, elle a quitté la ville plus tôt qu'annoncé, craignant sans doute d'être victime des effroyables ravages de la peste, évitant de voyager de jour. Elle y est passée sans bruit. Une halte était prévue à Romans, la rumeur la prétend proche d'Orange ; elle devrait ensuite gagner Avignon.

Coligny ne dissimula pas son inquiétude ; le baron des Adrets ne put retenir un rire si bruyant que les murs de pierre de la salle le renvoyèrent en écho.

— Ah ! Ah ! Messieurs, il n'y aura peut-être plus besoin de conjuration… Ni la régente ni le roi Charles ne sortiront vivants d'Orange… L'ancienne cité romaine leur servira de tombeau !

Le baron n'eut pas besoin d'ajouter un mot. Le Florentin et l'amiral savaient que la principauté d'Orange, possession flamande, était en Provence le fief de la rébellion contre l'Église romaine. Depuis près de dix ans, presque toute la population était convertie à la Réforme. Le gouverneur Guillaume de Crussol, nommé par Catherine, avait pour mission de maintenir la paix, malgré de constantes menaces ; les rixes étaient aussi fréquentes qu'en d'autres villes du royaume.

Roumanille se voulut plus modéré que le baron des Adrets.

— Catherine est renommée pour son art de ne pas faire ce qu'elle a annoncé. Je suis certain qu'elle aura la sagesse de ne pas s'attarder à Orange. Elle craint pour sa vie autant que pour celle du roi. Si les protestants attaquaient, l'armée royale riposterait. Une fois encore, à quelque parti qu'ils appartiennent, ce seraient des Français qui périraient ; du sang innocent serait répandu Je ne pense pas que Catherine prendra ce risque ; il est probable qu'elle se rendra directement à Avignon. On l'y attend.

— Es-tu sûr de ce que tu affirmes ? De qui le tiens-tu ? demanda le baron des Adrets.

Roumanille ne répondit pas ; une expression étrange dans le regard, il se contenta de fixer le baron de son œil rond.

— Désirez-vous savoir autre chose, monsieur ?

Profitant d'un instant d'hésitation du baron, Coligny, curieux d'avoir des explications, interrogea l'aubergiste :

— Permets-moi, Roumanille, de te poser une question : que fais-tu à Valence ? Je t'y vois tout à fait à l'aise. Est-ce à la magie que tu dois de savoir avant nous où se tient le cortège royal ?... Aurais-tu quitté Salon ? Les volets de ton auberge seraient-ils clos ?

— Je suis fâché, reprit le baron des Adrets, que vous posiez cette question à notre compagnon. Non seulement il ne portera pas atteinte à notre cause, mais il nous sera utile. Quand on lui donne un ordre, il obéit.

— Sans doute... Sans doute... reprit Coligny. Autorisez-moi toutefois à n'accorder ma confiance qu'à ceux qui la méritent. J'encourage Roumanille à me prouver qu'il a rejoint les nôtres. À vous, comme à moi, il serait déplaisant qu'il joue la comédie. Je me pose beaucoup de questions : ainsi, je n'étais pas préparé à le compter parmi les participants de notre assemblée à Lyon. Êtes-vous sûr que ses actes soient en accord avec ses paroles ?

— Vous me répugnez ! lâcha le baron. Pourquoi être venu ici si vous craigniez une trahison ? Vous voyez le Diable partout. Cela me désespère.

Vitelli cachait difficilement sa gêne. La respiration sifflante du baron, la pâleur extrême de Coligny autorisaient à redouter le pire. Que deux réformés se haïssent à ce point lui parut contrarier la cause qu'ils affirmaient défendre. Était-ce par sottise ou aveuglement que ces hommes luttant pour la même religion s'obstinaient dans une telle détestable hostilité ?

Assis dans un coin sombre de la salle, se voulant invisible, Roumanille regrettait de s'être engagé dans une aventure où au mieux il tirerait quelques pièces d'or, au pire il perdrait la vie. Une bourse bien remplie justifiait-elle que le royaume devînt par sa faute un nouveau terrain de bataille ? Qu'éclatât une guerre intérieure dont l'issue serait nécessairement mortelle pour l'avenir de la France ?

Vitelli conclut que l'entente serait impossible entre des hommes au tempérament si différent des Italiens. Il s'interrogea : et si, sans se compromettre, il dévoilait ce qui depuis des années demeurait secret… S'il faisait l'effort, sans que les maîtres de Florence eussent à en souffrir, de dire ce que nul, hormis les intéressés, ne devait connaître… Cela éviterait-il que les Français, dans une sorte de délire, alors qu'ils partageaient tous la même foi, ne se lancent dans un conflit sanglant qui, comme tous les conflits, ne laisserait derrière lui que ruines et sanglots ? Avec combien de morts inutiles ? Il devait parler, il parla.

— Monsieur de Coligny, faites-moi confiance ! L'aubergiste Roumanille est à Valence en sa qualité de disciple de l'illustre prophète Nostradamus. Il a voulu nous avertir : un destin tragique pèse sur les protestants de France… Cela commencera par le meurtre d'un de leurs chefs… Le baron des Adrets ?… Le prince de Condé ?

Il hésita avant d'ajouter dans un murmure :

— Peut-être vous, monsieur de Coligny… L'avenir s'annonce lugubre. L'astrologue sait à quoi s'en tenir. Dans un désir de paix, notre compagnon aubergiste a voulu nous avertir. À la demande de notre seigneur Cosme, grand maître, depuis la disparition de Marie Salviati, de l'ordre vénéré et vénérable du Triangle noir.

Vitelli inclina la tête, garda le silence.

— C'est terrible ! lâcha Coligny. Pour demeurer en vie, devrais-je renoncer à ma foi ? Personne avant Calvin, pas même Luther, n'a compris que le salut est un don de Dieu, et non la conséquence de nos comportements. Nous, réformés, avons appris que l'homme peut se libérer de ses vices en faisant confiance à Dieu.

À dénoncer le goût des catholiques pour le redoutable rituel des messes, Calvin nous enseigne l'humilité et l'austérité. Des vertus qui manquent aux Français. Surtout à la Cour où l'on devrait se libérer de fastes inutiles et coûteux…

Coligny se tut. Des éclairs de reproche dans le regard, le baron se tourna vers Vitelli. Sur un ton aimable, ce qui n'était pas dans sa nature, il le supplia comme s'il eût parlé à une divinité :

— Sois courageux ! Raconte ce que tu sais ! Nous avons des preuves… Pourquoi avoir dévoilé une partie des secrets des adeptes du Triangle noir ? Cela est condamnable, et pourrait être embarrassant. N'en dis pas plus si tu veux garder l'estime de Cosme, le grand-duc de Toscane !

— Je lui serai toujours fidèle, dût-il m'en coûter la vie… Dussé-je y perdre mon âme, reprit faiblement Vitelli en s'agenouillant.

Roumanille sortit de l'ombre.

— Je peux vous venir en aide. Nostradamus m'a délivré le philtre qui vous sauvera.

L'aubergiste prit du bout des doigts quelques gouttes d'un liquide sans couleur dans une aiguière posée sur une table ; elles tombèrent sur la tête d'une figurine en cire placée à côté. Personne ne l'avait remarquée tant il y avait dans cette salle d'objets pillés par les hommes du baron dans les demeures de la province.

— Écoutez-moi ! dit-il en regardant fixement le Florentin et en prononçant en langue provençale quelques mots que personne ne comprit.

— Que fais-tu ? demanda Coligny, surpris. Tu le sais, je n'apprécie guère la sorcellerie, elle détourne les hommes des louanges qu'ils doivent à Dieu. Les bourreaux prennent plaisir à torturer les sorciers ; qu'ils soient catholiques ou huguenots… Ne l'oublie pas ! Aurais-tu plaisir à braver la mort ?

Roumanille répondit, calme.

— Je ne crains rien, j'agis selon les enseignements du médecin astrologue Michel de Nostradamus. Lui seul connaît le poids de certains gestes. Je n'hésite pas à baptiser cette figurine du nom de Catherine…

— Dans quel but ? interrogea à son tour Vitelli, inquiet.

— Afin que Catherine découvre, une nuit où tous les astres se tiendront en bonne position dans un ciel limpide sur la Toscane, comment est né le Triangle noir ; elle chassera alors sans regret de son esprit l'idée que, depuis son enfance, il lui est hostile.

Coligny allait ouvrir la bouche pour empêcher Roumanille de poursuivre, un regard railleur du baron des Adrets l'en dissuada.

— Accordons-leur notre confiance ! Les astres ont plus de pouvoir sur les hommes que n'importe quel prince. Nostradamus les connaît mieux que quiconque… Fais ce que tu dois faire ! dit-il à Roumanille.

L'aubergiste, fort du soutien du baron, traça avec une aiguille quelques signes bizarres sur une petite pièce de tissu tirée de sa poche. Il la roula assez finement pour qu'elle passât à travers un anneau d'or également sorti de son pourpoint rouge. Il serra la figurine dans ses mains, et avec l'aiguille la piqua à l'emplacement du cœur.

— Quelle étrangeté ! osa Coligny, assis à une table, sous l'œil satisfait des deux autres, silencieux.

Là où Roumanille avait piqué, quelques légères gouttes de sang apparurent, puis la cire roula sur le sol et se brisa en trois petites boules identiques à celles des triangles noirs. Trois boules sur les sept de la bannière des Médicis.

— Ainsi, dit Roumanille, la reine Catherine portera en elle la force de cette figurine de cire. Le Triangle noir ne sera plus jamais un obstacle à son autorité de reine. Ce qui, sans qu'elle en prenne conscience, la contraindra à écouter et suivre les prédictions du sage Nostradamus. Assez sage pour avoir confié un peu de son immense savoir au plus doué de ses disciples, son fils Charles, le roi de France… Et peut-être, ajouta-t-il plus bas, à quelques fidèles initiés.

Le soir même, chevaux sellés, sans prendre le temps de souper, Coligny, Roumanille et Vitelli quittèrent Valence, désireux de ne pas y demeurer plus longtemps. Chacun par un chemin différent. Vitelli vers l'Italie et Florence ; Roumanille vers Salon, afin d'y rencontrer Catherine dès son entrée dans la ville ; Coligny lui aussi vers le sud, pour s'entretenir au plus vite avec Nostradamus. Il allait vers le prophète avec au fond de son cœur l'espoir de trouver l'apaisement : il était préoccupé par son avenir personnel. Il n'ignorait pas avoir autant d'ennemis à la Cour que chez les papistes des campagnes. Malgré sa foi, le courage de continuer commençait à lui manquer.

14

Catherine, assise à une table, parlait à mi-voix de crainte d'être entendue. Roumanille l'écoutait sagement.

— Je te félicite, Roumanille, tu as agi comme je t'en avais donné l'ordre. Tu sais combler mes désirs… Peut-être le seul qui me soit toujours fidèle…

— Rien n'aurait pu m'arrêter, répliqua fièrement l'aubergiste. Par mon père, j'ai appris à vous respecter. Aucune journée ne s'achève sans qu'au moins une fois je ne songe à vous satisfaire. Arrêté, interrogé, torturé, jamais je n'aurais parlé ; soyez assurée ! J'en sais trop sur votre destinée pour songer à vous déplaire.

Roumanille ne put retenir un soupir.

— Comme il est fâcheux que Giovanni Bosso ne soit plus des nôtres ! Je le savais si heureux auprès de vous… Que ne vous a-t-il suivie ! Maintenant, il n'est plus qu'un souvenir. Qu'il demeure dans notre âme !

Catherine, le visage sombre, fit un effort pour revenir sur ce que, malgré elle, elle avait été contrainte d'ordonner. Comment celui qui depuis son enfance l'avait protégée avait-il pu, après tant d'années d'affection complice, la trahir aussi aisément ? Pour quelle raison ? Elle ne parvenait pas à comprendre. La vie n'est souvent qu'une succession de hasards, heureux ou malheureux. Si Giovanni avait été châtié, il n'y avait qu'une coupable : Marie Stuart. Comment un loyal compagnon avait-il pu tomber dans le piège de la reine d'Écosse ? Catherine aurait voulu le reprendre auprès d'elle ; les Guise ne lui auraient pas pardonné aussi injuste clémence. Certes, Giovanni avait craché sur un Christ de l'église d'Arras ; elle soupçonnait John Knox d'être l'instigateur de ce crime. N'était-ce pas par vengeance contre elle que Marie Stuart avait jeté Giovanni dans les bras de ce fanatique ? La pendaison de Giovanni l'avait accablée de douleur. À tenter de le sauver, elle se serait perdue.

— C'est cher payé, murmura Roumanille. Luther et les princes allemands qui l'ont suivi, Jean Calvin à Genève, ne pouvaient pas prévoir quelles horreurs causerait un principe théologique supposé inspirer la paix… Il faut mettre les huguenots hors d'état de nuire. Sans attendre.

— La paix !… La paix !… Depuis que j'ai posé le pied sur la douce terre de France, je n'aspire qu'à éviter la guerre… Ici même, dans Avignon, j'ai tout fait pour que les protestants, comme les juifs, privés de libertés, ne soient plus victimes du pape.

Catherine était pâle de colère.

— Oui, mais pourquoi, sans vous offenser, rétorqua courageusement Roumanille, avez-vous annoncé au nonce que si les calvinistes voulaient prendre Avignon, après Orange, l'armée royale défendrait la cité qui ne vous appartient pas ? Si le pape en a l'envie, que ses troupes protègent elles-mêmes ses terres !

Catherine ne répondit pas. De la fenêtre du palais, elle suivait le cours du Rhône. Négociants, changeurs, montreurs d'ours et pèlerins en marche vers Rome se bousculaient sur le pont. Sur l'autre rive, où la brume caressait les eaux du fleuve, elle apercevait les remparts du fort Saint-André. Là était son royaume ; dans Avignon, elle n'était que l'hôte du pape.

Les catholiques l'avaient reçue avec faste. Cela lui rappelait son arrivée à Marseille. Plus de trente ans avaient passé. Tant de fois elle avait revu, comme dans un miroir, le déroulement de cette journée. Depuis lors, que de bouleversements dans sa vie !

Dans Avignon, en ce jour d'été, rien n'avait été négligé pour qu'elle fût accueillie comme la véritable reine de France. Dissimulant sa peine qu'on eût tant négligé son fils le roi, elle s'était tue. Elle et sa suite avaient été reçues par Mgr Ambrosino, le nonce du pape ; malgré la chaleur, il s'était avancé de près d'une lieue, entouré du clergé, pour lui remettre les clefs de la ville. Trois clefs représentées sur les armoiries avignonnaises. Comme les trois motifs de la tiare pontificale, elles représentaient l'alliance du pouvoir temporel, de l'autorité spirituelle et de la puissance divine.

À l'intérieur des remparts, édifiés par les papes avignonnais, les rues étaient couvertes de guirlandes ; d'épaisses tapisseries occupaient la façade des livrées où vivaient les ecclésiastiques les plus titrés, proches du souverain pontife. Dans la succession d'arcs de triomphe, les divinités païennes se mêlaient aux portraits de Catherine et de Charles.

Devant le palais, le nonce avait clamé, s'attirant une réprimande de Catherine, que Charles IX piquerait la bannière à fleur de lis sur des terres plus lointaines que celles conquises par les Espagnols.

Des heures durant, sous les feux du soleil, puis à la clarté de milliers de chandelles allumées par les moinillons des couvents proches, la suite royale avait assisté à des festivités[1] ; la ville voulait montrer à quel point elle était attachée à la foi catholique.

D'une pyramide empanachée étaient sorties, lors d'un bal donné à la fin du jour, six danseuses représentant la Vérité du catholicisme. Puis une autre apparition, celle de jeunes damoiseaux figurant la Justice royale, jaillis des flancs d'une montagne en pâte de papier. Le nonce avait tout organisé pour le plaisir de leurs majestés, mais aussi pour satisfaire le peuple qui aimait à se distraire.

Les ducs de Savoie, de Lorraine, de Ferrare, d'autres encore, soucieux de renforcer les liens unissant l'Italie et la France avaient rejoint la Cour, donnant par leur présence plus d'éclat à l'imposante et longue messe célébrée dans l'église Notre-Dame-des-Doms. Catherine avait exigé et obtenu que son fils Charles IX présidât le chapitre dans les somptueux habits de l'ordre de Saint-Michel. Les édiles de la ville, tous du clergé romain, avaient offert aux monarques des pièces d'orfèvrerie, à Catherine une longue cape de brocart, piquée de diamants et d'émeraudes. La reine ne s'y était pas trompée, tout ce faste n'avait qu'un but : faire savoir que jamais le pape Pie IV n'accepterait que la couronne de France fût coiffée par un huguenot.

Afin d'affirmer qu'elle entendait agir comme elle le souhaitait, Catherine avait réclamé au nonce la propriété d'Avignon qui, selon elle, n'était pontificale que de nom. Sa légitime propriétaire, Jeanne d'Anjou, avait cédé la ville pour quelques milliers de florins, à seule fin d'obtenir le pardon du pape : elle avait étranglé son époux.

1. Les ancêtres du festival théâtral d'Avignon ?

Les négociations s'étaient poursuivies six semaines. Sans résultat[1].

Dans sa fougue juvénile, Charles IX avait rétorqué au nonce, désireux de lui faire visiter quelques-unes des nombreuses églises d'Avignon : « Ne sommes-nous pas ici pour rencontrer Nostradamus ? »

Le nonce, offensé, avait aussitôt mis un terme aux festivités et refusé tout entretien. Catherine boudait son fils, mais n'était-il pas le roi ?

Le moment tant attendu se produisit, quand un gentilhomme du cortège vint annoncer l'arrivée du prophète. Catherine, soudain souriante, pria Roumanille de sortir par un couloir percé dans les murs du palais, vérifia dans un miroir sa coiffure et se repoudra le visage, prête à s'avancer vers le seul auquel elle accordait une totale confiance, dont elle acceptait qu'il réglât sa conduite.

Nostradamus n'honorait pas seulement Salon, mais aussi la cour de France et toutes les villes, tous les pays qu'il visitait. Jamais il ne serait venu à la pensée de Catherine de ne pas faire halte à Salon lors du périple qui pouvait encore se prolonger plusieurs mois, plusieurs années, elle était incapable de le préciser. Salon était d'une extrême importance, mais dans son impatience à rencontrer le prophète elle l'avait convié dans Avignon, distante seulement d'une quinzaine de lieues.

Nostradamus, en longue robe de velours noir, fut introduit dans la salle. Courbé, il s'appuyait sur une canne à pommeau d'argent. Contrairement aux usages,

1. Avignon ne deviendra française que par un décret de la Convention, en 1791.

ce ne fut pas lui qui s'inclina, mais Catherine qui se précipita entre ses bras.

Blottie contre son épaule, elle parvint à lui murmurer :

— C'est le moment le plus important de mon voyage. Avec vous, je vais toucher la source de Vérité. J'y pense jour et nuit.

Quand, après de longues embrassades, ils s'assirent l'un près de l'autre, Catherine observa celui qui pour elle, sans qu'elle l'eût jamais avoué, était plus puissant que Dieu. Elle le trouva vieilli, le visage osseux, ridé, le regard toutefois brillant et intense. Elle en fut un moment angoissée, craignant que ses philtres et médications ne fussent d'aucun effet, avant de remarquer qu'il n'y avait là rien que de très normal : âgé de plus de soixante-dix ans, il refusait depuis quelques années de s'éloigner de Salon. C'est dans une charrette de laboureur du grand désert pierreux de la Crau, qu'il avait accepté, sur l'insistance de la reine, de venir jusque dans Avignon, la ville où, juif, il avait vécu sa jeunesse.

Catherine en avait maintenant la certitude : Nostradamus auprès d'elle, rien de fâcheux ne pourrait survenir.

Après avoir avalé une décoction de fleurs de laurier et de pétales de roses mêlés, et échangé quelques banalités et louanges, sans tarder Catherine voulut entendre le prophète sur ce qui lui tenait le plus à cœur.

— Je ne suis plus jeune, la mort est proche. Charles IX régnera seul. S'il n'avait pas d'héritier mâle, qu'adviendrait-il du royaume de France ?

Au ton de sa voix, Nostradamus comprit que cette succession hantait l'esprit de la reine plus que la guerre entre huguenots et catholiques, désormais inévitable, à en croire ce qu'il avait observé dans les étoiles. Dans le regard du prophète, Catherine devina que ses prédictions s'annonçaient déplaisantes.

Nostradamus passa ses doigts, chacun orné d'une bague de couleur différente, dans son épaisse et longue barbe blanche. Il n'avait rien à cacher à la reine.

— J'ai longtemps redouté que Charles IX pérît de la peste, ici, dans Avignon, mais j'ai commis une erreur de calcul dans la position des planètes… Après sa mort, régnera encore Henri III, puis ce sera la fin des Valois… Henri de Navarre, fils de Jeanne d'Albret, aujourd'hui veuve, montera alors sur le trône.

Catherine l'interrompit en hurlant.

— Jamais !… Jamais ce petit Bourbon… ce Navarrais… cet imposteur n'aura le trône de mes enfants ! Un huguenot ! Non, non et non ! Je ne le veux pas !

Nostradamus s'attendait à cet accès de colère.

— Madame, vous êtes une femme intelligente. Rien ne peut bouleverser ce que les astres ont prévu. Pourquoi ne pas voir le véritable visage du temps dans lequel vous vivez ?… Je partage votre souci, mais il faut savoir par sagesse, ou par ruse, dissiper ses préventions. L'astrologie est une science qui ne trompe pas. Hélas, malgré nos efforts, trop d'hommes se refusent encore à y croire. Ne perdez pas la raison !

— Comment les choses vont-elles se passer ? demanda Catherine pas vraiment apaisée.

— Je ne puis que vous le répéter, Madame : à la mort de Charles, Henri d'Anjou régnera sous le nom d'Henri III… Ensuite, son cousin Henri de Navarre, né très près de la Lune, sera roi de France… C'est inéluctable… Sa position dans le ciel n'est pas une énigme pour qui sait la déchiffrer.

Catherine ne sortit de son silence qu'après de longues minutes. Elle respectait la science et le savoir de ce vieillard, elle aurait néanmoins voulu qu'il en allât autrement. Pour la première fois, elle douta de son conseiller astrologue.

— Sur quelles observations appuyez-vous vos prédictions ? demanda-t-elle, suppliante.

— Faites appeler Henri d'Anjou, votre bel enfant aimé ! répondit Nostradamus, sûr de lui.

— Henri ? Pour quelle raison ? s'inquiéta subitement la reine, le regard mélancolique.

— Je vais vous prouver une fois encore qu'en matière de science céleste, et de son influence sur la vie et la mort des hommes, je demeure le premier, répondit Nostradamus, avec fermeté.

À ses exigences, Catherine se rendait toujours.

Lorsqu'il se tint debout face au vieil homme barbu et à sa mère, Henri fut saisi d'horreur. Au point de se mettre à trembler quand Nostradamus lui ordonna :

— Ôtez vos vêtements ! Tous vos vêtements !

Le jeune prince crut entendre son précepteur lui donnant le même ordre lorsqu'il voulait le fouetter. Il s'enfuit.

Catherine et le mage ne cherchèrent pas à le poursuivre dans les escaliers et les couloirs du palais.

— Approchez-vous ! dit la reine à son prophète. J'ai à vous souffler quelque chose à l'oreille, je ne veux pas être écoutée. Dans cette ville, je me méfie de tout et de tous.

— Dans la tour du palais Vieux, à 9 heures, cette nuit.

Inutile d'ajouter quoi que ce fût, Nostradamus avait compris.

Comme il en avait reçu l'ordre, il se rendit dans la chambre où dormait Henri d'Anjou. Il le réveilla et lui expliqua respectueusement ce que sa mère attendait de lui. Le prince ne pouvait qu'obéir et se laissa examiner par celui dont les prédictions terrorisaient la Cour. On se retournait sur lui, mais on évitait de lui parler : chaque réponse était trop mystérieuse pour ceux qui les entendaient.

Dans la pénombre de sa chambre, allongée sur un large lit, Catherine, impatiente et anxieuse, ne quittait pas la porte des yeux. Avec soulagement, elle bondit pour ouvrir lorsque Nostradamus frappa. Il était déjà presque 10 heures ; dans le palais, tout semblait calme.

— Alors ? Qu'avez-vous à me dire ? Je ne sais quel chemin prendre.

Ne montrant aucune fatigue, Nostradamus s'assit au fond d'un fauteuil et alluma une chandelle, afin d'éclairer son visage.

Catherine le savait, inutile de le questionner ; il était préférable d'attendre. Le silence l'aidait à séparer dans son esprit ce qui était science de ce qui relevait de l'émotion. Enfin, il se décida.

Dans la faible clarté de la chambre, Catherine, assise sur le lit, remarqua qu'il souriait.

— Vous le savez, Madame, je ne parle jamais sans avoir la certitude que ce que je dis. Vous m'avez reçu comme détenteur de la Vérité, je me garderai de vous abuser… C'est là ma force. Je ne me satisfais pas de rédiger un *Traité des confitures*, comme aiment à répéter les méchantes gens, pour me déplaire.

— Ne vous préoccupez pas des ragots ! répliqua la reine; apaisez mon angoisse !… Qu'avez-vous découvert ?… La Fortune va-t-elle m'abandonner ?

— Résolu à ne point vous mentir, je dois vous répéter ce que tantôt je savais déjà. La configuration des grains noirs sur le dos de votre fils Henri s'accorde parfaitement à celle des astres. Le dernier des Valois sera remplacé sur le trône par Henri de Navarre. À Henri III le catholique succédera Henri IV le huguenot. Peut-être pourrez-vous obtenir qu'il se convertisse. Un événement important pourrait l'y aider.

Catherine sursauta.

— Un événement ?… Quel événement ?

Nostradamus, ordinairement sombre, parut subitement joyeux.

— Un événement qui étonnera l'Europe, et qui rapprochera les partis catholiques et protestants. La configuration des astres est favorable.

Catherine s'interrogeait encore: pourquoi tardait-il à lui dévoiler ce qui, outre les grains sur l'échine de son fils, la préparerait à un surprenant bouleversement dans le gouvernement du royaume ? Quel que soit le terrible secret, elle agirait selon sa conscience. Depuis la mort de son époux Henri II, elle avait toujours montré un caractère chagrin, elle n'avait plus qu'un souci: la paix. Elle y emploierait toute son autorité. Ceux qui à la Cour lui prodiguaient quelque apparente amitié ne pensaient qu'à comploter. Si elle s'était montrée aussi cruelle que les huguenots l'affirmaient, elle aurait envoyé à la potence nombre de ces flatteurs ; on l'en aurait davantage détestée, ce qu'elle ne voulait pas. Pour l'heure, elle attendait de Nostradamus qu'il lui dictât une conduite sage. Le prophète hésitait. Comme si sa connaissance de l'avenir soudainement l'effrayait.

— Madame, consentiriez-vous à emprisonner M. de Chambaz ? Il n'a jamais cessé de trahir la Couronne : François Ier… Henri II, votre tendre époux… puis François II… et aujourd'hui, à travers vous, le roi Charles. Il les a tous poursuivis de sa haine. Certains pour se venger d'on ne sait trop quelles offenses utilisent le poison, d'autres leurs maîtresses… Chambaz est de ceux qui préfèrent les femmes aux onguents mortels.

Catherine ne put s'empêcher de tressaillir. Dans ses malles, et même dans la robe de nuit qu'elle avait revêtue pour recevoir Nostradamus, elle dissimulait toujours un sachet de poudre. Des poisons que le prophète avait composés dans ses cornues de Salon. Jusqu'à ce jour, contrairement aux rumeurs, elle ne les avait jamais utilisés. Que le puissant Nostradamus lui parlât de Chambaz, qu'elle savait lié à Giovanni Bosso, le traître, la surprenait. Cela ne la rassurait pas, mais la laissait perplexe.

— Vous avez, Nostradamus, une parfaite connaissance de l'avenir, mais quel rôle pourrait encore tenir Chambaz dans l'affaire qui nous intéresse ? Aujourd'hui, quasiment aveugle, il vit retiré dans une demeure qui, je le sais, tient plus de la ruine que de la forteresse. Un lieu de choix, il est vrai, pour de discrètes assemblées… J'y songerai…

Aussi avisé et savant qu'il fût, Nostradamus semblait embarrassé. Bien que servant la reine, il s'autorisait avec elle, comme avec d'autres, à être soupçonneux.

Ignorant l'heure à laquelle Catherine était née, en 1519, à Florence, il n'avait jamais pu situer avec certitude l'emplacement du soleil au moment de sa naissance et donc déterminer avec précision sa position astrale sur la carte du Ciel. Qu'elle eût vu le jour dans la partie zodiacale du Taureau était insuffisant pour expliquer que l'Italienne hésitât souvent avant de prendre une décision. Il la connaissait depuis assez longtemps pour savoir que, soucieuse de paix, elle était capable de mener une guerre avec acharnement.

Puisqu'on célébrait Catherine dans Avignon, Nostradamus, qui voyait dans ses miroirs la mort rôder chaque jour plus près de Salon, souhaita se délivrer ; ses voix intérieures le lui imposaient. Il souffla la chandelle, son visage demeura dans l'ombre.

— Madame, je veux, avant de mourir, me libérer d'un secret qui me pèse depuis longtemps : le père du seigneur Chambaz a traversé cette ville d'Avignon où vous résidez aujourd'hui en se rendant, sur ordre de Louis XIII, près de François Ier, à Marseille. Il devait y livrer bataille contre une galère emplie de Napolitains, fortement armés et résolus à prendre possession du port. Depuis les anciens Grecs, il n'a jamais cessé d'exciter les convoitises.

— Et alors ? répliqua Catherine, pressée d'aller dormir.

— Et alors ?… reprit Nostradamus d'une voix plus basse. Chambaz le père a engrossé ici une très jeune Avignonnaise, Anne Ponsard. Elle servait du vin de ce pays dans une auberge sur les rives du Rhône… Un enfant est né… Plus tard, après la mort de ma première épouse, j'ai choisi Anne pour seconde femme. Elle m'a donné de beaux enfants, dont Charles auquel j'ai enseigné l'art de lire l'avenir dans les étoiles. Mais…

Nostradamus ne parvenait pas à poursuivre ; des larmes brouillaient son regard de vieillard. Au grand étonnement de Catherine.

— Mais ?… lui dit-elle, curieuse de découvrir la suite, émue de voir pleurer un savant aussi illustre.

Au prix d'un effort violent, Nostradamus consentit à achever.

— Chambaz ne s'est jamais préoccupé de son bâtard. Le fils d'Anne Ponsard a pris de l'âge. Un jour, je l'ai entendu demander à tenir une auberge près de sa mère… peut-être aussi afin de se rapprocher d'un beau-père qui ne lui avait jamais montré de froideur. Il avait reçu à son baptême le nom de Roumanille, un nom provençal. Il l'a gardé.

Catherine s'approcha du prophète, posa un baiser sur son front et lui murmura à mi-voix :

— J'ai tout compris… Gardez l'espérance ! Tant que le fils de votre épouse sera en vie, je veillerai sur lui. J'ignorais quels étaient vos liens, mais dans nos échanges, il a toujours prouvé sa fidélité. Chez les huguenots, il reste le meilleur des espions… Quant à Chambaz, ne craignez rien, s'il a eu longtemps pour amante Louise de La Béraudière, une de mes plus plaisantes dames d'honneur, elle l'a depuis longtemps oublié. Son époux, sert les Guise ; elle ne lui a certainement jamais avoué avoir accueilli dans son lit un catholique ayant fait le choix de rejoindre le parti huguenot.

Catherine, d'un geste naturel, prit une nouvelle chandelle, l'alluma dans la cheminée à une bûche rougie et revint vers Nostradamus. Immobile, il semblait égaré dans un rêve.

Commençait-il à douter de lui-même ? Les rumeurs dont on l'accablait ne l'atteignaient pas. Ceux qui, à la cour de France ou à l'université dominicaine d'Agen, l'accusaient d'exploiter les âmes simples, il les ignorait. N'étaient-ils pas simplement effrayés par des prophéties dont ils ne pouvaient se passer ? Le clergé lui reprochait de se vouloir plus puissant que Dieu. Lui qui avait quitté le judaïsme, parce qu'il se sentait plus proche du catholicisme, lui répondait : « Ce n'est pas à Dieu de se soucier des hommes, mais aux hommes d'accepter le sort que Dieu leur impose. » À mieux comprendre ses prophéties, on s'apercevrait qu'il ne s'agissait de rien d'autre que de sortir de l'obscurité, de se purifier par de nécessaires changements de vie, pour échapper aux maux à venir.

Était-ce prophétie que d'aviser la reine que Coligny, il le savait par Roumanille, serait son plus féroce adversaire ? Si elle ne se résolvait pas à l'éliminer, pendant des années, peut-être des siècles, protestants et catholiques se combattraient. Une phrase maladroite pouvait déclencher une tuerie. Nostradamus n'avait, hélas, pas le pouvoir de modifier l'inexorable marche du temps.

Il souffrait de ce qu'on ne vît en lui qu'un conteur, peut-être plus apte que d'autres à la poésie. Il avait lu dans les planètes la mort tragique d'Henri II en tournoi, ses adversaires n'y avaient vu que le hasard. Il ne voulait pas mourir sans qu'on eût reconnu ses mérites de prophète, ceux d'un homme attaché à soigner les angoisses de l'esprit autant que les maux du corps. Quand les armées françaises, de retour d'Italie, avaient rapporté la peste, lui, le bachelier en médecine, n'avait-il pas voyagé à pied, tels les pèlerins de Compostelle, pour soigner les habitants de Narbonne, Toulouse, Bordeaux, où le mal avait plus qu'ailleurs fait des ravages ? Avec des décoctions de plantes, il avait sauvé de nombreux habitants d'Aix, ville proche de Salon-de-Provence. Son vrai soutien ? Catherine. Il avait besoin de sa confiance, sans jamais lui dissimuler l'avenir.

— Je vous reverrai demain, lui dit-elle. Avant que vous ne sortiez de cette chambre, je dois vous informer d'une importante résolution : j'avais promis de marier mon fils Charles à Élisabeth, la fille de Philippe II. Elle attendra ; peu me chaut de déplaire aux Espagnols ; si cela devient nécessaire, je leur ferai la guerre. Il y aura auparavant d'autres épousailles, celles de ma fille Marguerite, que tous appellent gentiment Margot, avec Henri de Navarre. Que je déteste sa mère Jeanne d'Albret est pour moi sans importance. L'union d'une catholique avec un huguenot mettra un terme définitif aux conflits religieux. Nous organiserons d'éblouissantes réjouissances ; les gentilshommes, comme les gens du peuple, en oublieront leurs querelles sur un Dieu que ni vous ni moi n'avons jamais rencontré. Je crois plus en vos prophéties qu'aux prières, la plupart ne sont jamais satisfaites.

Malgré sa fatigue, Nostradamus, d'une voix faible, eut la force de lui répondre.

— On peut aimer Dieu et admirer les étoiles. Il faut savoir éviter tout débordement, se montrer assez humble pour admettre que si nous lisons dans les étoiles, c'est parce que grâce à un Créateur il y en a dans le ciel. Sans les divinités, auxquelles chacun donne la forme qui lui convient, il n'y aurait pas un homme, pas un animal, pas une plante sur terre. Je crois même, comme l'affirme le Polonais Copernic, qu'il y a quelque chose de divin dans les mouvements terrestres. Nous ne vivons pas sur une tranche de pain plate, comme on l'affirme encore à Rome, mais sur une grosse orange. Quel bouleversement que d'en accepter l'idée !

La passion avec laquelle Nostradamus s'exprimait faisait oublier à Catherine qu'il serait sage que chacun s'en allât dormir. Éblouie par le savoir du mage et la simplicité avec laquelle il parlait, elle ressentit le besoin de lui poser la question qui, depuis son enfance, assaillait son esprit.

— Il est tard, dit-elle d'une voix suppliante, mais j'ai besoin de savoir. Vous qui êtes maître en tant de sciences, que connaissez-vous du Triangle noir ? Il met tant d'opiniâtreté à me poursuivre… Calmerez-vous ma peur ? J'en doute.

Dans l'obscurité, Catherine, séparée de moins de trois pieds du prophète, l'entendit rire. D'un rire sec. Celui de quelqu'un convaincu que l'indignation et l'angoisse de la reine étaient vaines.

— Ne l'oubliez jamais, Madame, vous avez autorité sur la France, mais vous demeurerez jusqu'à votre dernier souffle une Médicis… Une Florentine. Une autre Médicis, Marie Salviati, a épousé le prince guerrier qu'on appelait Jean des Bandes Noires. Ce redoutable condottiere a craint que vous, l'héritière des Médicis, vous vous immisciez dans le gouvernement de Florence ; il a craint que la protection que le pape vous accordait portât atteinte à son désir de venger l'Italie des victoires de la France.

Catherine semblait ne pas comprendre. Nostradamus poursuivit :

— L'idée lui est venue, reprise par son successeur Cosme, de rassembler dans une charte commune des hommes de haut rang, unis par un secret qu'ils ne devraient dévoiler en aucune circonstance ; ils se reconnaissaient entre eux par un triangle, noir comme la bure des Dominicains, avec à chaque angle une boule semblable à celle des armes Médicis. Toujours unis, sans envie meurtrière. Si en quelque lieu du monde, les Médicis avaient la tentation du despotisme, le Triangle noir aurait pour mission de leur rappeler que sans la liberté la condition humaine est illusoire et désespérante. Ne soyez donc pas ombrageuse du Triangle noir ! Ses adeptes n'appartiennent qu'à un parti, celui de la Fraternité, ils le montrent sans crainte et fièrement sur leurs pourpoints. Que des banquiers et des princes s'unissent, afin d'œuvrer pour la paix, comment ne pas s'en réjouir ? Quand ils craignent un événement tragique, sur une porte, sur un lit, sur le sol d'un château ou la terre d'une chaumière, ils tracent ou disposent un triangle noir, comme un appel à la raison.

Catherine avait écouté le prophète sans l'interrompre. Plus que jamais dans sa vie il tiendrait une place particulière. En ce dévoué compagnon, elle voyait un homme dont la science n'était pas que révélations, mais aussi sagesse.

Elle alluma une chandelle et reconduisit Nostradamus jusqu'à la porte de la chambre.

Avant de franchir le seuil, il s'inclina devant la reine. En se relevant, il lui souffla :

— Soyez sans remords, Madame ! Jeanne d'Albret sera radieuse que son fils Henri épouse Margot. De nombreux protestants, n'en doutez pas, assisteront au mariage. Prenez soin d'eux, car peu survivront… N'ayez pas trop de colère contre Coligny ! Dans le ciel une étoile s'éteindra lorsque peu après ces festivités, il succombera sous des coups meurtriers et mortels… le jour où les catholiques célébreront Barthélemy. Un effroyable massacre s'ensuivra.

Nostradamus sortit sans ajouter un mot.

Catherine se glissa entre ses draps. Si elle en avait la possibilité, elle rejoindrait sans tarder les sages du Triangle noir. Cela éviterait peut-être que trop de huguenots n'enterrent leurs morts. Elle le souhaitait sans trop y croire. Elle ne manquait ni de courage ni de ruse. Plus fort que le savoir, le Destin demeurerait maître des hommes. Cela durait depuis des millénaires et se prolongerait longtemps… Très longtemps…

En Comtat Venaissin, juillet 2010.

MDE
NOSTRE
DAME

Cet ouvrage a été imprimé par
CPI Firmin Didot à Mesnil-sur-l'Estrée
pour le compte des Éditions Alphée
en octobre 2010

Éditions Alphée, Jean-Paul Bertrand
28, rue Comte-Félix-Gastaldi
Monaco